语言生活皮书

YF01

中国语言服务发展报告

（2020）

屈哨兵　主编

商务印书馆
创于1897 The Commercial Press
2020年·北京

顾　问　郭　熙

主　编　屈哨兵
副主编　王海兰　马　喆

编　委　（按音序排列）
陈丽诗　陈顺意　戴仲平　邓永红
郭　杰　侯仁魁　李现乐　刘惠琼
马　喆　屈哨兵　王海兰　王晋军
王　苗　王秀玲　王毅力　魏　琳
谢国剑　谢小丽　徐曼曼　徐朝晖
禤健聪　叶霭云　张迎宝　周清艳

编　写　广州大学粤港澳大湾区语言服务与文化传承研究中心

语言服务的实践品格

——序《中国语言服务发展报告（2020）》

李宇明

“语言服务”这一概念，在国内已经使用十余年，但学界对其内涵与外延的认识仍存有较大分歧。最小之外延仅指语言翻译服务，最广之外延可指所有关于语言的服务，亦即通过语言文字、语言产品、语言技术等所进行的各种服务。“语言服务”需要通过深入的学术研究来定义，但更需要语言服务的实践来定义，因为语言服务是学问，更是社会实践活动。

《中国语言服务发展报告（2020）》秉持广义的语言服务理念，“以业态为纲，以领域为目，以国家为面，以城市为点”，尝试对我国语言服务事业进行全面的梳理与检视。报告内容涵盖公共语言服务、语言教学服务、语言文化资源传承传播服务、语言技术服务、语言翻译服务等多个领域，充分考虑国际、国家、族际、社区、家庭、个体等多个层次，并收集相关领域的重要数据，特别是第一手调查数据，很好地呈现了我国语言服务发展的样貌。一书在手，可览全局。

广州大学已经成为我国语言服务研究的重镇。他们以扎根中国大地的学术姿态，回应语言生活中的现实问题，从《语言服务引论》，到《广州语言生活状况报告（2018）》，再到如今的《中国语言服务发展报告（2020）》，产出了一批重要的学术成果。2012 年，他们与教育部语言文字应用研究所合建“广州大学语言服务研究中心”，举办“语言服务高级论坛”和“语言服务圆桌会议”。2018 年，获批成立广东省社会科学研究基地“粤港澳大湾区语言服务与文化传承研究中心”，又积极在开展粤港澳大湾区语言生活和语言服务的相关研究。大湾区多种语言（方言）、多种文字、多种文化传统并存，亟须制定合理的语言规划、科学的语言政策，开展全方位、现代化的语言服务。广州大学地处大湾区中心的广州，学术上有其责，研究上有其利，相信能够为大湾区发展贡献心智。

学术需要用论文和著作来显示来传播，但其真谛是解决问题、惠及社会、启迪同行。《中国语言服务发展报告（2020）》解决学术问题如何，需要语言服务学界的评价；惠及社会如何，需要语言服务的实践评价；不过其启迪作用我已经感受到，作为此书的第一读者，读后感很多，要者有三：

第一，政府要有语言服务意识。政府要建立“管理即服务”的现代理念，制定促进语言服务的各项政策，制定符合现实且有前瞻性的语言服务规划，建构国家的语言服务评价体系，积极向社会开放政府所拥有的语言资源。在推进社会语言服务的同时，政府自己也需要接受语言服务，亦即在做出涉及语言问题的决策时，要广听学界意见（接受语言服务），以取得学术支撑；也要购买语言服务，以提升政府的语言服务能力，或是作为语言福利发放给社会。

第二，培育语言市场。语言市场的繁荣是语言服务良性发展的基础。我国的语言市场尚不健全，多数语言服务还不具有“语言商品”的属性。要进行深入的调查研究，全面了解社会的语言需求，并通过语言市场将语言需求转化为“语言消费”。要重视语言产业的发展，重视语言产品的广告设计，重视语言产品的流通，最大限度地满足社会的语言需求，唤醒社会的语言消费意识，提升语言消费品位。

第三，提升语言服务能力。语言服务能力是国家语言能力的有机组成部分，事业单位、产业单位和个人都可以开展语言服务。要通过政策和利益来动员、集聚、发展社会的语言服务力量；同时，要重视新的语言需求倾向，利用新的语言技术和互联网开展语言服务，形成智能化的语言服务能力和新的国家语言能力；在特殊的语言服务领域，可以组织特殊的语言服务团队，如应对危机、灾难的语言服务团，执行奥运会、亚运会语言服务的志愿团等。

语言服务是一门学问，但它更是推进社会进步的力量。做语言服务者，必须重视这门学问的实践品格，形成一种新的学风。我感到，《中国语言服务发展报告（2020）》是在追求这样的品格，推进这样的新风。

目　　录

第一部分

特　稿

《中国语言服务发展报告（2020）》的原则和目标*

本文基于中国语言生活派的相关学术旨趣，讨论与《中国语言服务发展报告（2020）》研制编写相关的问题，包括报告研制的基础与原因、基本原则、项目要素以及基本结构板块目标等，以期推动该项工作的顺利开展。

一 研制基础与原因

以语言服务为题研制《中国语言服务发展报告》现在应该提上议事日程了，从某种意义上说，它可以成为以《中国语言生活状况报告》为代表的语言皮书序列的一个组成部分，语言服务已经是语言生活的题中应有之义。原因归纳起来，大体有三个方面。

一是《中国语言生活状况报告》面世十多年来，我国逐渐形成了一个有着自己的学术旨趣和学术追求，有着特定的观察研究对象和相对稳定的研究方法的学术群体，这个学术群体就是“中国语言生活派”。在这个学术群体的共同努力下，已经积累了一批新理念和新概念，这些理念和概念包括“构建和谐语言生活、虚拟语言生活、国家语言能力、个人语言能力、多语主义、大华语、领域语言学、语言资源、语言产业、语言红利、语言服务、语言消费、语言福利等”[①]，“语言服务”这个概念就是其中之一，我们有必要基于语言服务这个角度观察中国语言生活，推动它朝着更和谐的方向发展。

二是围绕这些核心概念和相关理念，近年来学界陆陆续续有相关研究成果问世，形成了一个交相辉映、彼此支撑的学术格局。以皮书系列而论，除

---

* 本文曾在第二届语言服务高级论坛（2017年，广州）上宣读，以《〈中国语言服务发展报告〉编写相关问题的前瞻与回应》为题刊于《云南师范大学学报》（哲学社会科学版）2018年第2期，这次略有修改。

① 李宇明《语言生活和语言生活研究》，《语言战略研究》2016年第3期。

开《中国语言生活状况报告》（绿皮书），接续又有了《中国语言文字事业发展报告》（白皮书）、《世界语言生活状况报告》（黄皮书）、《中国语言文字政策研究发展报告》（蓝皮书）；围绕这个学派的研究成果也渐成一时之盛，其中以李宇明《中国语言规划论》[①]《中国语言规划续论》[②]《中国语言规划三论》[③]中的相关论述最为集中体现，其他针对相关概念的论著有贺宏志《语言产业引论》[④]、王世凯《汉语资源及其管理与开发》[⑤]，其中，基于语言服务概念的讨论也多有发表，参见屈哨兵（2007[⑥]，2010[⑦]，2011[⑧]，2012[⑨]），赵世举（2012）[⑩]，李德鹏、窦建民（2015）[⑪]，李现乐（2010）[⑫]。近年来国内相关学术期刊也屡有以语言服务为主题进行的集中讨论，其中包括《语言文字应用》《云南师范大学学报》这样的较有影响的刊物。对语言服务研究进行较为全面梳理的著述也适时出现，是为屈哨兵等（2016）《语言服务引论》[⑬]。这些成果在一定程度上为国家语言服务发展报告的研制准备了一定的学术基础。

三是随着我国建设中国特色社会主义进入新时代，语言服务愈发成为国家现代化进程中一种重要的语言生活现象，在相当程度上不只是见证国家的发展，更是在更广范围内、更深程度上参与并推动着国家现代化进程，在更

① 李宇明《中国语言规划论》，长春：东北师范大学出版社，2005 年。

② 李宇明《中国语言规划续论》，北京：商务印书馆，2010 年。

③ 李宇明《中国语言规划三论》，北京：商务印书馆，2015 年。

④ 贺宏志《语言产业引论》，北京：语文出版社，2013 年。

⑤ 王世凯《汉语资源及其管理与开发》，北京：中国社会科学出版社，2014 年。

⑥ 屈哨兵《语言服务研究论纲》，《江汉大学学报》2007 年第 6 期。

⑦ 屈哨兵《关于〈中国语言生活状况报告〉中语言服务问题的观察与思考》，《云南师范大学学报》（哲学社会科学版）2010 年第 5 期。

⑧ 屈哨兵《语言服务视角下的中国语言生活研究》，《北华大学学报》（社会科学版）2011 年第 5 期。

⑨ 屈哨兵《语言服务的概念系统》，《语言文字应用》2012 年第 1 期。

⑩ 赵世举《从服务内容看语言服务的界定和类型》，《北华大学学报》（社会科学版）2012 年第 3 期。

⑪ 李德鹏、窦建民《当前我国语言服务面临的困境及对策》，《云南师范大学学报》（对外汉语教学与研究版）2015 年第 2 期。

⑫ 李现乐《语言资源和语言问题视角下的语言服务研究》，《云南师范大学学报》（哲学社会科学版）2010 年第 5 期。

⑬ 屈哨兵主编《语言服务引论》，北京：商务印书馆，2016 年。

高水平上助力国家发展。因此，较之以往，我们也愈发有必要把基于语言服务的种种情况以比较专门的方式记录下来，展示出来，并为国家的进一步发展提出不可或缺的语言服务方面的意见和建议。

二　研制的基本原则

《中国语言服务发展报告》研制编写的基本原则大抵有四条：以业态为纲，以领域为目，以国家为面，以城市为点。

以业态为纲。这里的“业态”可以分成三类：产业、行业、职业。我们曾在《语言服务引论》中对这几种业态做过分析描述，产业和行业彼此间有时候可能有些交叉：语言服务产业是指以语言服务作为生产和经营手段的事业[①]，语言服务行业主要是指依托语言作为服务的重要手段或者主要手段的各类服务性行业的集成。一般而言，服务性行业都伴随着有语言服务的需求[②]。相较而言，语言服务产业概念可能更清晰一些，更“现代”、更“市场”一些；语言服务行业概念可能语义所指更宽泛，更“传统”一些。职业这个概念相对来说是对从事语言服务的不同工种人群的分类，个体性和商品性是其重要的内在属性，相对来说更为单纯一些。整体看来，这几种业态基本上可以涵盖我们通常所能接触到的语言服务的各种类型，以它们为纲，可以使发展报告覆盖得较为全面。

以领域为目。这里的领域当然是指语言服务的领域，这些领域有多少个，随着划分标准的不同会有不同的答案，并且正处在不断延展的过程中。李宇明曾从规划的角度指出过，这种趋势是“依托教育领域开始的，接着逐渐向行政、文化、社会服务行业等领域延伸”[③]。相对业态而言，领域具有更加开放的特征，编写语言服务发展报告，在不同的年段或有不同的选择，我们应该根据特定年段语言服务领域表现的急缓隐现的不同而有所取舍，不同的年段可能会张不同的目。

以国家为面。这里想要表达的是，语言服务发展报告的编写，一定是要

① 屈哨兵《语言服务的概念系统》，《语言文字应用》2012 年第 1 期。

② 屈哨兵主编《语言服务引论》，北京：商务印书馆，2016 年。

③ 李宇明《领域语言规划试论》，《华中师范大学学报》（哲学社会科学版）2013 年第 3 期。

站在国家的视角来进行观察：报告的立足点是国家，国家的语言文字的政策法规是语言服务发展报告的事业基础；报告的目的也是为了国家，观察记录不是唯一的目的，更重要的是要助力语言文字事业，更好地服务于国家现代化。这里面既包括要比较全面地反映出国家不同年段中语言服务的基本面貌，也要反映出语言服务在国家发展中的使命追求与大势方向。

以城市为点。这里想表达的是，随着国家城镇化进程的不断推进，语言服务发展的集中体现区域通常可以聚焦于某些城镇，尤其是城市，对一个个点的语言服务发展状况的描写，在一定程度上可以反映出国家语言服务发展的基本态势。城市语言生活状况的描述、城市语言活力的观察与城市语言服务能力的评估都是值得大力推动的课题。

三　研制项目要素

针对一个具体的语言服务项目的发展状况的描写，大体上包括以下几个要素。

一是相关政策法规规划的梳理。如果是首次出现的选题，可能涉及的梳理内容会多一些，系统一些，一般情况下只针对当年国家及地方新出现的相关语言文字政策措施进行梳理，这是我们进行语言服务的“基业”。绝大部分语言服务，尤其是新出现的语言服务，很多可能先有一个自发性的生长期，当这些属于语言生活范畴的活动发展到一定阶段，国家通常都会通过适当的方式予以介入，或规划指引，或总结提炼，或推广提倡，这时我们就应该有意识地将其纳入语言服务发展报告的视野。举个例子说，假如我们要做科大讯飞这个以语音服务作为其核心竞争力的企业语言服务个案报告，可能首先要梳理国家层面的相关政策背景，假设我们当下要报告这个个案，那么至少2016、2017两个年段的相关政策不能缺位，比如说《国家语言文字事业“十三五”发展规划》（2016）“发展目标”中的“语言文字信息化水平大幅提升。语言文字信息化关键技术研发取得重要成果，基本适应国家和社会信息化发展需求”[①]就应该列出，还有国务院公布的《新一代人工智能发

①《教育部　国家语委关于印发〈国家语言文字事业“十三五”发展规划〉的通知》，中华人民共和国教育部，2016-08-25，http://www.moe.edu.cn/srcsite/A18/s3127/s7072/201609/t20160913_281022.html。

展规划》在“战略态势”中指出的“语音识别、视觉识别技术世界领先”[①]作为个案成立背景也不可或缺。

二是要注意讲清楚所报告的语言服务项目的资源基础及其与周边领域的关系。基于语言的服务很多时候拥有共同的语言资源，这时要着重讲清楚的应该是其更深层次的对语言资源加以利用的学理分析，又或者是资源深度发掘后新形成的资源组合与资源聚集，等等。有的时候不同的语言服务领域彼此之间的界限不是特别清楚，比如说语言文字信息处理和语言培训、语言翻译间的关系，有时候可能不太清楚，需要我们在具体报告的时候尽量加以厘清。

三是语言服务的内容。这是每一个具体的发展报告的支撑主体，如果不是连年报告的项目，应该涉及对报告所在年段此前的一定时期内的发展状况做出综述回顾，但重点应该放在报告所处年段的语言服务状况内容的梳理描写。还是以科大讯飞个案报告为例，当下状态下，这个企业的语言服务的主要内容大体包括“语音引擎、手机应用、教育产品、互动音乐、行业应用”等几个部分，这些在该企业的官网介绍中都有显示[②]。当然，在进行具体的语言服务项目观察的时候也还会有所比较和取舍。无论如何，对需要报告的项目，要做更多一些事实材料上的收集准备，为了发展报告的质量，要坚持“内容为王”这样的信条。

四是在上述报告的基础上进行分析思考，并对下一步发展提出建议。这个方面是报告研制队伍对于语言服务发展大势进行判断引导的使命所在。

四　基本结构板块目标

《中国语言服务发展报告》的基本结构初步考虑由七个板块组成，以期达到对国家语言服务发展情况进行阶段性扫描报告和分析建议的目标，从而推动国家语言生活的健康发展，助力中国特色现代化强国目标的实现。

第一个板块是总报告。对报告年段语言服务发展的总体情况及分报告主要内容数据进行先导式归拢扫描，使读者在阅读分报告之前能够有一个整体

① 《国务院关于印发〈新一代人工智能发展规划〉的通知》，中华人民共和国中央人民政府网站，2017-07-20，http://www.gov.cn/zhengce /content /2017-07/20/content_5211996.htm。

② 科大讯飞股份有限公司：http://www.iflytek.com。

了解把握，其中，还可以考虑就特定的行业、领域、城市等进行语言服务能力（包括语言活力）的报告，如果需要，也可以将此单列出来。

第二个板块可以称之为事业发展报告。主要从国家层面报告有关语言服务发展情况，这里面既包括相关的语言文字政策制度的报告，也包括与语言服务有关的学术研究动态和学术研究成果的报告；既包括与语言服务有关的规范、活动讲话的报告，也包括与语言服务相关的学科专业人才（包括职业人才）的培养的报告。

第三个板块可以称之为行业与产业发展报告。包括语言培训、语言翻译、语言出版、语言会展、语言康复、语言艺术、语言创意、语言文字信息处理、语言评估等。这个板块的报告，有的在业界已经比较成熟，如语言翻译；大部分还没有成系统地从语言服务的角度进行过跟进报道，如语言出版、语言创意、语言会展、语言康复等。即使是语言翻译，下一步可能也还需要加强对中国在政治、经济、文化、社会发展等方面对外进行翻译服务的引导与报告。

第四个板块可以称之为领域发展报告。与语言服务有关的领域很多，大致包括政务、交通、会展、旅游、文化、娱乐、体育、教育、医疗卫生、邮政、电信、餐饮、住宿、商业、金融等。这是一个相对开放的系统，语言作为最重要的交际工具，可以说在人类交往活动中无处不在，语言服务因为特定事务的需要可能会在任何领域显现出来，需要我们做及时的跟进报告，比如说法律灾异领域、族际与家庭领域、移民与社区领域等，都有我们开展语言服务工作并进行语言服务报告的需要。

第五个板块可以称之为区域发展报告。这里的区域重点放在城市来进行，兼及城市所在省域或市域，当下我们可以考虑先从一组国家中心城市入手①，也可以考虑选择15个副省级城市入手②，当然也可以考虑选择省会城市作为报告的重点，国家语委进行国家语言文字工作水平评估将城市分为一类城市、二类城市也是一个比较适切的标准。如果要进行全国范围内特定层级的语言服务发展状况的比较，国家语委近些年创立的机制应该成为语言服务

① 根据《全国城镇体系规划》中提出计划构建“十百千万”的城市体系，国家中心城市大约是10个左右。

② 15个副省级城市包括成都、沈阳、长春、哈尔滨、青岛、武汉、西安、南京、济南、广州、厦门、深圳、大连、杭州、宁波。

发展状况报告最重要的依靠与基础。如何进行城市区域的语言服务发展状况的评价描写，我们可以考虑先设计一个指标体系框架，初步考虑这个体系框架的设计要注意四条原则：语言服务环境项目分类，语言服务范围分区，语言服务指标分级，语言服务基础（语言活力、规划与人才等）分块。

第六个板块可以称之为个案发展报告。主要是针对特定年段在语言服务方面表现特别突出的个案进行专门的报告。这个板块的报告较之其他板块而言可能观察更全面，描写更细致，探究更深入，建议更具体、更有针对性。从理论上讲，上述的事业、行业、产业、领域及区域等都可以因应其特别的表现选择其中的某个点作为个案发展报告的对象，这个点可以聚焦到更精准的层次。比如说事业报告层面可以聚焦到一个具体的规范编制或者一项语言服务成果的研制推广，行业、产业报告层面可以聚焦到一个具体的从事语言服务的企业的发展运营，领域层面可以聚焦到某一个领域直至其具体的运行单元的语言服务行动的各个环节措施的全面细致的刻画，区域发展报告可以聚焦到一个特定城市或地区语言服务实现的方方面面。

第七个板块可以称之为专题发展报告。主要针对国家或区域一些关乎国家政治经济社会文化重大发展进程中涉及语言服务的地方进行专题报告。当下我国已经进入中国特色社会主义建设的新时代，2020 年全面建成小康社会，2035 年基本实现现代化，本世纪中叶要成为富强民主文明和谐美丽的社会主义现代化强国。十九大报告中关于强国的组合概念凡 12 见，是为科技强国、质量强国、航天强国、网络强国、交通强国，还有制造强国、海洋强国、贸易强国、文化强国、体育强国、教育强国、人才强国。大致想来，任何一个强国方面的建设都必定会有若干重大的语言服务的事业需要建设、需要报告。教育部和国家语委印发的《国家语言文字事业“十三五”发展规划》就是一个服务价值指向明确的规划，全文 9000 余字，44 次提到“服务”，其指导思想中就明确提到“以服务国家发展需求为核心”①。在2018年召开的全国语言文字工作会议上，教育部副部长、国家语委主任杜占元强调 2018 年重点落实的工作可以概括为“一二三四”，其中的“三”是指三大

① 《教育部　国家语委关于印发〈国家语言文字事业“十三五”发展规划〉的通知》，中华人民共和国教育部，2016-08-25，http://www.moe.edu.cn/srcsite/A18/s3127/s7072/201609/t20160913_281022.html。

工程，里面就包括“社会语言服务工程”[1]。我们已经进入了一个奋力实现中华民族伟大复兴并日益走近世界舞台中央的时代，这都需要我们去做大量的工作，例如当下大家比较关注的“一带一路”的语言服务、“粤港澳大湾区”的语言服务、2022 年北京冬奥会的语言服务等，都是我们身处这个大时代必然做出的事业反应和学科回响。

五 余语

编制《中国语言服务发展报告》，现在确实到了可以系统谋划的时代了。上述的原因解析、原则述略、要素探讨以及板块构建等或许也都只是一些初步的想法，但推动其尽快实践的价值是显而易见的。当然我们也知道，随着报告工作的不断深入，在具体的研制实践过程中各个项目要素一定会得到不断的丰富和调整，尤其是关于发展报告的板块构建，完全可以根据发展丰富程度的不同在政商学研共同协作的基础上形成年度语言服务发展专项报告，这些专项报告可能涉及《语言服务产业发展报告》《语言服务行业发展报告》《语言服务领域发展报告》《城市语言发展报告》或《区域语言发展报告》，以及其他相关的个案专题的语言服务发展状况报告等。只要假以时日，语言服务发展报告也可以慢慢长大成一群小伙伴，成为中国语言生活派这个大家庭中的新的成员。我们也相信，随着工作的不断推进，这些报告本身连同其研制者也会成为国家现代化新征程的见证者和行动者。

（屈哨兵）

① 《2018 年全国语言文字工作会议召开》，中国语言文字网，http://www.china-language.gov.cn/yw /gjywxx /201801/t20180110_29767.html。

迈向新时代的中国语言服务

十九大报告中说，经过长期努力，中国特色社会主义建设进入了新时代，这是我国发展新的历史方位。新时代的内涵非常丰富，其中的一个重要表述就是“这个新时代，是承前启后、继往开来、在新的历史条件下继续夺取中国特色社会主义伟大胜利的时代，是决胜全面建成小康社会、进而全面建设社会主义现代化强国的时代”①。本文想以全面建成社会主义现代化强国为背景，抽取与“强国”有关的若干论断，从语言服务这个角度进行一些梳理，讨论一下迈向新时代的历史进程中我们需要一些什么样的语言服务。

十九大报告给世人展示的是一个非常鲜明的强国图谱。“强国”作为中心词在报告中总共出现了 18 次。其中“社会主义现代化强国” 5 次，主要集中在报告的第一、三、四部分，强调分两步走在本世纪中叶建成富强民主文明和谐美丽的社会主义现代化强国的奋斗目标；“人才强国” 2 次，分别出现在第四部分“决胜全面建成小康社会，开启全面建设社会主义现代化国家新征程”和第十三部分“坚定不移全面从严治党，不断提高党的执政能力和领导水平”中；“制造强国”等 11 个具体的强国目标次第出现，其中“制造强国、科技强国、质量强国、航天强国、网络强国、交通强国、海洋强国、贸易强国”集中出现在第五部分“贯彻新发展理念，建设现代化经济体系”中，“文化强国、体育强国”是第六部分“坚定文化自信，推动社会主义文化繁荣兴盛”提出的，第八部分“提高保障和改善民生水平，加强和创新社会治理”提出了“教育强国”。

我们认为，每一个具体的强国目标的实现，都离不开语言服务的支撑。本文试图选择一些具体的强国目标，对它们可能需要的语言服务做一些例说分析。

① 习近平《决胜全面建成小康社会，夺取新时代中国特色社会主义伟大胜利——在中国共产党第十九次全国代表大会上的报告》，本书所引十九大报告全部指此报告。

一 人才强国的语言服务

十九大报告第一次出现“人才强国”是在第四部分“决胜全面建成小康社会，开启全面建设社会主义现代化国家新征程”中，提出要统筹推进“五位一体”的战略布局，坚定实施科教兴国等七个战略，“人才强国”作为其中之一提出来；第二次出现是在第十三部分“坚定不移全面从严治党，不断提高党的执政能力和领导水平”中，强调“要坚持党管人才原则，聚天下英才而用之，加快建设人才强国”。

从语言服务的角度看，至少有两个方面可以为人才强国目标的实现做出努力。一个是国民语言能力建设需要语言服务，另一个是干部英才队伍建设需要加强语言服务。教育部、国家语委 2012 年颁布的《国家中长期语言文字事业改革与发展规划纲要（2012—2020）》提出到 2020 年达到“国民语言能力显著提高”的目的，国民语言能力的核心就是使用国家通用语言文字的能力。经过近十年的努力，我们有理由相信，到 2020 年，国民语言能力显著提高这个目标会基本实现，全国范围内会基本普及国家通用语言文字，全国普通话普及率平均会达到 80% 以上。但是，如果要实现人才强国的目标，我们的语言教育服务目标则应该远远高于 80% 这个指标。根据 2017 年国家语委的报告，我国东西部之间、城乡之间的普通话普及程度很不平衡：西部与东部有 20 个百分点的差距；大城市的普及率超过 90%，但很多农村地区只有 40% 左右。即使经过这两年的不断努力，特殊困难县域的普及率达到不得低于 50% 的预定目标，全国不同地区之间的国民语言能力差异仍然还会存在。这就需要我们要有继续持久攻坚的准备，规划好 2020—2035 年进一步提升国民语言能力的目标并切实推进实施。这种规划推进就是语言服务。

“人才强国”在报告中第二次出现，是在党管人才、聚天下英才而用之这个背景之下提出来的。这个层面上语言服务要做的工作肯定要比一般意义上的国民语言能力提高要更多，目标要更高，是要通过语言服务使得干部英才队伍的能力素质得到提升。这方面具体内容十分丰富，包括干部英才语言表达的沟通能力、语言逻辑的组织能力、语言文化的吸收能力，当然也要包括现代语言技术处理能力。我们可以举一个旁证。美国哈佛大学向来注重他们的人才培养质量，用他们自己的话来说是要培养未来世界的领导人。曾经担任过 20 年哈佛大学校长的德雷克·博克在总结大学教育的若干目标时，排在第一的就是表达能力:“其中最广为人知的,是精确而优美的书面表达能力,其次是清晰而有说服力的口头表达能力。”[①] 我们或许也可以从中受到启发。当然,人家谈的只是对本科生的一般要求,而我们所要追求的是现代化强国建设过程中干部英才的表达能力,要求应该要更高更实一些。客观而论,我们的大学教育对这方面的重视是不够的。现在已经进入干部英才序列或者有可能成为干部英才的人,虽然其中相当一部分在这方面的能力已经十分出色,并在工作实践中还在不断成长,但不排除仍有一部分人可能还是不能尽如人意,与“人才强国”所应该达到的标准还有差距。在这方面应该加大语言教育培训服务的力度,从目前的情况来看,我们似乎还缺少这方面的顶层设计,尤其是在大学教育目标中这一环节需要下更大的功夫。

二　制造强国的语言服务

“制造强国”出现在报告第五部分“贯彻新发展理念,建设现代化经济体系”之“深化供给侧结构性改革”内容中,原文是:“加快建设制造强国,加快发展先进制造业,推动互联网、大数据、人工智能和实体经济深度融合,在中高端消费、创新引领、绿色低碳、共享经济、现代供应链、人力资本服务等领域培育新增长点、形成新动能。”

“互联网、大数据、人工智能和实体经济深度融合”离不开语言服务:这三者的本质都和语言有着密不可分的关系,可以这样说,如果语言这方面的问题没有解决好,就不可能在真正意义上完全实现与实体经济的完美融合。举个例子说,不论是德国工业 4.0 还是中国制造 2025,核心问题都包括对海量数据的占有和利用,这些海量数据到底是属于机器、软件还是终端用户,决定着谁能成为这个“未来产业链”的最高端[②],其中的互联网技术、大数据挖掘和人工智能发展都离不开来自语言的科技力量的支撑。但这里面也有一个困境,现代语言处理大师贾里尼克曾经说过一句话:“我每开除一名语言学家,我的语音识别系统识别率就会提高一点。”[③] 这句话虽然过于极

① 德雷克·博克著,侯定凯、梁爽、陈琼琼译《回归大学之道——对美国大学本科教育的反思与展望》(第二版),上海:华东师范大学出版社,2016 年,第 45—46 页。

② 《德国工业 4.0 与中国制造 2025》,百度文库:《未来的战争:德国工业 4.0 与中国制造 2025》,https://wenku.baidu.com/view/608b8c5c7f1922791788e813.html。

③ 吴军《数学之美》(第二版),北京:人民邮电出版社,2018 年,第 75 页。

端，但也可能在相当程度上反映出语言学家们说起理论头头是道、干起活来却高不成低不就的一种实情。语言学家在这方面是否真的能起到促进作用，有时也要我们做出反思，应该如何进一步为互联网技术、大数据挖掘和人工智能发展做出我们的贡献。

“在中高端消费、创新引领、绿色低碳、共享经济、现代供应链、人力资本服务等领域培育新增长点、形成新动能”同样离不开语言服务的支撑。以“人力资本”领域为例，拥有更强语言能力的人通常会拥有更强的价值创造能力，这方面有时体现为对全球通用型语言的掌握使用程度，有时体现为对特定区域内通用型语言的掌握使用程度，有时则体现为某些处于共同市场范围内不同语言的掌握使用程度。除开传统的语言教育之外，基于现代信息技术的语言翻译应该就是培育人力资本的一个新的增长点。

三 科技强国、质量强国、航天强国、网络强国、交通强国的语言服务

“科技强国、质量强国、航天强国、网络强国、交通强国”这组概念出现在报告第五部分“贯彻新发展理念，建设现代化经济体系”之“加快建设创新型国家”内容中。从语言服务的角度看，每一个强国目标的建设都需要语言服务的强力支持，例说如下：

质量强国的各类标准建设表述要过好语言关。建设质量强国是我国进入新时代后发出的一种愈来愈强的呼声，2017 年出台的《中共中央国务院关于开展质量提升行动的指导意见》就是明证。习近平总书记 2014 年提出“推动中国制造向中国创造转变、中国速度向中国质量转变、中国产品向中国品牌转变”，在此前后我国陆续颁布实施《装备制造业标准化和质量提升规划》《消费品标准和质量提升规划（2016—2020 年）》《关于建立统一的绿色产品标准、认证、标识体系的意见》，没有哪一种意见与标准离得开语言服务的支撑。至于如何使某些标准成为国际标准，抢占国际竞争的制高点，就更离不开来自语言的支撑服务。中国企业华为技术有限公司主导推出的下一代超高速无线网络 5G 标准有望成为全球电信行业标准。现在描述标准的语言主要是英语，但是我们也要有这样的准备，随着更多的中国标准走向世界，我们也要为不同目标国提供包括汉语在内的各种语种的语言服务。至于

国内市场中各种质量标准的制定与执行，语言服务更是不可须臾或缺。

航天强国的推进也需要语言力量的介入。航天强国意味着我们要将中国的视野投向更远的外太空，这里面既关系到中国在地球村中的利益，更关系到代表地球文明的语言表达问题。虽然现在我们这个星球对外星文明发出的所有信号都没有得到验证，但这并不意味着我们对此就可以漠不关心，从某种意义上来说，这是一种人类责任。至于更加具体的载人航天、卫星导航等领域，则更要注重语言服务。我们不知道是否有这样一种可能，就是在航天强国的国际竞争中，有更多的中国概念、更多的中国语言服务手段在航天领域中立足，成为航天强国彼此之间交流的内容甚至交流的工具。

交通强国的建设需要加强语言服务基础设施的建设，这是十分明显的需求。这里面大到铁路、公路、水运、航空、管道、物流等基础设施中信号识别系统的建设，小到具体公共交通系统中的站牌显示与播报指引，以及人们出行时的手机终端或者车载终端的线路指引，包括智能交通中能有效解决城市停车难导致的交通拥堵的停车指引，都离不开语言服务。目前语言学的力量在这方面做出的服务贡献很少。我们还不知道是否可能存在这么一种情况：随着语言服务力量的加入，我国的交通强国语言服务基础设施建设更有质量、更有水平。

科技强国和网络强国与语言服务的关系则更是密切。语言的工具性特征决定其在任何领域都无法缺席，我们要做的，是从服务这个角度为具体强国目标的实现助力提速。限于篇幅，这里不再一一列论。

四　海洋强国的语言服务

海洋强国出现在报告第五部分“贯彻新发展理念，建设现代化经济体系”之“实施区域协调发展战略”内容中。报告提出要“坚持陆海统筹，加快建设海洋强国”。

海洋强国的建设必然面临更多目标任务，习总书记在中共中央政治局第八次集体学习时强调：“21 世纪，人类进入了大规模开发利用海洋的时期。海洋在国家经济发展格局和对外开放中的作用更加重要，在维护国家主权、安全、发展利益中的地位更加突出，在国家生态文明建设中的角色更加显著，在国际政治、经济、军事、科技竞争中的战略地位也明显上升。”这里面有的任务可能就直接与语言服务有关。以海洋权益的维护为例，在岛礁主权、海域划界和通道安全等方面，就需要来自语言服务方面的力量。我国拥有960万平方千米的土地和470万平方千米的海域，其中相当一部分海域被周边其他国家觊觎甚至侵占，对此，我国的态度历来十分明确，我国领土神圣不可侵犯。在这一点上，语言服务必须发挥作用。以南海为例，我国对九段线内的南海海域拥有主权，这片海域面积达250万平方千米，共有岛、礁、沙、滩200多个，对岛礁的命名与正名就是语言服务。十九大报告提及的“南海岛礁建设积极推进”中同样也有语言服务的身影，我们目前在这方面还缺少及时的总结与跟进，在某种意义上，语言学界的力量在这方面不应该缺席。

五 贸易强国的语言服务

贸易强国出现在报告第五部分“贯彻新发展理念，建设现代化经济体系”之“推动形成全面开放新格局”内容中，报告提出要“拓展对外贸易，培育贸易新业态新模式，推进贸易强国建设”。

贸易强国的拓展推进同样离不开语言服务方面的拓展推进。这里面包括“一带一路”走出去、引进来中的语言服务问题，和“赋予自由贸易试验区更大改革自主权，探索建设自由贸易港”行动中的语言服务问题。我国“一带一路”倡议得到了“丝绸之路经济带”和“21世纪海上丝绸之路”沿线国家和地区的积极响应，沿线涉及的国家和地区超过了70个，我们主张“中国将同各方一道，秉持共商、共建、共享原则，推进政策沟通、道路联通、贸易畅通、货币流通、民心相通”①，“倡导不同民族、不同文化要‘交而通’，而不是‘交而恶’，彼此要多拆墙、少筑墙，把对话当作‘黄金法则’用起来，大家一起做有来有往的邻居。”② 不管是包括“贸易畅通”在内的“五通”，还是作为“黄金原则”的对话，都需要语言服务。据杨亦鸣、赵晓群（2017）③ 初步统计，“一带一路”沿线国家民族语言多达2400余种，

① 习近平2016年11月19日在秘鲁利马出席亚太经合组织工商领导人峰会上发表的主旨演讲。

② 习近平2016年1月21日在阿拉伯国家联盟总部的主旨演讲。

③ 杨亦鸣、赵晓群主编《“一带一路”沿线国家语言国情手册》，北京：商务印书馆，2017年。

实际使用的官方语言和通用语言共 56 种。这 56 种语言中，有的我国尚未开设相关的语言教育专业，难以提供相关的语言服务；更为迫切需要解决的是，随着“一带一路”共商共建共享获得的相应推展，语言服务所需要的层次类型与规模远非一般的语言教育所能满足。这两年我国相关机构企业通过各种平台为此做了不少工作，但从国家战略这个层面来看，我们要做的和能做的仍然还有很多。2018 年在上海举办的中国国际进出口博览会，是世界上第一个以进口为主题的国家级展会，170 多个国家和地区及国际组织参会，3600 多家企业参展，40 多万名境内外采购商对接洽谈，举办方为这次进博会的成功举办在语言服务方面也做了大量的准备，例如上海联通提供的英语、日语、韩/朝语、法语、德语、西班牙语、俄语、马来语、阿拉伯语、世界语等 10 种常用外国语言的“10010 热线”呼入及呼出服务，提供一周 7 天、每天 14 小时的服务[①]，进博会语言服务商传神语联网提供同传、交传、陪同等多种形式的现场翻译服务，相关的智能翻译机在进博会上也进行了展示，其中一种传神 T1 翻译机目前能够支持 39 种语言，并会持续迭代更多语种，保证人机随身翻译的最佳效果[②]。这些都是我们为贸易强国建设从语言服务这个角度做出的努力。拓展对外贸易必然伴随着各种语言服务，我们应该还有更多的事情需要做好。

六　文化强国的语言服务

文化强国出现在报告第七部分“坚定文化自信，推动社会主义文化繁荣兴盛”的第一段，特别强调“要坚持中国特色社会主义文化发展道路，激发全民族文化创新创造活力，建设社会主义文化强国”。

从语言服务角度来看建设社会主义文化强国，同样有很多工作需要下大力气来做，这里面包括当代中国故事的世界表达问题、传统中国文化的世界表达问题、中国语言的世界传播问题等。十九大报告中说中国特色社会主义道路、理论、制度、文化不断发展，拓展了发展中国家走向现代化的途径，

① 李淑平《上海联通进博会系列报道之四：通十国语言的智慧客服集结完毕》，澎湃新闻：https://www.thepaper.cn/newsDetail_forward_2566665。

② 《进博会指定传神提供智能翻译硬件　多举措保障语言服务全覆盖》，科技媒体 DoNews，http://www.donews.com/news/detail/4/3026049.html。

给世界上那些既希望加快发展、又希望保持自身独立性的国家和民族提供了全新选择，为解决人类问题贡献了中国智慧和中国方案。如何使这种中国智慧和中国方案成为解决人类问题的新选择？这就需要语言服务，这里面大到哲学社会科学体系的建构，小到一个个概念细节的译介表达，都是如此。鉴于不同语言之间的文化差异，要建设文化强国，如何在语言服务这个层面上更加系统准确地表达出中国特色社会主义道路、理论、制度、文化，需要我们进行更加系统的谋划与建设推动。举个例子，商务印书馆有一套“汉译世界学术名著丛书”，700 多种，蔚为壮观，这表明我们在引进来方面做了大量工作，但是与此相对应的中国文化、中国方案、中国智慧的外译工作，可能是一个更大的工程。当然，我们现在在这方面已经做出了积极的努力并取得了很好的效果，例如，《习近平谈治国理政》第一卷已经出版了 24 个语种 27 个版本，创造了改革开放以来党和国家领导人著作发行量的新纪录[①]；《习近平谈治国理政》第二卷中英文版全球发行已突破 1300 万册，2017 年 11 月 27 日，国家外文局同 16 个国家的知名出版机构签署《习近平谈治国理政》第二卷国际合作翻译出版备忘录，正式启动《习近平谈治国理政》第二卷国际合作翻译出版工作[②]。这些都是语言服务必须要做的事情。2010 年国家社科基金开始设立的中华学术外译项目，当年资助立项 13 项，此后规模不断扩大，2018 年达到 185 项，这表明我们在建设文化强国方面正在走出坚实的步伐。但是也毋庸讳言，这方面也存在着短板，像中华学术外译项目这样的国家级项目，所涉及的外语主要是英文、法文、俄文、阿拉伯文、西班牙文、德文等几种，其他文版的虽然可以接受，但显然还没有进行顶层设计，这也从另一个角度反映出我们在这方面可能进行翻译服务的力量储备还不够，底气不足。

另一个方面，做好世界知识的中文表达也自然是语言服务的题中应有之义，这个方面李宇明（2018）的观点值得特别重视，他说：“国家知识界需有危机意识，除了提高全民族的外语能力外，要努力完成以中文为轴心的多语种翻译技术，完善信息获取与推送的现代知识工程，让中文成为国人获取知识的路径依赖语言，更有通过政策支持建立‘中文自信’的学术评价体

① 《〈习近平谈治国理政〉第二卷出版座谈会发言摘编》，人民网，2017-11-25，http://media.people.com.cn/n1/2017/1125/c40606-29667208.html。

② 《〈习近平谈治国理政〉第二卷全球发行突破 1300 万册》，人民网，2018-02-04，http://cpc.people.com.cn/n1/2018/0204/c64387-29804441.html。

系。提升中文文本的国际声望。”①

七 体育强国的语言服务

体育强国出现在报告第七部分“坚定文化自信，推动社会主义文化繁荣兴盛”之“推动文化事业和文化产业发展”内容中，提出要“广泛开展全民健身活动，加快推进体育强国建设，筹办好北京冬奥会、冬残奥会”。

加快推进体育强国建设肯定离不开语言服务，这里面仅筹办好北京冬奥会、冬残奥会这一条就需要有一种新时代的语言服务支撑。2022年北京冬奥会和冬残奥会令人瞩目，教育部、国家语委与北京冬奥组委联合实施的“北京冬奥会语言服务行动计划”就是助力体育强国建设的有力证明，这个服务行动计划的重点项目包括“开展语言技术集成及服务”“提供语言翻译和培训服务”“优化奥运语言环境”“开展外语志愿者培训工作”“合作开展冬奥会语言文化展示体验项目”等，只有把这些语言服务项目做好，我们才可以说在语言文字方面为达到习总书记提出的“着眼于办成一届精彩、非凡、卓越的奥运盛会”的目标做出了我们的努力。近些年来，我国在这方面也做了不少工作，例如2017年国家质量监督检验检疫总局和国家标准化委员会联合发布的《公共服务领域英文译写规范》（第2—10部分）中的“第5部分：体育”就是如此，这一部分规定了体育领域英文翻译和书写的相关术语和定义、翻译方法和要求、书写要求等，其本身既是一种语言服务，同时更重要的还是下一步更多关于体育领域服务译写规范标准的基础，因为其附录只是列出了体育场馆、体育服务信息、体育运动项目和体育比赛名称等方面的示例，还应该有更为详备的译写服务跟进才行。

八 教育强国的语言服务

教育强国出现在报告第八部分“提高保障和改善民生水平，加强和创新社会治理”之“优先发展教育事业”内容中，这部分的第一句就是：“建设

① 李宇明《关于“世界知识的中文表达”问题》，2018年海内外中国语言学者联谊会暨第九届学术论坛的致辞与题解，转引自：http://www.360doc.com/content/18/0802/18/38359916_775221105.shtml。

教育强国是中华民族伟大复兴的基础工程，必须把教育事业放在优先位置，深化教育改革，加快教育现代化，办好人民满意的教育。”

教育强国建设过程中的语言服务须臾不可或缺，体现在方方面面。例如教材语言服务问题、教学语言选择问题、国家通用语言的使用和各民族语言（包括方言）文字科学传承保护问题、语言教育的科学规划问题、语言能力获得与摆脱贫困问题等，都离不开语言服务。这本《中国语言服务发展报告（2020）》中报告的新疆维吾尔自治区语言服务报告和云南毛南族语言教育服务报告都是从语言能力获得与摆脱贫困的关系角度进行的，我们要全面建成小康社会进而达到社会主义现代化强国的奋斗目标，就必须在教育领域的各个环节、各类人群、各个阶段提供更加全面而有质量的语言服务。再举个教材语言服务方面的小的例子。我们要在基础教育阶段为中华优秀传统文化的传承打下一个坚实的基础，那就涉及各种文化样态通过国家教材、地方教材以及校本教材的语言组织问题。很显然，现有的教育部统编教材作为国家教材，在这方面的质量得到了比较充分的保障，但相对浩如烟海的中华文化样态而言，这毕竟还只是一小部分。比如，国家公布的非物质文化遗产就有 1700 多种，再加上省市县各级的非物质文化遗产，那就更是一个庞大的数字，如何指导各级各类教育编辑出版者为基础教育教材读物提供有品质的语言服务，这就是一个很值得重视的问题。

九 结语

总体看来，语言服务在我们迈向新时代建设社会主义现代化强国的伟大征程上不可或缺。因具体强国目标的不同，语言服务有的时候体现为基础性工作，有的时候体现为组成性工作，有的时候体现为主体性工作，有的时候体现为嵌入性工作，有的时候体现为补足性工作。不管其体现方式是哪一种，我们都应该立足于中国特色社会主义进入新时代这个新的历史站位，就如何融入国家发展大局对其进行系统的梳理，做好顶层设计，进行系统布局，积极推动实践，为建设富强民主文明和谐美丽的社会主义现代化强国做出语言学工作者与语言文字事业的特殊贡献。

（屈哨兵）

我国语言服务基本面貌与发展趋势*

2018年，正值中国改革开放四十周年，我国社会、经济、文化发展进入社会主义新时代，语言文字事业蓬勃发展，语言服务也异彩纷呈，在各自的领域发挥了应有的作用，体现了语言及语言服务的价值。综观形态各异的语言服务，我们尝试从行业、产业和事业的角度加以梳理、考察，这或许可以窥见语言服务的基本面貌。行业的视角，主要审视行业语言服务，即依附于各行业，特别是依附于服务行业的语言服务状况。从语言种类上看，既包括国家通用语言，也包括外语、少数民族语言以及汉语方言等。产业的视角，主要考察作为独立产业的语言服务，例如翻译服务、语言教育培训服务和语言技术服务等。事业的视角，主要梳理较为宏观、具有全局性的语言服务，主要是政府层面的语言政策及语言规划等方面的服务及其对微观语言服务的影响。

一　行业

行业语言服务渗透在各行各业之中，为行业服务活动的正常开展和行业发展发挥了重要作用。行业语言服务涉及众多行业，其中旅游、交通、餐饮、住宿、商业、金融、邮政、体育、文化娱乐、医疗卫生、市政服务等领域中的行业语言服务较为突出。从语言种类上看，行业语言服务问题主要包括通用语（母语）、方言、外语及其文字的使用问题，部分领域还涉及少数民族语言服务问题。就语言本身的问题来说，从近些年来上述领域语言服务调查来看，存在的主要问题是通用语（母语及文字）使用的不规范、外文译写的不准确以及本国通用语和外语之间关系地位混乱等问题。结合各行业特点来看，以上各行业语言服务的主要问题是相关行业从业人员的语言服务

* 本报告为国家社科基金青年项目“语言服务的价值与战略研究”（14CYY010）的阶段性成果之一。

意识和语言服务水平有待提高，特别是结合本行业核心业务的语言服务能力有待加强。从消费者（受众、服务接受者）角度看，消费者的语言消费意识整体上不够明确，社会大众的语言规范意识需要提升，语言消费意识需要唤醒。此外，在特殊语言服务方面，针对盲人、听障人士的特殊语言服务在不同行业领域的服务水平也参差不齐，总体上看都有待加强。就行业语言服务标准建设来看，结合各行业特点的行业语言服务标准建设任重道远。

近年来，随着社会大众语言意识的不断加强，各服务行业的服务意识和服务水平不断提升，行业语言服务也随之发展、进步。总体上看，2018 年各行业语言服务呈现积极向好的面貌，语言服务设施不断完善，语言服务水平不断提高；但部分行业领域的语言服务意识有待增强，在语言服务需求逐渐增强、语言服务效果日益显著的同时，语言服务问题也较为突出，多元化、个性化的语言服务以及特殊语言服务仍有较大的改进空间，结合行业特色的行业语言服务规范化、标准化有待完善。

公共领域的行业语言服务问题始终是语言服务关注的重点，也是观察社会语言服务基本状况的窗口，在一定程度上体现了社会语言生活的整体面貌。2018 年的公共领域语言服务也同样值得关注。本发展报告中收录的关于酒店名称和五岳风景名胜区语言指引的两篇语言服务报告，所论语言服务现象具有一定的行业代表性。酒店名称，具有重要的服务功能，其服务对象为酒店的消费者。消费者在接触酒店时首先接触的就是酒店名称，因而其命名的消费指引功能尤为突出。消费者从名称中可以初步了解酒店的经营类型、范围甚至档次等关键信息，这是一种信息服务功能的体现。与此同时，通过酒店名称，消费者一定程度上可以了解地域文化和景点特色，甚至受到文化价值观念的熏陶和教育。在某种意义上，酒店名称又是城市语言景观和语言生态文明的构成部分，是城市文化建设和公共服务的一部分。从消费需求角度看，受众（消费者）对酒店名称的反应如何，酒店命名是否考虑到消费者的需求，可能也是今后酒店命名这一语言服务需要考虑的问题。由酒店命名进一步延伸，一些楼盘及店铺命名的多样化（有些高雅，有些则低俗）似乎也反映了此类语言服务的当前状况。这一类型的语言服务值得关注。

和酒店行业同属旅游服务业的名胜景区，其语言服务状况往往体现了其整体服务水平。随着旅游业的发展，旅游景区的多语服务（多语景观）也变得极为常见，然而多语服务的效果如何，不同景区也有所不同，不同受众对不同语言景观形态的关注与需求也有差异，例如导向标识类的比文化宣传或商业广告类的更受消费者关注，其服务功能更为显著。[①]语码种类、语码形态和语码风格的不同，体现了不同的服务内容和服务对象，也反映了服务者的语言服务意识和水平，其中也存在一定的问题。例如，从本发展报告中的五岳风景名胜区语言标牌指引功能调查来看，旅游景区语言标牌的语码错误、混乱与不规范的问题时有发生，景区语言景观建设仍需加强。其实，类似标牌的语言问题在社会公共领域仍有不少，例如一些标语口号上的错别字，令人啼笑皆非；有些不合时宜、不合语境的标语也让人莫名其妙。这些都是值得关注、有待改进的公共领域语言服务问题。

看到问题的同时，也要看到行业语言服务的新的、积极的变化。伴随着经济全球化的不断加快，"一带一路"建设的推进，行业多语服务，例如粤港澳大湾区的会展网站多语服务、企业客服电话的语言服务及政府门户网站的语言服务等，总体上呈现出与经济发展方向一致的积极变化。行业语言服务需要能够适应社会经济发展需求，这是行业语言服务发展的目标与趋势。

二 产业

产业视角的语言服务主要是具有语言服务性质和功能的语言产业，即语言服务产业。语言产业是以语言为内容、材料，或是以语言为加工、处理对象，生产出各种语言产品或提供各种语言服务的产业形态。[②]语言产业作为一种产业形态，在社会生活中早已有之，例如语言翻译、外语培训等，都是极为常见、典型的语言产业形态。然而，作为一个概念，"语言产业"的历史并不久远，也就是近十年来的事情。[③]从语言产业发展与语言服务关系的角度看，无论是学界还是社会大众对语言产业的认识可能都与语言服务相关[④]，换言之，正是因为语言产业主体为社会大众提供了专业化的语言服务，语言产业才逐步发展壮大、形成规模、做成产业，成为社会关注的经济形态

① 孟琳昕《扬州旅游景区语言景观调查研究》，扬州大学硕士学位论文，2017年。

② 贺宏志主编《语言产业导论》，北京：首都师范大学出版社，2012年，第43页。

③ 贺宏志主编《语言产业导论》，北京：首都师范大学出版社，2012年，第1页。

④ 国内对语言产业的认识和关注最早的机构是成立于2010年9月28日的首都师范大学北京语言产业研究中心。这是国内第一个以"语言产业"为专门研究对象的科研机构。该中心已于2018年4月28日更名成立中国语言产业研究院。

之一。

就业态类型上看，语言产业通常可分为语言能力产业、语言内容产业和语言处理产业，语言能力产业如语言培训、语言康复和语言测试等，语言内容产业主要是语言出版、语言翻译、语言创意、语言艺术等，语言处理产业主要包括语音识别、文字处理、机器翻译等。[①] 这些语言产业，从提供服务的角度看，都具有语言服务的性质和功能，只是服务的对象、范围和手段有所不同，因而都是语言服务产业。与上述行业语言服务不同的是，这些语言服务产业提供的主要是专业语言服务，主要以企业化的方式运作。在科学技术特别是语言科技迅猛发展的今天，诸多提供专业语言服务的语言服务产业近年来得到快速发展，充分体现了语言服务产业所具有的可观的经济效益和社会效益。例如，作为语言服务产业的典型代表，翻译服务和语言教育培训服务近年来发展迅速，据统计，2017 年中国语言翻译服务产业的总值约为359.3亿元[②]，中国在线语言教育市场规模约为375.6亿元[③]。这些数据虽不能准确地反映近年来语言服务的整体状况，但从中可以看到语言服务产业的发展势头和广阔前景。

除了翻译服务和语言教育培训服务之外，语言技术产业也是发展迅猛的语言服务产业。在信息、网络、人工智能技术快速发展的今天，语言技术对语言翻译和语言教育培训产业具有极大的促进作用，例如机器翻译、人工智能、语音识别等技术在翻译实践及语言能力测评、语言学习中的应用等。其中语言学习不仅仅是外语学习，也包含汉语及其方言的学习；既有未成年人的语言学习，也有成年人的语言学习；既有汉语母语者的外语学习，也有以汉语作为第二语言或外语的学习者的汉语学习。本报告收录的有关语言教学服务的调查报告，以及关于少儿古诗词学习、方言学习、语言技术服务和语言智能测评等的调查报告，较为详细地展现了作为产业的语言服务业态。可以看出，语言技术的广泛运用，包括各类 APP 应用软件的大量应用和网络在线学习的兴起，已是语言教育培训服务的显著特点。而就语言技术与智能

① 贺宏志主编《语言产业导论》，北京：首都师范大学出版社，2012 年，第 47 页。

② 《零点参与编写的〈2018 中国语言服务行业发展报告〉在京发布》，零点有数网，2018-11-26，http://www.horizon-china.com/page/4647。

③ 《2017 年中国在线语言培训行业发展前景分析及预测》，中国产业信息网，2017-12-13，http://www.chyxx.com/industry/201712/592218.html。

服务自身发展来看，除了与语言翻译及教育培训“捆绑”发展之外，还在社会生活的众多领域体现其价值，例如在汽车、家居生活等日常生活以及通信、交通、金融、娱乐等领域大显身手。无论是国家，还是个人，语言能力都是极为重要的一项能力，在语言技术日新月异的时代，运用语言技术的能力已是语言能力的重要组成部分。语言技术的不断进步有助于人们更方便快捷地运用语言技术，例如语音识别技术的不断成熟促进了文字输入的简化和效率提升。因此，作为产业的语言服务也必将拥有更广阔的发展空间。

三　事业

作为事业的语言服务，主要是政府向民众提供的语言服务，也就是国家语言服务。国家语言服务具有基础性、全局性、时代性和公益性的特点①，因而涉及面广，内容丰富。近年来，语言文字事业取得了长足发展，语言文字法律法规不断完善，语言文字在社会经济发展中的作用日益显现，语言文字工作在国家重大战略政策实施中的地位日益提升。这里对语言服务事业的回顾不在于呈现国家语言文字事业的全貌，而是为了审视在一些重要的国家语言服务（如语言政策）影响下，微观层面的语言服务有哪些作为或变化。基于此，我们从近两年来国家有关部门出台的相关文件中简要梳理和语言服务相关的重要政策、文件②，主要如下：

《关于实施中华优秀传统文化传承发展工程的意见》（中共中央办公厅　国务院办公厅印发，2017年1月25日）：研究制定国民语言教育大纲，开展好国民语言教育。加强少数民族语言文字的保护和经典文献的保护和传播，做好少数民族经典文献和汉族经典文献互译出版工作。研究提出承接传统习俗、符合现代文明要求的社会礼仪、文明用语规范，建立健全各类公共场所和网络公共空间的礼仪、礼节、礼貌规范，推动形成良好的言行举止和礼让宽容的社会风尚。积极宣传推介戏曲、民乐、书法、国画等我国优秀传统文化艺术，让国外民众在审美过程中获得愉悦、感受魅力。

《关于实行国家机关“谁执法谁普法”普法责任制的意见》（中共中央办

① 屈哨兵主编《语言服务引论》，北京：商务印书馆，2016年，第336—357页。

② 以下资料主要摘自《中国语言生活状况报告（2018）》，北京：商务印书馆，2018年。

公厅　国务院办公厅印发，2017年5月17日）：法律法规规章和司法解释出台后，以通俗易懂的语言将公民、法人和其他组织的权利义务、权利救济方式等主要内容，通过政府网站、新闻媒体公布或在公共场所陈列，方便社会公众理解掌握。

《关于加强贫困村驻村工作队选派管理工作的指导意见》（中共中央办公厅　国务院办公厅印发，2017年12月24日）：积极推广普及普通话，帮助提高国家通用语言文字应用能力。

《国务院办公厅关于印发兴边富民行动“十三五”规划的通知》（国办发〔2017〕第50号，2017年5月28日）：科学稳妥推行双语教育，坚定不移推行国家通用语言文字教育，尊重和保障少数民族使用本民族语言文字接受教育的权利，加强双语科普资源开发。加强双语教师培养培训。

《国务院关于印发中国（浙江、河南、湖北、四川、陕西）自由贸易试验区总体方案的通知》（国发〔2017〕第16、17、18、20、21号，2017年3月15日）：对外籍高层次人才开辟绿色通道，提供有针对性的指导服务和语言学习机会，多形式多渠道帮助外国人才更好融入中国社会。

《农药管理条例》（国务院令〔2017〕第677号，2017年3月16日）：农药标签应当按照国务院农业主管部门的规定，以中文标注农药的名称、剂型、有效成分及其含量、毒性及其标识、使用范围、使用方法和剂量、使用技术要求和注意事项、生产日期、可追溯电子信息码等内容。

《医疗器械监督管理条例（2017修订）》（国务院令〔2017〕第680号，2017年5月4日）：进口的医疗器械应当有中文说明书、中文标签。没有中文说明书、中文标签或者说明书、标签不符合本条规定的，不得进口。

《国务院办公厅关于印发政府网站发展指引的通知》（国办发〔2017〕第47号，2017年5月15日）：根据用户群体特点和需求，提供多语言服务。围绕残疾人、老年人等特殊群体获取网站信息的需求，不断提升信息无障碍水平。

《“十三五”推进基本公共服务均等化规划》（国发〔2017〕第9号，2017年1月23日）：加强国家通用手语、通用盲文的规范与推广；残疾人基本公共服务要满足残疾人文化体育需求，能够收看到有字幕或手语的电视节目，在公共图书馆得到盲文和有声读物等阅读服务。

《残疾人参加普通高等学校招生全国统一考试管理规定》（教育部、中国残联印发，教学〔2017〕第4号，2017年4月7日）：考点、考场配备专门的工作人员（如引导辅助人员、手语翻译人员等）予以协助，充分保障听障学生接受教育的权益。

《国家卫生和计划生育委员会、国家发展和改革委员会、财政部、国家旅游局、国家中医药局关于开展健康旅游示范基地建设的通知》（国卫规划函〔2017〕第257号，2017年7月18日）：加强针对健康服务机构、旅游服务机构等相关服务人员的业务培训和语言培训。

《国家卫生和计划生育委员会、国家发展和改革委员会、财政部、国家旅游局、国家中医药局关于促进健康旅游发展的指导意见》（国卫规划函〔2017〕第30号，2017年5月12日）：加强针对健康医疗服务机构、国际旅行健康咨询机构、旅游服务机构等相关服务人员的业务培训和语言培训，提高健康旅游的服务品质和管理水平。

《税收规范性文件制定管理办法》（国家税务总局令第41号，2017年5月16日）：制定税收规范性文件，应当做到内容具体、明确，内在逻辑严密，语言规范、简洁、准确，避免产生歧义，具有可操作性。

国家食品药品监督管理总局关于发布《婴幼儿配方乳粉产品配方注册标签规范技术指导原则（试行）》的公告（国家食品药品监督管理总局公告〔2017〕第66号，2017年5月24日）：婴幼儿配方乳粉的标签应与产品配方注册内容一致，应真实规范、科学准确、通俗易懂、清晰易辨，不得含有虚假、夸大或者绝对化语言。婴幼儿配方乳粉产品标签应该使用国家语言文字工作委员会公布的规范化汉字，需要同时使用汉语拼音、少数民族文字或者外文的，应当与汉字内容有直接对应关系（商标、进口食品的制造者和地址除外），书写准确，且字体不得大于相应的汉字。

公安部发布关于《中华人民共和国治安管理处罚法（修订公开征求意见稿）》公开征求意见的公告（2017年1月16日）：询问聋哑的违反治安管理行为人、被侵害人或者其他证人，应当有通晓手语的人提供帮助，并在笔录上注明。

国家邮政局、中国残联印发《关于进一步加强邮政行业无障碍环境建设等相关工作的通知》（国邮发〔2017〕第58号，2017年7月19日）：邮政企业定期对员工开展手语、助残服务知识和技能的培训，提高为残疾人客户服务的能力和水平。

司法部印发《关于“十三五”加强残疾人公共法律服务的意见》（司法通〔2017〕第110号，2017年11月2日）：鼓励支持各类公共法律服务主体为需要诉讼法律服务的残疾人提供语音和文字提示、手语、盲文等信息和交流无障碍服务。

以上摘选了近两年来国家有关部门出台的和语言服务相关的政策、文件、法规等。尽管这些部门不是专司语言文字工作，但政策文件中都不同程度地体现了语言服务的内容，因此可以说从政府管理角度看，语言服务意识和理念已经非常明确。就语言文字管理部门来说，近两年来相关文件主要有《国家通用语言文字普及攻坚工程实施方案》（2017年3月14日），《公共服务领域英文译写规范》（2017年6月20日），《推普脱贫攻坚行动计划（2018—2020年）》（2018年1月15日）。以下简要分析这几个文件对语言服务的相关影响。

2017年6月20日，国家标准委、教育部、国家语委联合发布《公共服务领域英文译写规范》系列国家标准。该标准是关于公共服务领域英文翻译和书写质量的国家标准，规定了交通、旅游、文化、娱乐、体育、教育、医疗卫生、邮政、电信、餐饮、住宿、商业、金融共13个服务领域的英文译写原则、方法和要求。标准于2017年12月1日实施。该标准对推动公共服务领域的英文译写工作的规范化、标准化意义重大，是提升我国公共服务的重要体现，“是语言文字事业服务国家发展需求的具体体现”。[①] 从调查情况来看，公共领域的英文译写还存在不少问题[②]，这也是上文所述行业语言服务的很多领域中的语言服务问题。总体上看，《公共服务领域英文译写规范》的实施还有很多工作要做，还需要相关领域的单位和个人加强语言规范意识和语言服务意识，完善英文译写内容，提升语言服务水平。

脱贫攻坚，是当前我国社会经济领域的重要工作。从2016年《“十三五”脱贫攻坚规划》的发布，到党的十九大报告中提出实施乡村振兴战略，2018年中央一号文件《中共中央、国务院关于实施乡村振兴战略的意见》的出台，可以看出农村脱贫与乡村振兴紧密相关。在此背景下，2018年1月15

① 《〈公共服务领域英文译写规范〉系列国家标准发布会在京召开》，国家语委科研网，2017-06-21，http://www.ywky.org/kyinfo.aspx?id=280。

② 详见本发展报告中的《〈公共服务领域英文译写规范〉实施中部分场合存在的问题及改进对策》。

日，教育部、国务院扶贫办、国家语委联合下发了《推普脱贫攻坚行动计划（2018—2020年）》。该计划明确指出："把普通话推广与职业技能培训相结合，显著提高国家通用语言文字应用能力和职业技术技能水平，提高就业竞争力，促进就业脱贫。"[①] 乡村振兴战略的实施、脱贫攻坚目标的实现，其间语言服务都将发挥重要作用。本发展报告中对民族地区及贫困地区普通话能力及语言教育培训服务的调查反映了当前推普工作的重心，表明普通话的普及需要与地区经济发展、劳动力就业相结合，体现出语言服务的因地制宜策略及经济价值。此外，就非贫困地区的乡村来说，要想实现乡村振兴，乡村及其周边城镇的语言文字面貌也有很多需要改善的地方。2018年我们对江苏三地市的乡村语言生态调查显示，乡村公共领域语言文字不够规范，乡村民众语言意识较为薄弱，家庭语言暴力时有发生，特殊人群的语言服务不到位，都是乡村振兴进程中需要关注的乡村语言问题，需要有关各方提供有效的语言服务加以解决。

语言服务联系着社会生活方方面面。随着我国社会经济发展进入新时代，各种形态的语言服务必将在经济、文化、社会发展的各个领域发挥作用。新时代的语言服务值得期待。在经济方面，扶贫攻坚、乡村振兴以及区域经济发展（如粤港澳大湾区）中，语言服务必将发挥更大的作用。在文化方面，无论是对内的传统文化传承还是对外的中华文化传播，都需要语言服务的多样化参与。在社会和谐与文明建设方面，语言服务也是涉及方方面面，无论是家庭语言生活，还是社区语言生活，都需要语言服务的积极参与。以特殊语言服务为例，针对特殊人群的语言服务也是社会和谐和文明建设的重要内容，上述政策文件反映了诸多部门对此都有相应的顶层设计，相关的语言服务也必将在今后的工作中得到逐步的落实和强化。此外，在人工智能技术日新月异的时代，"人工智能在教育、医疗、养老、环境保护、城市运行、司法服务等领域广泛应用，将极大提高公共服务精准化水平，全面提升人民生活品质。"[②] 其中，围绕教育、医疗、养老等迫切民生需求，发展

① 《教育部、国务院扶贫办、国家语委关于印发〈推普脱贫攻坚行动计划（2018—2020年）〉的通知》，中华人民共和国中央人民政府网站，2018-02-27，http://www.gov.cn/xinwen/2018-02/27/content_5269317.htm。

② 《国务院关于印发〈新一代人工智能发展规划〉的通知》，中华人民共和国中央人民政府网站，2017-07-20，http://www.gov.cn/zhengce/content/2017-07/20/content_5211996.htm。

便捷高效的智能服务，是新一代人工智能发展的重点任务。这些领域的语言服务与人工智能技术的结合，显然是语言服务需要关注的新内容。

新时代呼唤新时代的语言服务，新时代为新的语言服务提供了契机，也提出了挑战。无论是作为行业、产业或是事业，语言服务都需要紧跟时代步伐，适应时代需要，培养语言服务人才，加强语言服务创新，丰富语言服务形式，提升语言服务质量，在新时代发挥语言服务的价值与作用，为社会经济发展、文化传承与传播、社会和谐与进步做出应有的贡献。

（李现乐）

第二部分

公共语言服务

导语

人类的语言服务活动自产生以来，主要朝着两条主线发展。一条是面向个体提供的专业化、针对性的语言服务，这种语言服务往往是付费的，我们称之为私人语言服务，比较典型的有语言翻译服务、语言培训服务等。当私人语言服务发展到一定规模，成为一种专门提供特定语言服务和产品的经营性活动集合时，就形成了语言服务行业或语言服务产业的业态形式，如语言翻译业、语言培训业。私人语言服务往往具有独立的产品形态，创造显性的经济价值。另一条是面向社会大众、为满足社会公共需求而提供的语言服务，我们称之为公共语言服务。公共语言服务有专业语言服务，也有伴随性语言服务，如政府制定的语言政策、商场服务员提供的语言服务等，都属于公共语言服务。政府是公共语言服务的重要提供者，除制定语言政策和语言规划外，还提供语言文字规范标准、语言教育服务、公共服务领域的语言标识等。随着社会的发展，越来越多的非政府部门也参与到公共语言服务的供给中来，确切地说，随着时代的发展，特别是服务经济时代的到来，提供公共语言服务已经成为非政府部门发展的重要内容。与私人语言服务相比，公共语言服务以公共利益为导向，其价值往往是隐性的。公共语言服务的能力和水平是衡量一国语言服务能力的重要维度，体现了国家的语言福利水平。本报告作为国家层面的语言服务专项报告，有必要对我国的公共语言服务状况进行描写和评估，并引导其发展。

近年来，我国公共语言服务发展迅速并引起学界关注，相关研究成果也明显增加，呈现以下几个特点。

一是公共语言服务涵盖范围不断扩大。我国公共语言服务的涵盖面十分宽泛，涉及不同领域、不同服务内容和服务形式。随着社会公共服务意识的提升，提供公共语言服务的领域越来越多。政务、交通、旅游、文化娱乐、体育、教育、医疗卫生、邮政电信、餐饮住宿、商业金融、法律、媒体广告等各大领域与公共语言服务的关涉度都越来越高。公共语言服务的表现形式越来越多样化，可以概括为以下七种主要形式：一是语言政策、语言规划和语言文字规范标准等；二是公共服务领域工作人员提供的语言服务，如政府工作人员的语言服务、酒店职员的语言服务等；三是公共场所的语言景观，如路标、机场语言标识等；四是电话服务，例如应急电话服务，如110、119、120等以及各种便民电话服务，企业提供的客服电话服务等；五是各种服务手册，如酒店的入住指南、饭店的菜单、博物馆的简介等；六是语音服务，包括人工语音服务和智能语音服务，如公共汽车和地铁的报站服务；七是网络语言服务和语言智能服务，包括公共服务领域部门官方网站的语言服务，网络语言资源服务，以及各种语言智能服务等，如会展官方网站的语言服务、博物馆的微信导览服务等。各公共服务领域在优化原有形式的语言服务的同时，还加强了对现代语言技术的应用，提升公共语言服务能力。例如，随着“互联网+”时代的到来，很多旅游景区都提出智慧旅游，提供微信讲解和智能语音讲解服务。

二是政府的公共语言服务能力显著提升。政府是公共语言服务的重要主体，在我国公共语言服务建设方面发挥至关重要的作用。中华人民共和国成立70年以来，我国语言文字事业的“服务指向”不断明确，服务国家、服务社会和服务学术的意识增强，作用凸显，政府的公共语言服务能力显著提升。1986年的全国语言文字工作会议提出要“加强语言文字的基础研究和应用研究，做好社会调查和社会资讯、服务工作”，这是我国较早从语言服务的角度对语言文字工作提出的要求。近年来，语言服务在我国语言生活中的地位快速提升，国家语言文字事业的服务指向更为明确。2017年教育部和国家语委印发的《国家语言文字事业“十三五”发展规划》就是一个服务价值指向明确的规划，全文9000余字，44次提到“服务”，其指导思想中就明确提到“以服务国家发展需求为核心”。[①] 政府提供的公共语言服务内容和形式多样，包括制定语言政策和语言规划、推动语言文字“三化”、推广国家通用语言文字、实施语言资源保护、开展语言教育和语言人才培养、推动汉语国际传播等。新中国成立以来，我国政府在公共语言服务供给方面取得了巨大成就，相关成果在《中国语言文字事业发展报告》（2017、2018、2019）中有专门报告。

① 屈哨兵《〈中国语言服务发展报告〉编写相关问题的前瞻与回应》，《云南师范大学学报》（哲学社会科学版）2018年第2期。

三是公共语言服务相关研究不断深化。近年来，以领域为切入点，关于公共语言服务的调查和研究发展势头迅猛，主要涉及交通领域的语言服务、体育领域的语言服务、旅游领域的语言服务、商业金融领域的语言服务、医疗领域的语言服务、教育领域的语言服务等。研究的具体内容如：城市语言环境和语言景观建设、旅游文化经典的语言景观、冬奥会的语言服务、银行业的语言服务调查等。

公共语言服务是一个开放的系统，涉及不同领域、不同形式，受篇幅和时间的限制，很难在一本报告中对各个领域、各种形式的公共语言服务情况一一加以介绍。本年度报告公共语言服务板块共有 5 篇文章，体现了三个方面的考量。一是粤港澳大湾区区域公共语言服务。粤港澳大湾区是我国新时代推动形成全面开放新格局的新尝试，也是推动“一国两制”事业发展的新实践，公共语言服务对大湾区建设具有重要意义。《粤港澳大湾区企业客服电话的语言服务》对总部设在大湾区的 2017 年度世界 500 强、亚洲 500 强和中国 500 强的 98 家企业的电话服务情况进行了调查，《粤港澳大湾区会展官方网站的语言服务》调查了 2017 年在大湾区举办的 328 场会展的官方网站运营及其语言文字使用情况。二是酒店和旅游两个与语言高度相关领域的公共语言服务。《“北上广”酒店名称服务功能考察》在北京、上海、广州三座城市中各选取 1000 家酒店的共 3000 个酒店名称作为样本，考察酒店名称所具有的服务功能及其表现；《五岳风景名胜区语言指引服务状况》对五岳风景名胜区的语言指引服务状况进行了调查研究。三是《公共服务领域英文译写规范》的实施状况。2018 年是《公共服务领域英文译写规范》实施的第一年，《〈公共服务领域英文译写规范〉实施中存在的问题及对策》在调研的基础上总结当前规范实施过程中存在的问题，并就如何落实规范提出针对性建议。

（王海兰）

粤港澳大湾区企业客服电话的语言服务*

粤港澳大湾区是我国企业密度最高的区域，也是在境外开办企业最活跃的区域，聚集了大量知名企业。企业是语言服务的重要需求者，同时也是重要提供者，通过对企业提供语言服务情况的考察可以了解企业的语言服务意识和语言服务水平。本报告以 2017 年度世界 500 强、亚洲 500 强和中国 500 强企业中，总部设在粤港澳大湾区的 98 家企业[①]作为调研的总样本。我们首先通过网络查找到 98 家企业的客服电话号码，再通过电话调查了解其客服电话的语言服务状况。

一　基本现状和总体特征

（一）客服电话开通情况

图 1 为受调查企业客服电话开通情况。图 1 显示，98 家企业中，客服电话可接通的有 47 家，占总数的 48.0%；无人接听[②]的有 12 家，占总数的 12.2%；无法接通[③]的有 17 家，占总数的 17.3%；电话无法查找[④]的有 22 家，占总数的 22.4%。受调查企业中，真正提供了客服电话的企业不到一半，比例偏低。30% 左右的企业虽然提供了客服电话号码，但电话无法接通，或者打通后无人接听。

---

* 本报告为 2019 年教育部人文社会科学研究青年基金项目“粤港澳大湾区语言服务体系建设研究”（19YJC740073）阶段性成果。

① 98 家企业名录留存备查。

② 电话无人接听是指电话接通后一直无人接听或者一直提示电话忙、无法接入的情形。

③ 电话无法接通包括拨打电话后提示电话为空号、电话号码不存在等情形。

④ 电话无法查找是指企业官网网站没有提供任何电话联系方式的情形。

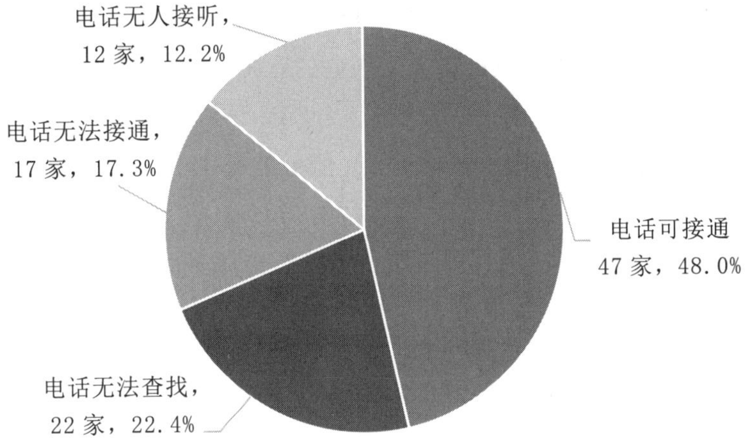

图 1 受调查企业客服电话开通情况

数据显示，粤港澳大湾区 11 座城市中，除肇庆外，其他 10 座城市都有进入三个 500 强之一的企业。其中深圳、香港、广州和佛山最多，分别有 31 家、30 家、24 家和 6 家，加起来共 91 家，占总数的 92.9%。开通客服电话的企业也主要集中在这四座城市：深圳 16 家，香港 14 家，广州 11 家，佛山 4 家，共 45 家。就单座城市企业的客服电话开通情况来看，佛山的开通率稍微高一些，为 66.7%，深圳、香港和广州都在 50% 左右。详见图 2。

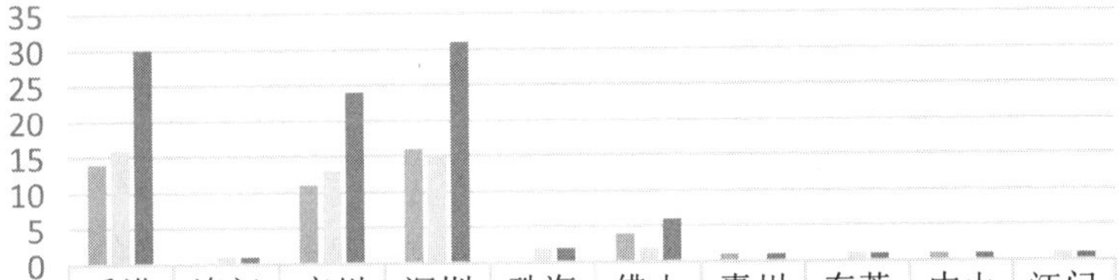

	香港	澳门	广州	深圳	珠海	佛山	惠州	东莞	中山	江门
电话可接通企业	14	0	11	16	0	4	1	0	1	0
电话无法接通企业	16	1	13	15	2	2	0	1	0	1
企业总数	30	1	24	31	2	6	1	1	1	1

图 2 受调查企业和开通客服电话企业的城市分布情况

（二）客服电话服务类型

根据接线主体的不同，客服电话服务可分为人工服务和人工智能服务。随着人工智能的发展，人工智能在企业客服电话中的使用率不断提高，有些观点甚至认为人工智能将取代人工而成为企业客服电话服务的主体。

客服电话可接通的47家企业中，配备了人工服务+人工智能服务的有29家，占总数的61.7%；仅配备人工服务的有11家，占总数的23.4%；仅配备人工智能服务的有7家，占总数的14.9%。

也就是说，客服电话中，配备了人工服务的有40家，占总数的85.1%；配备了人工智能服务的有36家，占总数的76.6%。总体来看，人工服务和人工智能服务配备相当。但在同时提供人工智能服务和人工服务的情形下，都是人工智能服务在前，客户在人工智能提示下可选择人工服务。可见，人工智能在企业客服电话中得到广泛运用，日益扮演重要角色，发挥重要的服务功能。

（三）客服电话的服务语言

调查显示，无论是人工客服，还是人工智能客服，电话接通后首先使用的都是汉语普通话。大部分企业客服电话以普通话单一语种为主，双语和三语也占一定比重。企业客服电话语言服务状况如表1和图3所示。

表1 企业客服电话语言使用情况

语种	普通话	普+英	普+粤	普+粤+英	普+日+韩/朝	普+英+日+韩/朝
数量	28	8	3	6	1	1
比例/%	59.6	17.0	6.4	12.8	2.1	2.1

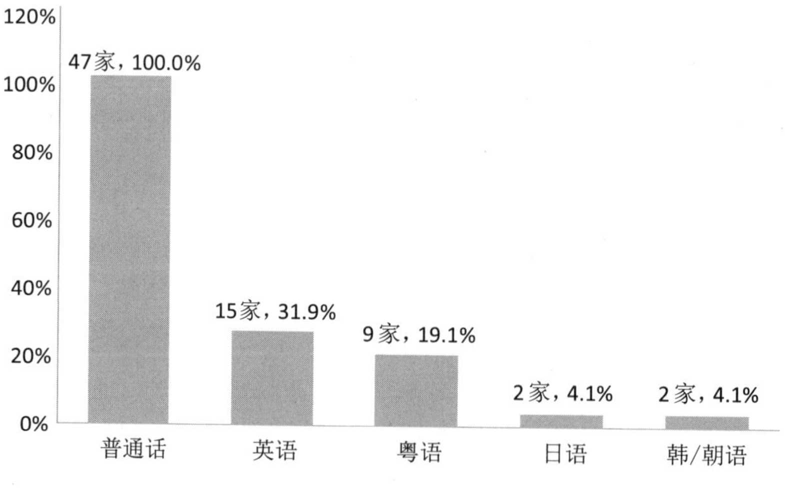

图3 企业客服电话的语言分布

表1显示，47家企业客服电话的语言服务语情况分为六类。第一类是

只提供普通话，有 28 家企业，占总数的 59.6%；第二类是提供普通话和英语，有 8 家企业，占 17.0%；第三类是提供普通话和粤方言，有 3 家企业，占 6.4%；第四类是提供普通话、粤方言和英语，有 6 家，占 12.8%；第五类是提供普通话、日语和韩 / 朝语，有 1 家，占 2.1%；第六类是提供普通话、英语、日语和韩 / 朝语，有 1 家，占 2.1%。可见，绝大多数企业电话服务只提供普通话一种语言，提供两种及以上语言的约为 36%，企业客服电话的双语或多语服务水平有待提升。

图 3 为受调查企业客服电话的语言使用情况。图 3 显示，47 家企业全部能提供普通话服务；能提供英语服务的有 15 家，占总数的 31.9%；能提供粤方言服务的企业有 9 家，占 19.1%；能提供日语和韩 / 朝语服务的企业各有 2 家，分别占 4.1%。普通话是我国法律规定的国家通用语言，在企业客服电话中居于核心地位；英语是当今世界通用度最广的语言，是客服电话服务水平国际化的一个重要衡量指标，在企业客服电话中也占有重要地位；粤方言是粤港澳大湾区重要的区域性方言，目前的企业客服电话语言使用情况也体现了粤方言作为区域方言的重要性。总体而言，粤港澳大湾区企业客服电话语言使用呈现以普通话、粤方言和英语为主的特征。调查中发现，一些国际化程度较高的企业，如联想控股有限公司和香港上海汇丰银行有限公司，可以提供分公司或子公司所在地的语言。此次调查的企业无论是企业规模、产值，还是影响力与国际化程度，在粤港澳大湾区企业中都位居前列，在一定程度上可以说其客服电话的语言服务也排在大湾区企业的前列，反映了大湾区企业客服电话语言服务的整体水平。但从调查结果来看，这些企业客服电话语言服务的国际化程度偏低，语言种类较为单一，还不能满足把大湾区建设成为“充满活力的世界级城市群”“具有全球影响力的国际科技创新中心”和“‘一带一路’建设的重要支撑”等战略定位的需求。

二　人工客服电话的语言服务

（一）总体情况

本次调查中，接通了人工客服电话的企业共 40 家，其中 11 家为直接接通人工电话，29 家为人工智能转人工。企业客服电话的人工服务总体质量较好，大部分接线员接通电话后会主动打招呼，并使用“您好，+公司名称，有什么可以帮您”“您好，很高兴为您服务”等礼貌用语，耐心接受咨询。客服电话服务是企业向客户提供服务的重要渠道，中国太平保险集团有限公司、周大福集团和广州唯品会信息科技有限公司等企业，日均收到的电话咨询都在百例以上。提升客服电话的服务质量，对提升企业自身形象至关重要。调查中，个别企业的人工客服态度很差，表现为语气上的不友好和不礼貌挂断电话等。大部分企业都配备了专门的电话接线员，少部分企业的接线员没有经过专门训练。

（二）语言使用情况

从语言使用上来看，人工客服电话以普通话为主，少数除普通话外，还提供英语、粤方言、韩/朝语或日语等服务。40家提供人工电话客服的企业中，82.5%只提供普通话一种语言，能提供双语或多语服务的不到18%，能提供英语服务的只有10%。总体而言，人工客服电话的双语和多语服务有待加强，英语服务水平亟待提高。详见表2。

表2 人工客服电话的语言使用情况

语种	普通话	普+英	普+粤	普+粤+英	普+日+韩/朝	普+英+日+韩/朝
数量	33	2	2	1	1	1
比例/%	82.5	5.0	5.0	2.5	2.5	2.5

三　人工智能客服电话的语言服务

（一）语言使用情况

调查发现，人工智能客服电话以普通话单语为主，但是双语和三语服务所占比重高于人工客服电话，英语服务提供率也高于人工客服。表3为36家企业人工智能客服电话的语言使用分布情况。数据显示，人工智能客服电话仍以普通话单语为主，约占总数的61%。近39%的人工智能客服可提供双语或多语服务，优于人工客服不到18%的水平。约36%的人工智能客服可提供英语服务，也明显高于人工客服10%的水平。此外还有约14%的人工智能客服提供了粤方言服务。

表 3　人工智能客服电话的语言使用情况

	普通话	普 + 英	普 + 粤	普 + 粤 + 英
数量	22	9	1	4
比例 /%	61.1	25.0	2.8	11.1

（二）敬语使用

36 家企业的人工智能客服电话语音播报都很清晰，语速适中，大部分为女声播报。基本都使用“您”“欢迎”等敬语。在给出指令时，一律都使用了“请”字，例如在给出关于普通话和英语的选择指令时，一般都表述为“普通话请按 1，英语请按 2”。表 4 为人工智能客服电话使用的招呼语句式。

表 4　人工智能客服电话的招呼语句式

句式	人工智能客服电话数	比例 /%
“欢迎致电 + 公司名称”	16	47.2
“您好，欢迎致电 + 公司名称”	14	38.9
“您好，+ 公司名称”	3	8.3
“你好，欢迎致电 + 公司名称”	1	2.8
“感谢您致电 + 公司名称”	1	2.8
“尊敬的客户您好，欢迎致电 + 公司名称”	1	2.8

（三）服务选项设置

36 家企业的人工智能客服电话中，33 家为根据人工智能语音提示，客户采用按键的方式选择服务选项；3 家为语音导航。按键类人工智能客服电话服务选项 2—11 项不等，其中 7 家设置了 2 个服务选项，即“请输入分机号码”和“查号请按 0”，输入分机号码后将转人工；其余 26 家设置的服务选项从 3—11 个不等，平均每家 5.7 个。详见图 4。

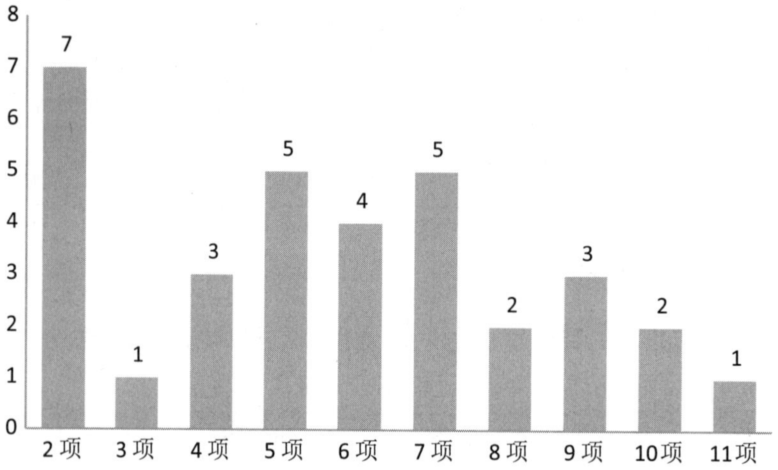

图 4　33 家企业人工智能客服电话服务选项设置情况

图 5 为 33 家企业人工智能客服电话服务选项播报时长分布情况。提供 2 个服务选项的 7 家播报时长为 4 秒，其余 26 家的播报时长在 5—40 秒不等，平均每家 15 秒。人工智能客服播报时间过长，容易导致客户接听时忘记前面选项的内容，需要重听，甚至多次重听。

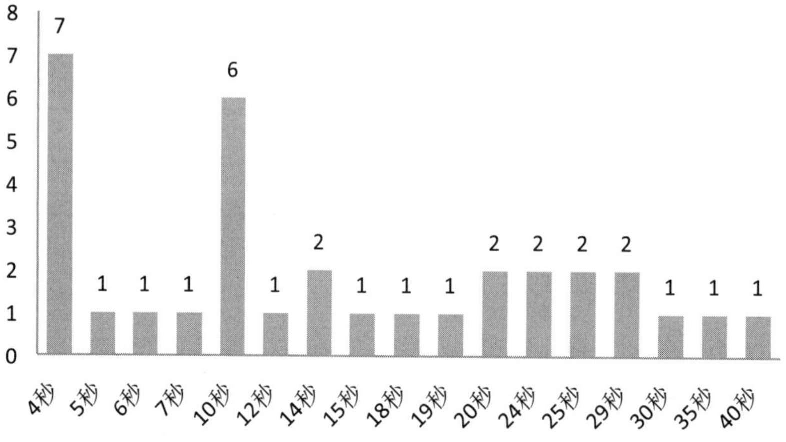

图 5　33 家企业人工智能客服电话自动播报时长

表 5 为 26 家企业人工智能客服电话服务选项的具体内容以及选项设置依据。从表中可以看出，人工智能客服电话服务选项主要根据服务类型、客户类型和产品类型等来设置：13 家根据服务类型设置，8 家根据服务类型和客户类型设置，4 家根据产品类型设置，还有 1 家同时根据服务类型、客户类型和产品类型设置。服务类型主要分为业务咨询及办理、投诉建议、售后服务、重听和人工服务提示 5 种。

表 5 26 家企业人工智能客服电话服务内容设置情况

企业名称	选项设置依据及内容	选项数量
华为投资控股有限公司	服务类型，如活动与购买咨询、产品参数及使用咨询、订单查询及支付退换货订单处理、售后服务等	9
中国南方电网有限责任公司	服务类型，如故障报修、自助缴费及电费电价查询、检修停电信息等	8
招商银行	服务类型和客户类型，如信用卡服务、个人客户服务、公司客户服务、紧急挂失、投诉及建议等	7
联想控股有限公司	服务类型，如产品购买与咨询、人工技术咨询与保修、电脑加速、数据找回、保修期延长、港澳台及境外产品服务等	9
碧桂园控股有限公司	服务类型，如保修咨询、投诉建议、服务监督等	3
阿里巴巴网络技术有限公司	客户类型和服务类型，如买家帮助、商家帮助、淘宝网业务、支付宝业务等	4
汇丰银行	服务类型，如借记卡服务或卡挂失、住房贷款服务、网上银行服务、信用卡服务、个人消费贷款、联系客户服务代表等	8
国美电器股份有限公司	服务类型和客户类型，如送货查询及预约、安装查询及预约、退换货服务、会员服务、投诉建议等	7
中国太平保险集团有限公司	服务类型和客户类型，如车险报案、太平人寿客户、太平财险客户、太平科技客户、太平养老客户等	9
周大福集团	服务类型，客户类型和产品类型，如网络购物咨询、会员专属通道、金价信息、业务合作洽谈、周大福钟表专属通道等	11
广发银行股份有限公司	客户类型和服务类型，如个人客户、信用卡客户、企业客户、挂失服务等	6
金地（集团）股份有限公司	服务类型，如云服务介绍及办理、报修、在售楼盘、投诉及建议等	5
国泰航空有限公司	服务类型，如购买机票及预定新的行程、更改已经预定的行程等	5
中兴通讯股份有限公司	服务类型，如会议热线、商旅热线、IT 热线、人事热线、财务热线等	10
中国南方航空集团有限公司	服务类型和客户类型，如国内机票业务、中国港澳台地区或国际业务、明珠会员服务、集团客户、金银卡及两仓旅客服务等	10
渣打银行	服务类型，如新产品咨询、挂失及自动柜员机服务、利率、汇率、分支行等	5
鲜绿园果蔬饮料有限公司	产品类型，如厨房电器、卫浴产品等	6
富德生命人寿保险股份有限公司	客户类型和服务类型，如理赔报案、自助服务、VIP 贵宾服务、投诉建议及人工服务等	5
康佳集团股份有限公司	产品类型，如电视、冰箱、洗衣机、空调等	5
广东格兰仕集团有限公司	服务类型，如售后服务、IT 服务、商务合作、投诉建议等	7
戴瑞珠宝公司	服务类型，如订购咨询、订单查询、实体店咨询、投诉建议、推广合作等	6
深圳市怡亚通供应链股份有限公司	服务类型，如终端传媒业务咨询、怡博汽配网、其他业务及人工服务等	4
TCL 集团股份有限公司	产品类型，如彩电、冰箱、冷柜、洗衣机等	7

（续表）

企业名称	选项设置依据及内容	选项数量
创维集团有限公司	产品类型，如电视、空调等不同类型产品	6
波司登国际控股有限公司	服务类型和客户类型，如咨询、投诉、会员服务等	4
安吉尔饮水产业集团有限公司	服务类型，如产品安装、产品维修、保养换新、投诉建议、投资咨询等	7

（四）满意度评价设置

客户满意度评价是对企业客服电话服务的重要监督。是否设置客服满意度评价环节，可以反映企业对客服电话的重视程度和服务意识。目前只有提供人工智能客服电话的企业才可能设置满意度评价。36 家配有人工智能客服的企业中，有 7 家企业设置了客户满意度评价功能，分别为华为投资控股有限公司、富德生命人寿保险股份有限公司、国美电器股份有限公司、周大福集团、波司登国际控股有限公司、广州唯品会信息科技有限公司和康佳集团股份有限公司。各企业对满意度评价等级的设置略有不同。例如，华为投资控股有限公司设置为 5 级：非常满意，满意，一般，不满意，非常不满意；康佳集团股份有限公司设置为 4 级：非常满意，满意，一般，不满意；国美电器股份有限公司设置为 3 级：满意，一般，不满意；富德生命人寿保险股份有限公司设置为 3 级：非常满意，满意，不满意；周大福集团则设置为 2 级：非常满意，比较满意。有的人工智能客服电话还设置了通话录音功能，如国美电器股份有限公司和中兴通讯股份有限公司。除此之外，为了让客户更便捷地监督企业的电话服务情况，部分企业在人工客服接通前，会使用人工智能播报客服人员工号，明确工作人员的责任，以便客户监督。

四　对策建议

（一）提升客服电话的服务意识，确保客服电话畅通

随着互联网的发展，越来越多的企业开通了网络服务平台，但客服电话仍是客户获取企业信息和服务的重要途径，也是企业向客户、向社会提供咨询和信息服务的重要通道。本次调查的 98 家企业位列三个 500 强名录，是

大湾区品牌知名度最高或较高的企业，但这些企业服务电话畅通的企业只有47家，还不足一半。企业应提升服务意识，重视客服电话的服务功能，开设客服电话，向社会提供准确的电话信息，同时要配备接线人员，确保客服电话有人接听。

（二）推动粤港澳大湾区基础设施互联互通，打破通信领域屏障

目前从内地拨打港澳电话属于国际长途通话，不仅资费贵，还经常出现拨打后无法联通的情况。本次调查的港澳企业共31家，其中客服电话无法接通的有17家，占54.8%。建设粤港澳大湾区，实现珠三角与香港、澳门之间的经济融合、社会融合和文化融合，达成合作共赢，需要打破通信领域的屏障。《粤港澳大湾区发展规划纲要》指出，要优化提升信息基础设施，“增强通信企业服务能力，多措并举实现通信资费合理下降，推动降低粤港澳手机长途和漫游费，并积极开展取消粤港澳手机长途和漫游费的可行性研究，为智慧城市建设提供基础支撑”。

（三）加大人工智能客服电话的研发与应用推广，提升人工智能客服质量

本次调查中客服电话畅通的47家企业中，有36家配置了人工智能电话，占76.6%。这表明人工智能在粤港澳大湾区企业电话服务中已得到广泛使用，扮演重要角色。智慧化是粤港澳大湾区发展的必然方向，人工智能将在大湾区建设中发挥更大作用。适应智慧湾区的发展需要，人工智能客服电话在功能研发和应用推广方面还有很大潜力。在语种上，要增加人工智能客服电话的多语服务功能。目前，36家配置了人工智能电话的企业中，有61.1%只提供普通话一种语言，双语和多语服务明显有待加强。粤港澳大湾区语言资源丰富，语言生活活跃，为服务大湾区内外客户需求，应研发以“汉语（普通话、粤方言）+英语”为基础语言的多语种人工智能电话系统。在服务选项上，目前近一半的人工智能客服服务选项设置为6项及以上，自动播报时间过长，需精简服务选项，控制人工智能自动播放时间，减少无用信息的播报。在操作方式上，除了按键操作外，需加大语音识别系统在电话服务中的运用，使客户能通过语音来操作服务选项，提高通话效率，提升

人工智能电话与人“对话”时的“人文性”，逐渐将人类交际中的“合作原则”“礼貌原则”等植入人工智能客服电话。在评价功能上，应完善人工智能客服电话服务满意度评价和录音功能，加强对电话服务的监督。要改善人工智能客服与人工客服的对接，加强对人工智能客服的跟踪调查，使人工智能客服真正“智慧化”。

（四）加强人工客服电话服务的培训，配备专业化多语接线员

尽管人工智能在客服电话中的使用越来越普遍，但人工服务仍不可替代。本次调查中，客服电话能接通的 47 家企业中，有 40 家配备了人工客服，占比高达 85.1%。但这 40 家企业中，33 家人工客服只能提供普通话单一语言服务，占比高达 82.5%，能提供双语或多语服务的不足 18%，这与世界级大湾区所需要的多语服务需求不相适应。同时，部分接线员缺乏应有的服务意识和服务态度。提升粤港澳大湾区企业服务水平，应加强对企业客服电话接线员的培训，包括语言培训和业务培训，配备以“汉语（普通话、粤方言）+ 英语”为基础语言的多言多语接线人员。

（王海兰、胡嘉仪、赵一忆）

粤港澳大湾区会展官方网站的语言服务*

会展业是粤港澳大湾区的重要服务行业。2009 年 1 月，国务院颁布了《珠江三角洲地区改革发展规划纲要（2008—2020 年）》，要求重点发展珠三角经济区的国际化专业品牌展览。2016 年 4 月，广东省人民政府出台《广东省进一步促进展览业改革发展的实施方案》，加快推进广东省展览业向专业化、国际化、品牌化和信息化方向转型发展。推进会展业的国际化发展需要国际化的语言服务。随着互联网的发展，网络平台逐渐成为会展提供语言服务的重要载体。深圳高交会第三方评估报告显示，网站已经成为除主办方邀请外参展方和专业观众获取会展信息的最重要的渠道。本报告对 2017 年度粤港澳大湾区举办会展的官方网站的语言服务情况进行调查，了解官方网站主要使用语言和提供的多语服务状况。

一　基本情况

（一）调查方法和分析思路

本报告主要采用虚拟空间调查和问卷调查，考察粤港澳大湾区会展官方网站提供的多语服务状况，以及参展商和专业观众等参会人员对会展官网多语服务的需求。网络调查分析的步骤大致为四步：第一步，在多数人常用的百度、搜狗等引擎中分别输入“深圳会展”“广州会展”“东莞会展”“中山会展”“珠海会展”“惠州会展”“佛山会展”“肇庆会展”“江门会展”“香港会展”“澳门会展”等字样，检索 2017 年度在粤港澳大湾区 11 个城市所举办的会展名录。第二步，根据会展名录查找各会展的官方网站，考察其是否建有专门的官网，以及官网能否正常运作，将运行良好的会展官方网站作

* 本报告为 2019 年教育部人文社会科学研究青年基金项目“粤港澳大湾区语言服务体系建设研究”（19YJC740073）阶段性成果。

为本报告的分析对象。第三步，考察运行良好的会展官方网站的多语服务情况，考察内容主要分为两部分，一是会展官网首要使用的语言，即官网首先呈现的语言；二是官网的多语服务情况，即官网提供的语种情况。第四步，统计分析会展官方网站语言使用状况。同时，选取 2018 年 8—9 月期间粤港澳大湾区举行的会展，面向参加会展的人员开展语言服务需求问卷调查，进行统计分析。

（二）会展情况

我们共检索到 2017 年度粤港澳大湾区举办的 328 场会展信息。328 场会展在 11 个城市中的分布情况按场次数量排列，依次为：深圳 106 场，广州 93 场，澳门 52 场，东莞 23 场，珠海 17 场，佛山 15 场，中山 8 场，香港 7 场，惠州 5 场，江门 2 场，肇庆暂未搜索到举办会展的信息。可以看到，除肇庆外，大湾区的其他 10 个城市都举办过会展，主要集中在广州和深圳，这两座城市所举办的会展数量占大湾区会展总数的 60% 以上。会展城市分布情况如图 1 所示。其中，国际会展 214 场，占总数的 65.24%，超过了一半。

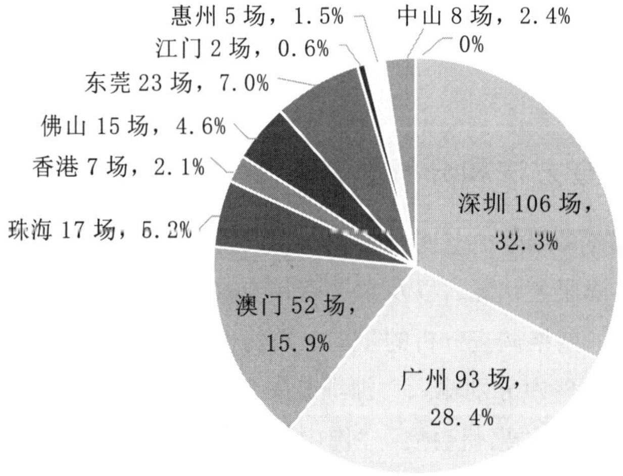

图 1 2017 年粤港澳大湾区会展城市分布图

（三）网站建设情况

调查显示，328 场会展中，有 218 场会展提供了专门的并且能成功打开的网站，占总数的 66.5%；9 场会展有官方网站链接，但无法使用，占总数的 2.7%；另外 101 场会展则找不到相应的官方网站，占总数的 30.8%。总体而言，大湾区会展官方网站建设状况良好，将近 70% 的会展都有良好的官网，用以发布会展相关信息，为参展商和观众提供信息服务，但这个比例还有待提高。

表 1 为粤港澳大湾区各城市会展网站建设情况。数据显示，香港、惠州和江门目前所举办的每一场会展都配有运行良好的官方网站；广州、深圳、东莞和中山四个城市会展官网良好比例接近或高出 70%，超过大湾区的平均水平 66.5%，其中中山的良好比例达到 87.5%；澳门、珠海和佛山[①]会展的官网建设状况相对较差，低于平均水平，且珠海和澳门会展网站的良好比例低至 30% 左右。国际会展中，官网运行良好的有 154 家，良好率为 72.0%。

表 1 2017 年粤港澳大湾区会展官网建设情况

	香港	澳门	广州	深圳	珠海	佛山	惠州	东莞	中山	江门	合计
官网运行良好的会展	7	16	70	83	5	7	5	16	7	2	218
官网无法使用或无法查找的会展	0	36	23	23	12	8	0	7	1	0	110
会展总数	7	52	93	106	17	15	5	23	8	2	328
官网良好比例 /%	100.0	30.8	75.3	78.3	29.4	46.7	100.0	69.6	87.5	100.0	66.5

二 会展官方网站的首页语言

首页语言是指打开官网页面首先显示的语言。218 家会展官网首页语言使用情况如表 2 所示。

表 2 2017 年粤港澳大湾区会展官网首页语言使用情况

<table>
<tr><td rowspan="2"></td><td colspan="2">中文</td><td rowspan="2">英文</td><td rowspan="2">中文 + 英文</td><td rowspan="2">葡文</td><td rowspan="2">合计</td></tr>
<tr><td>简化字</td><td>繁体字</td></tr>
<tr><td rowspan="2">会展官网数量</td><td>196</td><td>11</td><td rowspan="2">9</td><td rowspan="2">1</td><td rowspan="2">1</td><td rowspan="2">218</td></tr>
<tr><td colspan="2">207</td></tr>
<tr><td>比例 /%</td><td colspan="2">94.9</td><td>4.1</td><td>0.5</td><td>0.5</td><td>100.0</td></tr>
</table>

① 我们调查中使用了不同浏览器以尽可能减少香港、澳门与内地可能存在网络服务器不共用而带来的网页无法使用的问题，但仍不能排除网络服务器的影响。从建立粤港澳大湾区一体化服务的角度看，建立湾区共享的网络服务器亦是大湾区建设所必需的。

表 2 显示，218 家会展官网中，207 家的首页语言为中文，占 94.9%，其中 196 家使用简化字，11 家使用繁体字。大湾区会展官网的首页语言以中文为主，英文次之，中文中又以简化字为主，繁体字次之。

粤港澳大湾区各城市会展官网首页语言的使用情况如表 3 所示。

表 3　2017 年粤港澳大湾区会展官网首页语言使用情况

	香港	澳门	广州	深圳	珠海	佛山	惠州	东莞	中山	江门
中文简化字	5	5	69	80	4	7	5	13	6	2
中文繁体字	0	8	0	0	0	0	0	3	0	0
英文	2	2	1	2	1	0	0	0	1	0
中文 + 英文	0	0	0	1	0	0	0	0	0	0
葡文	0	1	0	0	0	0	0	0	0	0

表 3 显示，10 座城市会展官网首页语言的使用状况大同小异。佛山、惠州、东莞和江门会展官网的首页语言都使用中文简化字；香港、广州、珠海和中山会展官网的首页语言基本上都是中文简化字，极少数为英文。东莞的 16 家官网中，3 家为中文繁体字。澳门和深圳会展官网的首页语言较为多样化。深圳的 83 家会展官网中，80 家首页语言为中文简化字，2 家为英文，1 家为中文 + 英文。澳门会展官网的首页语言中文、英文和葡文都有出现，体现了城市的多语特色，16 家官网中，8 家首页语言为中文繁体字，2 家为英文，1 家为葡萄牙文。以中文繁体字为首页语言的 11 家会展官网集中在澳门和东莞两个城市，其中澳门 8 家，东莞 3 家；香港以中文为首页语言的 5 家官网都是使用简化字，澳门有 5 家官网首页语言为中文简化字。从调查结果来看，在繁简汉字的使用上，并非香港和澳门的会展官网都使用繁体字、珠三角 9 市都使用简化字。以英文为首页语言的 9 家官网分散于 6 个城市，澳门、香港和深圳各 2 个，中山、珠海、广州各 1 个。

三　会展官方网站的多语服务

表 4　2017 年粤港澳大湾区会展官网的语种服务

	单语（中文）	双语（中文 + 英文）	多语（中文 + 英文 + 其他）
会展官网数	72	129	17
比例 /%	33.0	59.2	7.8

当前大湾区会展官网从语言文字使用数量来看分为单语服务、双语服务和多语服务三种情形。其中单语服务只提供中文，共 72 家，占总数的 33.0%；双语服务提供中文和英文，共 129 家，占总数的 59.2%；多语服务除中文和英文外，还提供俄文、日文、韩 / 朝文、西班牙文和葡萄牙文中的一种或多种，占总数的 7.8%。总体而言，67.0% 的会展官网提供了双语或多语服务，展现了较高的国际化水平（见表 4）。进一步调查发现，多语服务中，有 6 家提供了三种语言文字，11 家提供了四种及以上语言文字。其中，第 121 届中国进出口商品交易会和第 23 届铝门窗幕墙新产品博览会等会展官方网站用于信息发布的语言文字超过 10 种。154 家国际会展中，有 111 家官网提供了双语或多语服务，占总数的 72.1%；还有 43 家只提供中文一种语言。

从语言文字种数来看，大湾区会展官网使用的语言文字包括中文、英文、日文、俄文、法文、韩/朝文、西班牙文、意大利文、葡萄牙文、德文、阿拉伯文、印地文和波兰文等 13 种语言文字，体现了语言文字使用的多样性。其中，使用范围最广的是中文，218 家官网全部提供了中文服务；其次是英文，共有 146 家会展官网提供了英文服务，占总数的 67.0%。其他语言文字中，按使用数量的多少依次是日文、俄文、法文等，详见表 5。可以看到，除了中文和英文外，其他语言文字的普及率还十分有限，距离满足目前粤港澳大湾区会展参展商和专业观众来源多国别化的现实需求之间还存在较大差距。

表 5　2017 年粤港澳大湾区会展官网各语种的使用情况

语言文字	中	英	日	俄	法	韩 / 朝	西	意	葡	德	阿	波	印
官网数	218	146	10	8	7	6	5	5	4	4	3	1	1
比例 /%	100.0	67.0	4.6	3.7	3.2	2.8	2.3	2.3	1.8	1.8	1.4	0.5	0.5

简化字和繁体字属于中文的两种不同字形。调查中发现，在两种字形使用上，有的使用简化字，有的使用繁体字，有的则同时提供简化字和繁体字。218 家会展官网中，只提供简化字的有 180 家，占 82.6%；只提供繁体字的有 6 家，占 2.8%；两种字形都提供的有 32 家，占 14.7%。也就是说，212 家会展官网提供了简化字，占 97.3%；38 家会展官网提供了繁体字，占 17.4%。可见，在中文字形选用上，以简化字为主、繁体字为辅。但就地域分布来看，珠三角 9 市的会展官网主要使用简化字，香港和澳门的则多使用繁体字。

四　建议

（一）完善会展官网建设，利用互联网做好宣传服务

互联网平台已经成为会展发布信息、为参展商提供服务的重要平台，也是参展商获取信息服务的重要渠道。《第二十届中国国际高新技术成果交易会第三方调研报告》显示，约 18% 的参展商通过高交会官方网站获取会展信息。建设运行良好的官方网站，有助于会展信息的传播扩散，扩大会展的影响力。但本次调查发现，官网运行良好的会展只有 66.5%，约三分之一的会展没有网站（或网站打不开）。提升大湾区会展影响力和竞争力，需要完善会展官网建设，利用互联网平台做好宣传服务。

（二）提供以中文和英文为基础语种的多语服务

国际化是大湾区会展发展的必然趋势。本次调查中，约 65% 的会展为国际会展，部分会展境外采购商规模大，国别和地区分布广。《广东年鉴 2018》显示，在 2017 年举办的会展中，中国进出口商品交易会（又称广交会）共接待境外采购商总人数 38.85 万人，来自 213 个国家和地区；第 19

届中国国际高新成果交易会有来自46个国家及欧盟在内的49个外国团组参加，其中27个“一带一路”沿线国家参展；第13届中国（深圳）国际文化产业博览交易会海外参展单位117个，来自40个国家和地区，其中“一带一路”沿线国家和地区参展35个；2017广东21世纪海上丝绸之路国际博览会有79个国家和地区参展；第14届中国国际中小企业博览会有来自35个国家和地区的3056家企业参展。大湾区参展商涉及几十种甚至上百种语言，这对会展官网的多语服务提出了很高的要求。本次调查显示，67%的会展官网提供了中英两种或两种以上语言文字服务，部分网站还提供了10种以上，体现了大湾区会展在语言文字服务方面已经具备了较高的国际化水平。部分会展，如广交会积极推进“广交会+互联网”行动计划，推动线上线下服务融合，将优化会展官网功能、改造多语版本作为该行动计划的一项重要内容，注意到了多语服务的重要性。但从建立世界一流湾区、提升大湾区会展的国际影响力和竞争力方面来看，大湾区会展官网有两个方面还比较薄弱，需要加强。一是英文网站建设需进一步加强。英语是当今世界通用度最广的语言，提供英语服务在某种程度上已经成为提供国际化语言服务的一个重要指标。当前大湾区会展官方网站有70%都提供了英文服务，但需强调的一点是，目前有一部分会展官网虽然提供了英文版，但存在英文版无法打开或者打开后内容空缺的情况，英文版的网站建设亟待完善。154家国际会展中，还有约28%的会展官网只提供了中文服务，与其“国际”会展的定位不相匹配。二是英语之外其他外语服务有待加强。目前大湾区会展吸引了来自世界各国的参展商，除了英语外，对其他语言的服务也提出旺盛需求。例如广州国际旅游展览会、广州国际食品展览会、深圳国际无人机展览会等展会参展商的国别数都在60以上，需要几十种语言服务才能满足来自不同参展商的需求。目前这些官网虽然都提供了英文服务，但在多语服务上还亟待加强。本次调查显示，只有不到10%的会展官网提供了三种及以上语言文字，有些网站虽然提供了韩/朝文版、日文版等，但这些网页打开后内容空缺，有的甚至无法打开。粤港澳大湾区是“一带一路”的重要门户枢纽，将有越来越多的“一带一路”沿线国家加入大湾区的会展。粤港澳大湾区会展应构建起以中文和英文为基础语种的多语服务系统，使之更具国际影响力和竞争力。

（三）加强粤港澳大湾区会展语言服务评估

目前一些大型的会展都已委托第三方机构开展评估，如深圳高交会等。评估报告对组展方改进服务、提升品质具有重要意义。目前的会展评估报告都缺乏对会展语言服务状况的评估。这从一个侧面反映出组展方和评估方尚未注意到语言服务在会展中的重要性。会展本身属于服务行业，语言服务是其中一项重要的服务内容。组展方和第三方评估机构应将语言服务纳入评估体系，开展会展语言服务评估和语言服务需求调查，以评促优，推动粤港澳大湾区会展语言服务能力和水平的提升。

（王海兰、刘灵锋、揭晨）

“北上广”酒店名称服务功能考察

本报告所指“酒店”是指依托于一定的建筑物及其设施与设备，为旅客提供住宿，也常提供餐饮、购物、娱乐、休闲、通信、商务、会议、旅行等服务而获得经济效益和社会效益的综合性经济单位。

酒店名称是用于识别某一个体酒店的专门称呼，是酒店有形产品（酒店标志）的构成要素之一，是消费者选择消费前首先要接触和了解的。酒店名称除了要具有指别性、独特性以外，还应考虑其服务功能。酒店命名既要考虑更好地服务于顾客，也要考虑如何服务于所在地区，服务于民族和国家。

本报告从北京、上海、广州三座城市中各选取 1000 家酒店的共 3000 个酒店名称作为样本，考察酒店名称所具有的服务功能及其表现。

一　消费指引功能

酒店名称一般由专名 + 通名构成，两者的功能是不同的。通名往往可以标示酒店的规模、功能类型或服务对象，专名则具有标示地理位置、昭示传统文化、显示企业精神等作用。可见，酒店名称除了具有指别性以外，还能承担一定的消费指引服务功能，可以为消费者提供多方面的服务信息，从而有利于消费者更快捷地做出消费选择。

（一）酒店通名标示酒店规模

在我国，根据酒店可以提供的客房数量，一般将酒店规模分为三类：小型酒店（可提供的客房数在 300 以下），中型酒店（可提供的客房数在 300—600 之间），大型酒店（可提供的客房数在 600 以上）。[①] 在我们所选取的酒店名称样本中（见表 1），一般使用了“客栈”“旅舍”“旅社”“旅

① 参阅苏枫主编《酒店管理概论》，重庆：重庆大学出版社，2015 年，第 13—14 页。

馆”“旅店”“驿馆”“民宿”等通名的，多表示酒店规模较小，属于小型酒店。而用了“酒店”“饭店”“宾馆”“贵宾楼”等通名的，多表示酒店规模较大，属于大中型酒店。可见，通过酒店的通名，消费者大体上可以确定酒店的规模大小，并根据入住人数做出恰当选择。例如，如果酒店名称的通名属于“客栈”“旅舍”“旅社”“旅店”“驿馆”“民宿”一类的，就说明它们属于小型酒店，接待人数有限，因此，大型旅游团队的食宿或规模较大的会议活动场所就不宜安排在这类酒店里，而要安排在酒店通名为“饭店”“宾馆”“酒店”的酒店里。当然，少数规模较小的酒店，也有用“酒店”作通名的，其具体规模还需要消费者进一步加以核实。

表 1 北上广酒店通名与酒店规模随机抽样对照表

酒店通名	酒店名称	所属地	房间数		酒店规模
			数列	均数	
客栈	一瓢客栈、隐居山间客栈、友家客栈、长城客栈、鑫园客栈	北京	5,17,20,39,41	24.4	小型
	雅闲居客栈、云集客栈、点点客栈、老陕客栈、登巴国际连锁客栈	上海	3,6,30,50,110	39.8	
	进士第客栈、榕林客栈、城中客栈、时代客栈、6号客栈	广州	12,32,42,42,66	38.8	
旅舍	步客奇缘国际青年旅舍、Wohkoon者行孙国际青年旅舍、北京鼓韵青年旅舍、白塔之光国际青年旅舍、北京雍和国际青年旅舍	北京	22,23,29,30,68	34.4	小型
	捡人国际青年旅舍、炉福青年旅舍、空集青年旅舍、宾家国际青年旅舍、大隐国际青年旅舍	上海	12,20,20,20,22	18.8	
	美丽之约青年旅舍、拾光里青年旅舍、岁月如居青年旅舍、广州行走的家青年旅舍、春田家家青年旅舍 LAZY GAGA	广州	4,6,18,18,50	19.2	
旅店	阜安鑫旅店、金顺良旅店、天德金丹旅店、悦客来连锁旅店、阳光旅店	北京	18,28,40,69,162	63.4	小型
	锦悦假日旅店、闽枫旅店、好灵旅店、浦江之星旅店、易佰连锁旅店	上海	20,25,45,50,93	46.6	
	银翔旅店、中意旅店、东莞庄旅店、家外家快捷旅店、桂园楼旅店	广州	20,45,50,58,82	51	
旅馆	四季友缘旅馆、百成居旅馆、日鑫月升旅馆、顺逸缘旅馆、京乐园旅馆	北京	11,11,16,27,30	19	小型
	民生旅馆、神洲旅馆、诺言法式旅馆、悦己时尚旅馆、99皇冠生活旅馆	上海	10,15,46,50,70	38.2	
	田园蜜语度假旅馆、鑫福旅馆、史遇旅馆、恒延商务旅馆、萝莎旅馆	广州	11,25,35,51,65	37.4	

（续表）

酒店通名	酒店名称	所属地	房间数		酒店规模
			数列	均数	
驿站驿栈驿馆	东苑驿站、日出东方驿栈、香雪驿站、365 驿栈、皇家驿栈	北京	7,13,15,20,65	24	小型
	刘家农庄驿站、开心驿栈、黄楼驿栈、璐楠生活驿站、嘉映驿站	上海	10,14,14,18,24	16	
	慢岛驿站、首选驿馆、花城文艺驿站、IM 青年驿站、江坳驿站	广州	3,4,10,44,100	32.2	
饭店	东四饭店、赛特饭店、兆龙饭店、工大建国饭店、香山饭店	北京	65,271,276,277,285	234.8	小型
	天伦松鹤大饭店、大方饭店、渔阳饭店、北京国都大饭店、中国大饭店		306,324,418,408,584	408	中型
	京伦饭店、西苑饭店、北京香格里拉饭店、北京新侨诺富特饭店、长城饭店		601,655,670,700,827	690.6	大型
	明珠大饭店、龙柏饭店、好望角大饭店、江苏饭店、和平饭店	上海	152,153,193,207,270	195	小型
	延安饭店、上海日航饭店、裕景大饭店、花园饭店、上海国际贵都大饭店		365,382,460,471,506	436.8	中型
	东方国际饭店	广州	230	230	小型
酒店宾馆	准噶尔明珠酒店、何所有酒店、西西里酒店、神舟国际酒店、五环大酒店	北京	48,68,118,182,295	142.2	小型
	京泰龙国际大酒店、北京江西大酒店、珀丽酒店、嘉里大酒店、首都大酒店		305,322,462,486,588	432.6	中型
	北京东方君悦大酒店		718	718	大型
	荣居酒店、衡山宾馆、上海东郊宾馆、上海帝盛酒店、上海铭德大酒店	上海	168,240,252,264,298	244.4	小型
	上海明捷万丽酒店、上海大酒店、上海千禧海鸥大酒店、四季酒店、上海松江开元名都大酒店		330,353,368,420,446	383.4	中型
	蓝海博龙国际大酒店、银河宾馆、上海凯宾斯基大酒店、华亭宾馆、上海浦东香格里拉大酒店		610,666,686,720,946	725.6	大型
	晟源酒店、长城酒店、畔山酒店、国茂大酒店、尚德酒店	广州	50,97,100,100,137	96.8	小型
	科尔海悦酒店、星河湾酒店、九龙湖公主酒店、粤海喜来登酒店、广州白云机场铂尔曼大酒店		303,304,323,445,578	390.6	中型
	东方宾馆、广州香格里拉大酒店、花园酒店、中国大酒店、长隆酒店		680,704,828,850,1500	912.4	大型

（二）酒店名称标示酒店的功能类型

现代酒店的服务功能越来越专业化。根据酒店的功能，一般可将酒店划分为商务型、度假型、会议型、长住型等四种类型。此外，根据目标公众的特点还可将酒店分为“亲子”、“青年”、“时尚”、“快捷”“××主题”（如“牵手”“百合”“海贼王”等）、“国际”、“航空”等类别。考察发现，北上广酒店名称中有很大一部分通过在通名前加上特定的类化修饰语，标示出了酒店的功能类型（见表2）。消费者很容易从酒店名称上就能知道这些酒店的服务优势与特色，从而可以根据自己的服务需求进行恰当选择。

表2 北上广酒店通名类化修饰语使用情况统计

序号	通名类化修饰语	酒店命名实例	使用次数		
			北京	上海	广州
1	大	首都大酒店、中国大酒店	67	162	106
2	国际	军创国际酒店、维也纳国际酒店	30	47	94
3	商务	江南商务酒店、大舜晶华商务酒店	23	70	66
4	主题	牵手主题公寓、海贼王主题公寓	11	18	26
5	假日	尚品假日酒店、花园假日公寓	7	14	9
6	连锁	万泰连锁酒店、乐居连锁酒店	29	34	29
7	精品	金都精品宾馆、欢乐住精品公寓	19	43	23
8	快捷	乐泰快捷酒店、365快捷公寓	30	20	9
9	度假	祈福度假公寓、文轩苑度假中心	28	25	51
10	服务	喜润服务公寓、她他会服务公寓	10	8	9
11	亲子	亚特兰亲子酒店、奇幻旅馆亲子公寓	1	1	5
12	青年	金羽青年旅舍、等花开青年旅社	22	23	26
13	时尚	美晨时尚酒店、加州时尚公寓	7	18	10
14	航空	航空客栈、机场航空公寓	1	1	2

一般来说，酒店名称采用“商务酒店”“商务会馆”“商务宾馆”等通名组合，即表明酒店的主要服务对象是客商人士。商务型酒店除了具有一般酒店所具备的设备条件和服务项目外，还有各种商务设施，如多功能厅、会议厅、不同规模的会议室，客房国际直拨电话、计算机和网络系统、传真与复印机、多媒体系统等，提供翻译、传真、复印、打字、机场接送等服务。

酒店名称采用“假日酒店”“假日饭店”“度假村”“度假酒店”“度假山庄”等通名组合，即表明这些酒店的主要服务对象是度假、休闲和会议顾客。度假型酒店的最突出的特点是拥有优美的环境和完备的康体、娱乐设施。度假型酒店一般都位于交通便利、风景秀丽、气候宜人的风景名胜区。

酒店名称采用“会议中心”等通名组合，即表明这些酒店是主要为会议团体提供服务的酒店。其突出特点是拥有多种类型的会议室、齐全的会务设施（多媒体设备、同声翻译系统等）、充足的停车位、高品质的客房与餐饮等，能够提供租车、多种语言翻译、外币兑换等服务。会议型酒店常常建立在风景名胜区或交通便利的城市中心区域。

酒店名称使用“××主题”或“亲子”“青年”“时尚”等通名类化修饰语的，则表明这些酒店是为特定目标公众提供服务的酒店。如“牵手”“百合”主题公寓，主要是为恋爱中的情侣或新婚伴侣提供服务的；“亲子”酒店或公寓，主要是为儿童及其父母提供服务的；“航空”酒店或公寓，主要是为乘机旅行的旅客提供服务的。专业化的酒店服务能够满足顾客的个性化需求，因此，消费者可以根据酒店名称通名类化修饰语选择自己需要的酒店功能类型。

（三）酒店专名标示酒店的地理位置

酒店的地理位置也是不同需求的顾客在选择酒店时需要考虑的重要因素。商务旅客以及有购物需求的旅客会优先选择位于城市中心交通便利、商业繁华地段的酒店，度假休闲的旅客会优先选择位于风景名胜、旅游度假区域的酒店。我们的调查显示，酒店名称的专名部分可以标示酒店的地理位置（见表3），便于顾客根据需要进行选择。如北京的“王府井大饭店”，“王府井”即表明该酒店位于北京市的商业繁华区王府井大街，对那些需要在其附近从事商务活动、旅游购物的旅客来说，一听酒店名称就能知道酒店所在的地理位置及其区位优势。

表3 北上广酒店名称与酒店地理位置抽样对照表

所属地	酒店专名	酒店名称	地理位置
北京	宣武门	宣武门商务酒店	西城区宣武门东大街
	崇文门	崇文门饭店	东城区崇文门西大街
	香山	香山饭店	海淀区香山公园内
	花园	花园饭店	海淀区花园东路
	月亮河	月亮河度假村	通州月亮河滨路
	北京王府井	北京王府井希尔顿酒店	东城区王府井东街

（续表）

所属地	酒店专名	酒店名称	地理位置
北京	居庸关长城	居庸关长城古客栈	昌平区南口镇居庸关内
	汤山	汤山假日会议中心	昌平区小汤山镇中心街西端
	天坛	天坛饭店	东城区体育馆路，紧邻天坛公园
	金台夕照	金台夕照酒店	东城区夕照寺中街
	和平里	和平里宾馆	东城区和平里兴化路
	东四	东四饭店	东城区东四西大街大豆腐巷
	日坛	日坛宾馆	朝阳区日坛路
	东交民巷	东交民巷饭店	东城区东交民巷
	人民大会堂	人民大会堂宾馆	西城区西交民巷（人民大会堂南门对面）
上海	上海虹桥	上海虹桥元一希尔顿酒店	红松东路，近虹许路
	上海天平	上海天平宾馆	徐汇区天平路
	青浦	青浦宾馆	青浦区城中北路
	滨江欣景	滨江欣景大酒店	黄浦区中山南路，地处南外滩景观区域
	衡山	衡山宾馆	徐汇区衡山路
	上海豫园万丽	上海豫园万丽酒店	黄浦区河南南路，临近豫园
	上海佘山森林	上海佘山森林宾馆	松江区佘山外青松公路
	虹桥郁锦香	虹桥郁锦香宾馆	长宁区延安西路，虹桥开发区
	上海金桥红枫万豪	上海金桥红枫万豪酒店	浦东新区新金桥路
	上海茅台花园	上海茅台花园酒店	上海长宁区茅台路
广州	九龙湖公主	九龙湖公主酒店	花都九龙湖社区
	增城	增城宾馆	增城荔城雁塔大道
	燕岭	燕岭大厦	天河区燕岭路
	新天河	新天河宾馆	天河区天河路
	广东温泉	广东温泉宾馆	从化市温泉镇温泉东路
	莲花山粤海	莲花山粤海度假村	番禺区莲花山旅游区山顶
	花都	花都大酒店	花都区新华镇新华路

（续表）

所属地	酒店专名	酒店名称	地理位置
广州	从化温泉毅华	从化温泉毅华假日酒店	从化市温泉镇碧泉路
	高滩温泉	高滩温泉酒店	增城区派潭镇高滩村达开北路
	德政	德政大厦	越秀区德政南路
	花地	花地大厦酒店	荔湾区芳村荣兴路，近花地湾地铁站

二　文化传承与景点宣传功能

酒店与旅游服务密切相关。它往往是旅游者首先要接触的，能否给旅游者留下美好的第一印象尤为重要。酒店的名称不仅要好认好记，而且要让旅游者产生良好的内心体验。如果一个酒店的名称既具有美好的意蕴，又包含所在地区深厚的历史文化底蕴，那么就能给旅游者留下美好而深刻的印象。这也是酒店提供深度旅游服务的一种体现。同时，酒店名称也是一个城市的公共语言景观的重要构成部分，是一个城市形象的重要的宣传窗口，通过酒店名称可以传承一个地方的历史与文化，宣传一个地方的特有的风景名胜。一个城市的文物古迹、风景名胜记载着这座城市的历史，也体现着这座城市的特色。北京、上海、广州三座城市的酒店名称均不同程度传承了城市的历史与文化，宣传了城市独特的自然风景（见表 4）。

表 4　北上广酒店专名地域特色用字统计表

所属地	地域特色专名			酒店名称
	自然景观	地名	文物古迹	
北京	香山、燕山、万寿山、卧佛山	渔阳、燕京、京燕、梅地亚、和平里、德胜门、崇文门、哈德门、宣武门、前门、东华门、西直门、五道口、东四、王府井、中关村、五棵松、八达岭、	长城、天坛、西苑、运河、日坛、护国寺、钓鱼台、清华园、颐和园、居庸关	渔阳饭店、燕京饭店、京燕饭店、钓鱼台国宾馆、王府饭店、西苑饭店、中成天坛假日酒店、香山饭店、燕山大酒店、梅地亚中心、运河苑度假村、运河人家度假村、居庸关长城古客栈、平谷渔阳酒店、北京天坛饭店、和平里大酒店、崇文门饭店、哈德门饭店、宣武门商务酒店、东华门宾馆、西直门宾馆、前门建国饭店、北京五棵松饭店、万寿庄宾馆、八达岭长城温泉度假村、德胜饭店、天坛体育宾馆、五道口宾馆、北京清华园宾馆、北京颐和园宾馆、东四饭店、日坛宾馆

（续表）

所属地	地域特色专名			酒店名称
	自然景观	地名	文物古迹	
上海	扬子江、浦江、淀山湖、清水湾、佘山、长兴岛	华亭、松江、宝山、虹桥、浦东、浦西、浦江、静安、青浦、闵行、虹口、嘉定、崇明、外高桥	外滩、豫园、浦江、百乐门	华亭宾馆、南华亭酒店（华亭二号楼）、松江开元名都大酒店、浦江饭店、虹桥迎宾馆、上海外滩半岛酒店、外高桥皇冠大酒店、浦东大酒店、浦东香格里拉大酒店、扬子江万丽大酒店、浦西洲际酒店、静安希尔顿饭店、世博会议大酒店、东方航空宾馆、百乐门大酒店、青浦宾馆、闵行饭店、淀山湖宾馆、虹口世纪大酒店、嘉定宾馆、清水湾大酒店、佘山森林宾馆、长兴岛大酒店、崇明恒富宾馆、宝钢集团宝山宾馆、豫园万丽酒店
广州	白鹅潭、越秀山、白云山、莲花山、珠江、香雪山、帽峰、珠岛、温泉（从化）、流溪河、碧水湾、九龙湖	番禺、花城、五羊城、沙面、淘金、一德、穗、东山、花城、越秀、海珠、黄埔、沙河、石牌、天河、增城、琶洲、广东、白云、流花、燕岭、长隆、鱼珠湾、齐富、金沙、南沙、花都、十甫、从化、南沙		沙面宾馆、番禺大厦、淘金宾馆、一德宾馆、鹅潭宾馆、中穗酒店、东山宾馆、花城宾馆、越秀宾馆、海珠酒店、黄埔酒店、莲花山庄、沙河宾馆、石牌酒店、天河酒店、番禺宾馆、增城宾馆、琶洲酒店、广东大厦、白云宾馆、流花宾馆、燕岭大厦、长隆酒店、天河大厦、珠江宾馆、五羊城酒店、鱼珠湾酒店、齐富大酒店、金沙大酒店、云山大酒店、南沙大酒店、香雪嘉华公寓、帽峰沁园酒店、广东珠岛宾馆、白云城市酒店、广东温泉宾馆、碧水湾度假村、流溪河森林宾馆、花都丽美大酒店、温泉正大度假村、莲花山粤海度假村、花城之星连锁酒店、广州十甫假日酒店、从化湖光度假山庄、南沙奥元养生酒店、九龙湖公主酒店

从表 4 可以看出，北上广的酒店名称的文化传承与景点宣传功能主要体现在以下几个方面：

1. 酒店名称包含了城市的历史名称。中华文明，源远流长。中华大地上的每一片土地上都会留下中华民族先祖们耕耘与奋斗的足迹。由于朝代的更替，社会的变迁，很多地方的行政区划会发生变化，因而其地名也会发生变化。一个地区的历史地名自然也就成为了该地区人们的集体记忆。历史地名往往只存在于历史文献和一部分人的口耳相传中，而通过酒店名称传承一个地区的历史称谓，就能够让这些历史称谓以一种具象的实体而呈现，并且能够得到广泛传播。

北京是首批国家历史文化名城、中国四大古都之一，有着 3000 多年的建城史，在不同的朝代有着不同的称谓。据史书记载，周武王分封帝尧之后于蓟城（今广安门外，西至莲花池），周成王封召公于燕（今房山琉璃河董家林），开辟了北京建城的历史。[①] 后燕国灭蓟国，迁都于蓟，统称为燕都或燕京。战国时燕国设置渔阳郡，秦汉治所在渔阳（今北京市密云县西

① 王均、孙冬虎《北京》，上海：中华地图学社，2005 年，第 14 页。

南）。[①]北京市酒店名称中就传承了北京作为燕都的这个历史称谓，如“燕京饭店”“京燕饭店”。北京市酒店名称中也传承了北京作为渔阳郡治所在地的这个历史名称，如“渔阳饭店”。

上海是一座国家历史文化名城。春秋时期，上海为吴国属地；战国时期，上海为楚国春申君黄歇的封邑。故上海又简称“申”。秦汉时上海地区属会稽郡管辖，后会稽郡改为吴郡。唐天宝十年（751年），吴郡设立华亭县，上海地区属华亭县管辖。北宋时期，上海大陆地区分属华亭县和昆山县，崇明地区属海门县。南宋咸淳三年（1276年），华亭县在上海浦西岸设置市镇，定名为上海镇。元至元十四年（1277年），华亭县升府，次年改称松江府，下仍设华亭县。至元二十九年（1292年），上海镇从华亭县独立出来，设立为上海县，辖于松江府，标志着上海建城之始。[②]上海市酒店名称中就传承了上海历史上的“华亭”“松江”等多个历史名称，如“华亭宾馆”“南华亭酒店（华亭二号楼）”“松江开元名都大酒店”。

广州是国家历史文化名城。传说广州最早的地名为“楚庭”（或“楚亭”）。现在越秀山上的中山纪念碑下，尚有清人所建一座石牌坊，上面刻着“古之楚亭”四字。不少史籍将“楚庭”视为广州的雏型，是广州最早的称谓，距今已有2847年。传说有五位仙人，身穿五彩衣，骑着五色羊，拿着一茎六穗的优良稻谷种子，降临“楚庭”，将稻穗赠给当地人民，并祝福这里永无饥荒。说完后，五位仙人便腾空而去，五只羊则变成了石头。当地人民为纪念五位仙人，修建了一座五仙观，传说五仙观即为“楚庭”所在。由此，广州又有“羊城”“穗城”的别名。秦始皇三十三年（公元前214年）平南越后，在岭南地区设置南海、象郡、桂林三郡。南海郡含今广东大部，郡治番禺（今广州市越秀区仓边路一带）。秦末汉初，南海尉赵佗据地自立，建立南越国，定都番禺。[③]广州市酒店名称中就传承了广州的这些历史称谓，如“五羊城酒店”“中穗酒店”“益穗宾馆”“番禺大厦”“番禺宾馆”等。

2. 酒店名称包含了城市的文物古迹名称。一个地区的文物古迹是旅游者可以直接去感知的该地区的历史与文化，是旅游的重要目的地。与文物古迹

① 参阅北京市社会科学研究所《北京历史纪年》编写组编《北京历史纪年》，北京：北京出版社，1984年，第5—15页。

② 姚明宝主编《上海》，北京：中国旅游出版社，2002年，第3—4页。

③ 王永平主编《广州》，广州：广东经济出版社，2010年，第5—6页。

比邻的酒店，具有距离上的优势，因此，在酒店名称中尽量包含比邻的文物古迹的名称，既可以标示酒店的地理位置，强调酒店的位置优势，同时又宣传了所在地区的历史与文化。在考察中，我们发现还有一种现象，那就是，有些文物古迹已经消失，有些保留在地名中，有些连地名也没有保留。一些酒店不管是否邻近这些文物古迹的原始地，其名称都包含这些已经消失了的文物古迹的名称。这是酒店名称传承所在地区历史文化的一种重要方式。

作为历史文化名城，北京、上海两座城市都有大量的文物古迹。这两座城市的酒店名称均包含了城市大量的文物古迹的名称。

北京有众多的著名文物古迹，长城、天坛、钓鱼台、西苑、运河、护国寺、清华园、日坛、颐和园、哈德门、德胜门、崇文门、宣武门、前门、西直门等名胜古迹在北京的酒店名称中均有体现，如“居庸关长城古客栈”“中成天坛假日酒店”“钓鱼台国宾馆”“运河苑度假村”“运河人家度假村”“清华园宾馆”“颐和园宾馆”“哈德门饭店”“崇文门饭店”“宣武门商务酒店”“西直门宾馆”“前门建国饭店”等。

3. 酒店名称包含了城市的自然景点名称。一个地区的自然风景点是旅游者的主要目的地。不同的地区有着不同的自然风景，是吸引旅游者的重要因素。而酒店经营与旅游息息相关，风景地的游客是酒店的重要客源。酒店名称如果选用知名风景地的名称用字，既可以提高酒店自身的知名度，同时也宣传了当地的自然风景，二者相得益彰。

北京市的酒店名称中包含了北京市的香山、燕山、万寿山、卧佛山等风景名胜，这是对北京自然风光的很好宣传。

上海市的酒店名称中包含了上海市的扬子江、浦江、淀山湖、清水湾、佘山、长兴岛等自然风景，这是对上海市自然风光的推介，旅游者从酒店名称即可预先知道去上海游览观光的目的地。

广州市的酒店名称中包含了广州市的白鹅潭、越秀山、白云山、莲花山、珠江、香雪山、帽峰山、珠岛、温泉（从化）、流溪河、碧水湾、九龙湖等自然风景，如此多的自然风景，即使是一个生活在广州的人，也并非全部知晓。而通过查阅酒店名称，就可以知道山水广州的好去处，这自然是一种有效的旅游景点宣传。

三　主流价值观的展示与导引功能

酒店名称作为一个城市的公共语言景观的重要构成部分，它不仅可以传承一个城市的历史与文化，还可以展示一个城市当下的主流价值观，如爱国、诚信等。酒店名称在展示主流价值观的同时，也是一种导引。这对于提高城市的美誉度、树立良好的城市形象具有积极的意义。我们对北京、上海、广州酒店名称中展示城市主流价值观的高频字词使用情况进行了调查统计（见表5）。这些高频字词展示出的三个城市的主流价值观，包括爱国、诚信、友善、和谐、开放等。

表5 北上广展示主流价值观的酒店名称高频字词使用情况

序号	高频字词	酒店命名实例	城市精神	使用次数		
				北京	上海	广州
1	国	建国饭店、建国宾馆、国安宾馆、国泰饭店、中国大酒店、中国大饭店、荣国饭店、国谊宾馆、国宏宾馆、国宾酒店、上海兴国宾馆	爱国	29	12	11
2	华	华泰饭店、华夏宾馆、兴华宾馆、京华饭店、汉华国际饭店、新华大酒店、华盛假日酒店、上海华福酒店、上海兴华宾馆、上海华怡宾馆		29	40	36
3	侨	新侨饭店、惠侨饭店、华侨大厦、侨鸿酒店、华侨宾馆、帝侨酒店		4	0	6
4	诚	诚辉商务酒店、诚泰商务酒店、嘉诚快捷酒店、成诚宾馆、洁诚旅馆	诚信	4	3	3
5	信	京都信苑饭店、天信亮酒店、信谊酒店、国信宾馆、万信酒店		4	4	3
6	君	君安酒店、君来宾馆、君御酒店、君怡酒店、君悦大酒店	友善	2	4	8
7	友	友谊宾馆、上海元友宾馆、航友宾馆、良友饭店、云友宾馆、海友酒店、友家连锁公寓、佳友商旅酒店		2	3	8
8	家	中国职工之家、法官之家、温馨如家酒店、合家欢宾馆、怡家时尚酒店、怡家假日酒店、如家快捷酒店、东之家宾馆、睿家酒店、家园宾馆		118	76	48
9	馨	温馨宾馆、馨豪宾馆、温馨旅馆、馨港宾馆、华馨酒店、雅馨宾馆、明馨居旅馆、安馨公寓、爱馨公寓		19	19	18
10	国宾	钓鱼台国宾馆、北京国宾酒店、北京市国宾大厦		3	0	0
11	和	和平宾馆、同和居饭店、雍和宾馆、仁和宾馆、和谐住宿、和品酒店、和颐酒店、嘉和酒店、颐和大酒店、上海和平饭店、上海仁和宾馆	和谐	8	15	8
12	国际	国际饭店、北京国际饭店、国际贵都大饭店、北京名人国际大酒店	开放	30	47	94
13	尔	伯尔斯酒店、希尔顿酒店、丽思卡尔顿酒店、斯格威珀尔曼大酒店、静安希尔顿饭店		2	6	29

北京市作为中华人民共和国的首都，其酒店名称在展示爱国、国际友谊、民族团结等主流价值观方面表现相对突出。

北京市展示爱国思想的酒店名称有“建国饭店、富国饭店、国泰饭店、华泰饭店”等；展示国际友谊（友善）的酒店名称有“和平宾馆、友谊宾馆、国谊宾馆”等；展示开放包容思想的酒店名称有“北京国际饭店、五洲大酒店、亚太大厦、亚洲大酒店”等；展示民族团结（和谐）的酒店名称有“民族饭店、新疆饭店、宁夏大厦、广西大厦、台湾饭店、西藏大厦”等。

上海市作为中华人民共和国直辖市、国际大都市、首批沿海开放城市，其酒店名称在展示爱国、和谐、开放等主流价值观方面表现突出。

上海市展示爱国思想的酒店名称有“兴国宾馆、建国宾馆、兴华宾馆”等；展示和谐思想的酒店名称有“上海和平饭店、上海仁和宾馆、上海保和酒店、上海和悦宾馆”等；展示开放包容思想的酒店名称有“国际饭店、波特曼丽嘉酒店、斯波特大酒店、爱丁堡大酒店”等。

广州市作为广东省省会、国际大都市、国际商贸中心，其酒店名称在传播爱国、友善、开放等主流价值观方面表现突出。

广州市展示爱国思想的酒店名称有“国泰宾馆、国茂大酒店、中国大酒店、华盛假日酒店、丽华酒店、华泰宾馆、新华大酒店”等；展示友善思想的酒店名称有“云友宾馆、海友酒店、华侨友谊酒店”等；展示开放包容思想的酒店名称有“东方国际饭店、皇家国际饭店、威尔登酒店、铂尔曼大酒店”等。

四　思考与建议

酒店名称是语言服务的重要形式之一。酒店名称的服务对象包括酒店企业自身、境内外消费者、所在城市、所属国家和民族。对酒店企业自身来说，酒店名称是传播企业形象的重要载体；对境内外消费者来说，酒店名称是帮助他们获取酒店服务信息的快捷途径，是获得酒店第一印象的媒介；对所在城市来说，酒店名称是传承城市历史文化、宣传城市风景名胜、展示和导引城市主流价值观、树立良好城市形象的手段；对国家和民族来说，酒店名称是内增民族凝聚力、外树良好国家和民族形象的宣传载体。因此，从服务的角度，酒店命名要服务好企业，服务好消费者，服务好所在城市，服务好国家和民族。

从语言服务的角度，北上广的酒店名称在服务功能的发挥上还有值得改进和完善的地方：

1. 酒店名称应尽量做到名副其实。酒店命名者在给酒店命名时，应该实事求是，不要夸大，以免误导消费者。例如“大酒店”这一通名，顾名思义，一般应用于规模较大的酒店的命名，但我们调查中发现，有些只有十几间客房的酒店，也冠以“大酒店”之名，消费者如果仅凭其名称，是很容易被误导的。

2. 酒店通名应尽量选择通用名称。在中国历史上，供行人住宿的地方一般选用“舍”“馆”“栈”“社”“店”“所”“房”“亭”“旅”“客”“驿”“邸”“饭”等词根构成。现代酒店通名也应尽量选用这些词根。在我们的调查中，出现了“山庄”“别墅”“农庄”“公寓”“院子”“小院”“大院”“别院”“庭院”“农庄院”“农家院”“农家乐”“四合院”“民俗院”“民宿”“庄园”“度假村”“旅宿”“住宿”“山宿”“夜宿”等新出现的通名，这些新出现的通名反映了我国酒店经营主体多元化、服务对象专门化、服务产品多样化的特点，大体上是可行的。但也有一些通名如“房子”“饭庄”“书院”等，或者因为指称太宽泛，或者因为容易产生误解，作为酒店通名，均不太合适。

3. 酒店名称在传承所在地历史文化、宣传风景名胜方面还有待加强。酒店名称，尤其是星级酒店的名称，是所在城市的公共语言景观，也是城市形象展示的窗口。通过酒店命名蕴含城市的历史文化，嵌入城市的风景名胜，不仅可以提高酒店的知名度和美誉度，也同时是在传承城市的历史文化、宣传城市的风景名胜，酒店名称就是一张张的城市文化名片、风景名片。北上广酒店名称在宣传所在地的历史文化、风景名胜方面取得了一定成绩，但还不够。北上广现有的酒店名称对所在城市的很多带有标志性的历史文化现象和风景名胜尚未涉及。例如，广州市所在的地区在先秦时期称为“南越”，与同属“百越”的“吴越”（苏南浙北一带）、“闽越”（福建一带）、“扬越”（江西湖南一带）、“西瓯”（广西西部一带）、“骆越”（越南北部和广西南部一带）相区别。《史记》称“南越”，《汉书》称“南粤”，“越”与“粤”通，简称“粤”。今天除了“越秀山”“越秀区”“南越国”尚保留“越”字外，其余均为“粤”字所替代。这样很容易让人们忽略掉广州乃至广东在先秦时期曾属“百越”文化圈的事实。因此，有必要适当启用“南越”的书写形式。曾经作为南越中心的广州市，如能在酒店命名时，适当选择“南越”一词，就能唤醒人们对广州先秦历史的记忆。

（戴仲平）

五岳风景名胜区语言指引服务状况

社会文明程度的不断提高以及全球化进程的不断开展，带动了旅游业的兴盛，使得风景名胜区的语言服务愈发重要。“五岳”是中国东、西、南、北、中不同地域的五座名山，即东岳泰山、西岳华山、南岳衡山、北岳恒山、中岳嵩山，在历史发展过程中融入了“儒”“释”“道”三家文化，其中泰山、嵩山已被列为世界自然与文化遗产地。由于其特殊的历史原因、得天独厚的自然风景、多元深厚的文化内涵，五岳风景名胜区吸引了世界各地大量游客。因而，五岳风景名胜区的语言服务一方面对游客具有重要的信息指引作用，另一方面其规范、文明程度也是五岳风景名胜区的文明象征。因此，对五岳风景名胜区语言指引服务的调查研究，具有重要的现实意义。

一　现状与特征

五岳风景名胜区语言指引服务主要通过语言标牌开展，包括景区服务标牌、交通标牌、景点名称标牌、景点介绍标牌、景区导引标牌、景区指令标牌、宣传标语标牌、政府机构名称标牌等。本报告共搜集到五岳风景名胜区的3545个语言指引标牌，其中泰山820个、华山716个、衡山674个、恒山466个、嵩山869个，从语码取向、语码呈现方式、语码风格特征三个方面分析五岳风景名胜区语言指引服务现状。

（一）语言选择取向

“语码取向指的是双语或多语标牌上各种语言之间的优先关系，以此反映它们在语言社区内的社会地位。”[①]3545个样本中，依照这些语言标牌上出现的语言数量，可以分为三类：单语标牌、双语标牌、多语标牌，具体如

① 尚国文、赵守辉《语言景观研究的视角、理论与方法》,《外语教学与研究》2014年第2期。

图 1 所示。五岳风景名胜区语言指引服务共使用了汉语、英语、韩 / 朝语、日语、俄语 5 种语言，各语言在五岳风景名胜区中的出现频次如图 2 所示。其中嵩山使用了 5 种语言，语言种类最多；其后是泰山和华山，都使用了 4 种；衡山和恒山则都只使用了汉语和英语 2 种语言。这 5 种语言的使用比率见表 1。

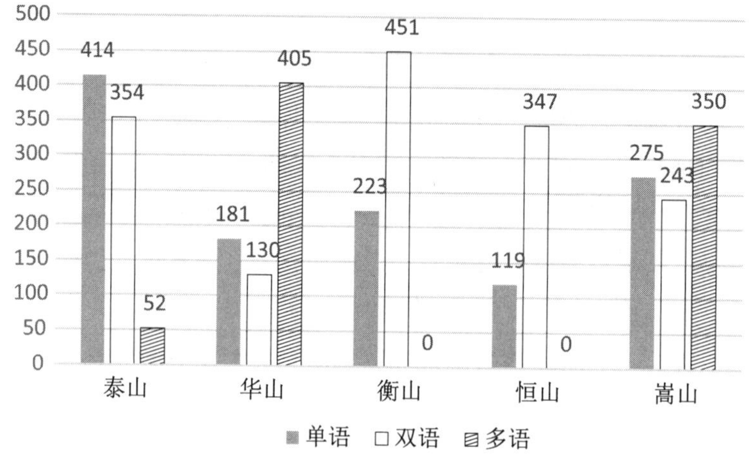

图 1　五岳风景名胜区语言指引标牌语码搭配情况

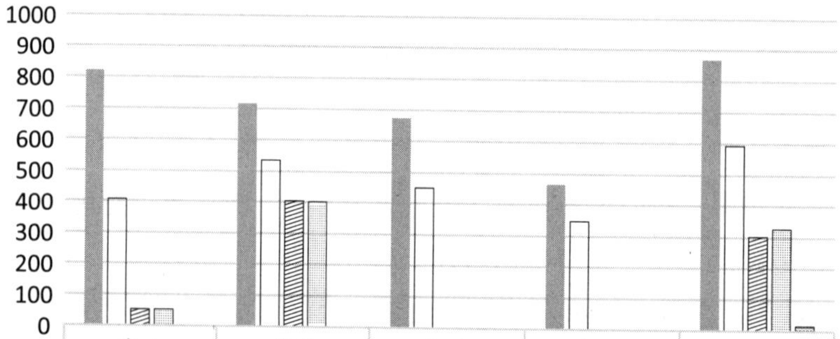

	泰山	华山	衡山	恒山	嵩山
汉语	820	716	674	466	869
英语	406	535	451	347	594
韩/朝语	52	404	0	0	302
日语	52	402	0	0	327
俄语	0	0	0	0	8

汉语　英语　韩/朝语　日语　俄语

图 2　5 种语言在五岳风景名胜区语言指引标牌中的使用频次

表 1　5 种语言在五岳风景名胜区语言指引标牌中的使用情况

景区	各种语言使用率 /%				
	汉语	英语	日语	韩 / 朝语	俄语
泰山	100.0	49.5	6.3	6.3	—
华山	100.0	74.7	56.2	56.4	—
衡山	100.0	66.9	—	—	—
恒山	100.0	74.5	—	—	—
嵩山	100.0	68.4	37.6	34.8	0.9
总计	100.0	65.8	22.0	21.4	0.2

整体而言，第一，汉语占绝对优势。在五岳风景名胜区语言指引服务中，汉语的使用率为 100%，在双语及多语语言标牌中，汉语均位于标牌的上方或顶端，因此在五岳风景名胜区语言指引标牌中汉语占绝对优势，其他语言为次要语码。第二，英语是强势外语，日语、韩 / 朝语在多语标牌中也处于重要地位。这一方面说明日韩籍游客是五岳风景名胜区境外游客数量较多的国家，另一方面也说明五岳风景名胜区旨在把景点推向国际，加强景区语言文字的服务力度，从而吸引更多境外游客，符合国家 4A、5A 景区官方设立导引标识的要求。

（二）汉字呈现特征

这里的汉字呈现特征主要是从用字繁简特征这一角度来分析。五岳风景名胜区语言指引标牌中的繁体字标牌所占比重平均值较低，在内容上的具体分布情况见表 2。整体上看，语言指引标牌中的繁体字标牌主要集中在景点介绍这部分内容上，其后依次是宣传标语、政府机构、景区服务，但在各岳之间存在差异。

表 2　五岳风景名胜区语言指引标牌繁体字使用情况

景区	景点介绍	景区导引	宣传标语	政府机构	景区服务	其他
泰山	18	2	47	14	—	5
华山	9	—	—	—	7	—
衡山	22	4	5	—	—	110
恒山	12	—	4	—	—	—
嵩山	35	7	8	3	—	4

衡山语言指引标牌中的繁体字标牌所占比例最高，主要是由于衡山有109个语言标牌的内容是有关衡山的诗文，每首诗的内容和落款都使用了繁体字；泰山繁体字标牌所占比例排在第二，繁体字标牌主要分布在宣传标语上，主要是由于这部分语言标牌大多烙上了“岱廟”这一符号。五岳风景名胜区语言指引标牌中共有4个标牌用到了异体字，恒山1个，嵩山3个，如图3所示。

图3　五岳风景名胜区语言指引标牌异体字示例

五岳风景名胜区语言指引标牌中的繁体字标牌和异体字标牌基本上用于文物古迹介绍方面和手书体题词和招牌上，符合国家语言文字政策的要求，也与五岳风景名胜区人文景区这一特点契合，但有极小一部分指令标识、导引标识等也使用了繁体字，如图4所示。

图 4 五岳风景名胜区语言指引标牌繁体字示例

（三）语码风格特征

五岳风景名胜区语言指引标牌中的指令标识和宣传标语都是针对景区规范对游客进行劝说的标识，这两类标牌中的语句使用到了两种语言风格，理性诉求风格和情感诉求风格。张梦、潘莉、Dogan GURSOY 对景区规范类标识牌劝说效果进行调查研究，发现“情感诉求风格的标语比理性诉求风格的标语更能唤醒旅游者的行为意愿，理性诉求风格标语通常直接命令人们不准做出不道德行为，某种程度上限制了人们的自由，体现出强烈的消极意义；而情感诉求风格的标语则通过正面提倡道德行为，鼓励人们提升道德水准，展现了积极的信息效价”[①]。可见，“情感诉求风格标语”更受游客青睐。本报告主要从五岳风景名胜区指令标识和宣传标语的语言风格来评估五岳风景名胜区语言指引标牌的理性化程度，即语言指引标牌理性满足游客需求的程度。五岳风景名胜区指令标识和宣传标语中“情感诉求风格”“理性诉求风格”的使用情况见表 3。泰山语言指引标牌使用情感诉求风格类语言比例最高，其后依次是嵩山、恒山、衡山、华山。

① 张梦、潘莉、Dogan GURSOY《景区规范类标识牌劝说效果研究——基于语言风格与颜色效价的匹配影响》,《旅游学刊》2016 年第 3 期。

表 3 五岳风景名胜区语言指引标牌宣传标语语言风格使用数量及比例

景区 语言风格	情感诉求		理性诉求		情感诉求 + 理性诉求	
	数量	比例 /%	数量	比例 /%	数量	比例 /%
泰山	128	47.6	97	36.1	44	16.4
华山	18	6.8	173	65.0	75	28.2
衡山	21	7.9	121	45.7	123	46.4
恒山	44	25.7	76	44.4	51	29.8
嵩山	95	38.0	71	28.4	84	33.6

嵩山除了语言风格上比较倾向于使用情感诉求风格，在颜色搭配、画面设计上也比较注重与游客的友好互动，如图 5 所示。

图 5 嵩山语言指引标牌中情感诉求风格语言标牌示例

二 五岳风景名胜区语言指引服务存在的问题

通过调查五岳风景名胜区语言指引服务现状可以发现，五岳风景名胜区语言指引服务的国际化水平较高，语言风格整体上也比较考虑游客的接受心理，但还存在以下几个问题。

（一）语言服务国际化水平失衡

“语言服务国际化”是指语言服务向国际水准趋近，主要表现为营造汉语、英语等语言同步使用的双语或多语环境，且这种双语或多语环境是全面有效的。因而，对五岳风景名胜区语言指引服务的国际化程度，本报告主要从语言多样性、双语和多语标牌数量占比、双语和多语标牌覆盖范围三个方面来进行评估，其中双语和多语标牌覆盖范围主要根据双语和多语标牌在五岳景点介绍、景区导引、景点名称、景区指令、宣传标语五类标牌中的使用比例来评估，因为这五类标牌在景区中的分布范围较广，对游客的服务力度较大。根据统计数据，再采用“评分量表”[①]的方式，把五岳风景名胜区语言指引标牌在语言多样性、双语和多语标牌数量等方面进行排序和评分，具体评分情况如表 4 所示，即华山语言指引服务国际化水平最高，其后是嵩山，衡山、恒山语言服务国际化水平相当，泰山居于最末。

表 4 五岳风景名胜区语言标牌语言服务国际化水平评分情况

景区	华山	嵩山	衡山	恒山	泰山
语言多样性	4	5	1.5	1.5	3
双语和多语标牌比例	5	3	2	4	1
双语和多语标牌覆盖范围	5	3	4	2	1
总分	14	11	7.5	7.5	5

以泰山为例，泰山 52 个多语标牌基本上都用于景点介绍，只有 1 个多语标牌用于景区导引，在景区导引、景区指令等内容上没有多语标牌，这是泰山语言服务有待改进的一点。景区导引和景区指令标牌都是游客非常关注的信息，在景区导引、指令等标牌上也使用日语和韩 / 朝语等语言，能使景区语言服务的信息功能得到更好发挥，使景区语言服务国际化程度更高。

（二）交通标识译文不规范

五岳风景名胜区交通标识上的译文基本符合规范要求，但其中一小部分

① 桂诗春、宁春岩《语言学方法论》，北京：外语教育与研究出版社，1997 年。

交通标识上存在一些不符合规范的现象。

第一，通名、方位词翻译不统一，如例［1］—［4］。“通名一般使用英文翻译，专名是单音节时，其通名部分可视作专名的一部分，先与专名一起用汉语拼音拼写，然后用英文重复翻译，如：豫园 Yuyuan Garden”[①]，因此例［1］中后者为规范形式，例［2］二者均不规范，“岱庙”应当译写为“DAIMIAO TEMPLE”。“公共服务领域中场所和机构名称、公共服务信息的英文书写应符合英语国家公共标志中的书写规范和使用习惯，短语、短句字母全部大写或者所有单词的首字母大写”[②]。因此例［3］“东岳大街”应该译写为“DONGYUE STREET”“DONGYUE St”或“Dongyue Street”。街道名称中的方位词指示方位的应当使用英文译写，因而例［4］中后者符合规范。

［1］红门路 HONGMEN LU、红门路 HONGMEN Rd

［2］岱庙 DAIMIAO、岱庙 DAI TEMPLE

［3］东岳大街 Dongyue street / DONGYUE ST

［4］金山西街 JINSHANXI St、奈河东街 NAIHE E. Rd

泰山交通标牌上的缩写通名也存在大小写不统一的情况，如图 6 所示。在《公共服务领域英文译写规范　第 1 部分：通则》(2013) 和《山东省公共场所双语标识英文译法》(2008) 中都没有关于缩写通名大小写的规定，但《山东省公共场所双语标识英文译法》(2008) 中列举的例子采用的都是“St”这种写法，因此，泰山风景名胜区交通标牌上的缩写通名应该采取首字母大写的形式。

图 6　泰山交通标牌缩写通名大小写不统一标牌示例

第二，拼写错误。(1) 拼音拼写格式错误，如例［5］，交通指示标

① 中华人民共和国国家质量监督检验检疫总局、中国国家标准化管理委员会《公共服务领域英文译写规范　第 1 部分：通则》GB/T 30240.1—2013。

② 同上。

牌上出现的拼音应当以词为书写单位，“地名中的第一个字母大写，分段书写的，每段第一个字母大写，其余字母小写，特殊情况可全部大写”①。因此“中天门索道”应该译写为“Zhongtianmen Ropeway”或“ZHONGTIANMEN ROPEWAY”。（2）英文拼写错误，如例［6］“MOUTION”应该是“MOUNTAIN”，且“泰山”应该译写为“TAISHAN MOUNTAIN”。

［5］红门路 hong men lu、中天门索道 ZhongTianMEN Ropeway

［6］红门登山口 RED GATE ENTRANCE OF MOUTION TAI

第三，标点符号使用不规范。“双语标识英文译法中尽量不要标点符号，作为缩写形式的 Ave，St，Rd 和 Expwy 后均无‘.’”，但在泰山风景名胜区的交通标牌上这些缩写形式有的后面有“.”，恒山交通标牌的非缩写词后面也有使用标点符号“.”的情况，如图 7 所示。

图 7 五岳风景名胜区交通标牌符号书写失范示例

① 《中国地名汉语拼音字母拼写规则（汉语地名部分）》，《文字改革》1985 年第 3 期。

三　建议

（一）构建良好平衡的多语环境

在五岳风景名胜区创建良好的双语或多语语言环境，一方面能够更好地发挥语言标牌的信息导引作用，使外国游客利用语言标牌进行交际，知晓位置、方向、景区特色、注意事项、商品等信息；另一方面，能够吸引更多的外国游客，带动五岳地区经济发展，也有利于更好地传播中国传统文化，这也是全球化进程中的景区语言规划的必然态势。五岳风景名胜区双语和多语语言环境的构建力度还不够均衡，因此，要提高双语或多语在五岳风景名胜区语言指引标牌中的使用比率。交通标识、景点介绍标牌、景区导引标识、景区指令标识在五岳风景名胜区语言指引标牌中的比重较大，且这类语言景观对外国游客的信息导引作用非常大，因此提高双语和多语在这四类语言标牌中的使用比率是提高语言服务国际化程度的关键。华山、嵩山语言指引标牌中这四类语言标牌的语言服务国际化程度较高，衡山、恒山可适当提高多语在景点介绍类标牌上的使用比重，泰山可适当提高双语或多语在景区导引和景区指令标牌上的使用比重。

（二）构建规范和谐的语言生态环境

第一，相关从业人员方面。提升自身文化素质，增强使用语言文字的规范意识。五岳风景名胜区语言标牌中出现的拼音及英文拼写分写不规范、汉字书写错误、英文翻译错误等现象涉及的语言文字知识都非常简单，出现这些不规范现象的直接原因是标牌设立者的规范意识不够、相关的语言文字素养较低，应当加强相关从业人员对语言文字规范知识学习，每一个社会成员都应该自觉地维护语言文字的健康、规范。

第二，政策方面。相关部门应当不断深入调查语言文字使用的实际情况，并进行深入细致的分析，及时、尽早完善语言文字规范法律法规。例如，关于交通标牌上通名缩写形式是全大写还是首字母大写的问题，目前的语言文字规范文件中没有明确规定，应当及时完善相关法律法规。目前关于公共服务领域语言文字使用的政策法规存在“标准多、更新快”等问题，既有国家标准又有地方标准，标准过多，且处于不断更新中，使得语言文字规范方案很难及时落实。语言文字规范方案的制定有赖于各个方面的力量，各个部门应当通力合作，及时尽早完善语言文字规范法律法规。

第三，政府方面。加大“国家语言文字规划政策”的宣传力度和监管力度。首先，政府应当加大国家语言文字规划政策的宣传力度，使大众了解国家的语言文字规划政策，了解公共服务领域的语言文字规范和标准；其次，加强对语言文字标牌的监管，对语言标牌中出现的不规范现象及时纠正。

（三）构建符合公众需求的语言景观

名胜区语言指引标牌旨在构建和谐文明景区环境，这些语言标牌从各个方面代表景区发言，什么样的发言方式能够为游客提供更高效的服务、能够真正与游客进行互动，是设计语言指引标牌时应该思考的问题，这对名胜区文化传播力度、服务效度、文明和谐情况有重要的影响。因此，五岳风景名胜区“宣传标语”“景区指令”标牌的设置应当根据内容灵活选用语言风格。对于严肃问题的宣传标语或景区指令标识，如“严禁烟火”“注意安全”等，应当采用“理性诉求风格”标语，引起游客的重视；对于景区文明建设类宣传标语或景区指令标识，如“保护文物、爱护环境”等，应当采用“情感诉求风格”标语，因为这类风格标语比较能够引起游客情感上的共鸣和认同，宣传或指示效果会更好，有利于景区文明建设。在这一点上，泰山和嵩山语言标牌的构建比较符合游客接受心理。

名胜区集观赏、文化、科学价值于一身，在新时代的局势下，名胜区的语言指引服务对游客信息指引作用更为重要，它也是国家对外形象的一个重要窗口，其规范、文明程度也是国家的文明象征。对五岳风景名胜区语言指引服务标牌的调查发现，五岳风景名胜区语言指引服务的国际化水平较高，语言服务较为规范，符合国家 4A、5A 景区官方设立导引标识的要求，但在多语标牌设置、汉字繁简、译文规范等方面还存在尚待完善之处。名胜区的文明和谐离不开语言指引标牌，做好其中的语言指引服务建设，于游客、景区、国家而言都有重要意义。

（陈丽诗）

《公共服务领域英文译写规范》实施中存在的问题及对策*

2018 年 7 月 6 日国家语言文字工作委员会印发的《信息化条件下语言文字规范标准体系建设规划》中写道："语言文字规范标准是为便利语言文字使用而制定的由使用者共同遵守的语言文字本体及应用规则，在语言文字工作中处于重要的基础性地位。建国以来，国家先后研制发布了一大批语言文字规范标准。党的十八大以来，随着《信息与文献——中文罗马字母拼写法》《通用规范汉字表》《公共服务领域英文译写规范》等一系列重要的规范标准的发布落实，基本形成了相互联系补充、比较系统完整的规范标准体系，在文化教育、新闻广电、印刷出版、辞书编纂、信息处理、对外交流等方面发挥了重要作用。"《公共服务领域英文译写规范》（以下简称《英译规范》）是为解决公示语英文译写不规范的突出问题而颁发的一项境内外语使用规范标准，在我国外语使用政策实践与理论发展方面具有标杆性意义。

一 《英译规范》的价值、内容和实施原则

（一）《英译规范》的研制和发布

为规范公共服务领域外文译写，提升我国外语服务质量，教育部、国家语委决定制定包括英文、俄文、日文等语种的公共服务领域外文译写规范。2011 年 8 月，《英译规范》国家标准的研制工作正式启动。2011 年 8 月 30 日，在《英译规范》专家委员会成立仪式暨研讨会上，时任教育部副部长、国家语委主任李卫红指出，建立全国统一的标准，规范我国公共服务领域的外文译写，是即将颁布的《国家中长期语言文字事业改革和发展规划纲要》规定

* 2018 年广州大学大学生创新训练项目"广州旅游景点英文译写规范的调查研究"（201811078064）部分成果。

的重要任务，需求迫切，意义重大。历经多年的研制与审定，经过全国专家艰苦细致的工作，2017 年 6 月 20 日，国家标准委、教育部、国家语委在京联合召开新闻发布会，发布《英译规范》系列国家标准。这是保障公共服务领域英文翻译和书写质量的基础性标准，是推动公共服务领域的英文译写工作规范化、标准化的强大助力，是提升我国公共服务和治理能力的重要体现。

（二）《英译规范》的实践意义和重要价值

我国在公示语中使用英文，始于改革开放以后。在将中文公示语翻译成英文的过程中，出现了部分英文译写不规范的现象，各种翻译错误也经常被媒体报道并引发讨论。相关问题受到了社会各界和各地的广泛关注，自 2006 年至 2010 年，北京、山东、广西、广东、江苏、浙江、上海和陕西等地先后研制和颁布实施了本地的公共场所双语标识英语译法地方标准。例如，北京市以迎接 2008 年北京奥运会为契机，率先于 2006 年 11 月 3 日发布了中国第一个公共场所双语标识英文译法地方标准，并于同年 12 月 1 日起实施；广东省以迎接 2010 年亚运会为契机，也制定和颁布了公共场所双语标志英文译法规范，并于 2009 年 3 月 25 日发布。多个省（直辖市、自治区）陆续出台公共场所英文译法地方标准，使公示语翻译研究和实践得到了前所未有的关注。但这些标准存在着一些差异和地域局限性。为更好地在全国进行英文译写规范，国家于 2017 年 6 月正式发布了《英译规范》。

内容丰富的《英译规范》源于我国语言生活中英语使用的实际需求，它是我国新时期语言文字领域重要的政策实践，对我国外语使用政策及其理论发展具有重要价值。一是对我国外语使用政策及其理论发展具有标杆性意义。在《英译规范》颁行之前，我国的外语使用政策及其实践处于碎片化状态，《英译规范》努力对这些碎片化的政策规定与实践进行整合。二是《英译规范》对我国语言政策及相关理论研究具有重要的促进作用。《英译规范》对公示语的类型分析、采用的公示语翻译策略以及对 3700 余条公示语的翻译实践，丰富和发展了我国的公示语翻译理论，并将推动相关研究在此基础上进一步深入发展。同时，《英译规范》为相关社会使用提供参照标准，为各级政府及其他相关部门管理社会语言文字使用提供依据。

（三）《英译规范》的主要内容和实施原则

《英译规范》共有10个部分，体量庞大、内容丰富，涉及交通、旅游、文化、娱乐、体育、教育、医疗卫生、邮政、电信、餐饮、住宿、商业、金融共13个服务领域的英文译写内容和要求。每个部分都包括“正文”和“附录”：“正文”是对不同服务领域英文译写的方法和要求的原则性规定；“附录”以中英文对照的方式提供了公共服务领域各类公示语的英文译法示例，为“资料性附录”。《英译规范》规定公共服务领域英文译写要遵循合法性、规范性、服务性、文明性四大原则。合法性指对我国公共服务领域的英文使用进行科学规划和准确定位，具体要求公共服务领域的英文使用应当遵守我国《国家通用语言文字法》及其他相关法律法规的规定；规范性指确保关于公示语英文译写的规则设定以及3700余条公示语参照性译文符合英文的语言规范和使用习惯；服务性指公共服务领域的英文使用要切实发挥好准确、便捷地传递各类公示信息、服务信息的功能，为不懂汉语但懂英语的在华外籍人士提供语言服务；文明性指不得出现有损我国和他国形象或有伤民族感情的词语，也不得使用带有歧视色彩或损害社会公共利益的译法。

《英译规范》标准的发布实施标志着我国语言文字事业正在从“大力推广和规范使用国家通用语言文字，科学保护各民族语言文字”，向“管理社会外语使用，提升外语服务质量”拓展，它是语言文字事业服务国家发展需求的重要体现。

二 《英译规范》实施中存在的问题

标准的生命在于落实。《英译规范》自颁布以来，国家语委、地方语委及相关部门高度重视，在落实中不断努力，取得了很多成绩，但部分公共场合的英文译写仍存在一些问题。

本报告调查了北京、上海、广州、西安、武汉等10多个城市在交通、旅游、文化、娱乐、体育、教育、医疗卫生、邮政、电信、餐饮、住宿、商业、金融等方面英文译写的落实情况，发现存在不少英文译写不规范的问题，下面进行归纳分析。

（一）译名不统一

《英译规范》要求译名统一，但不统一的情况时有发生。例如，下图中广州“陈家祠”的译法各不相同：“The Chen Clan Ancestral”（图 1），“Chen Clan Academy”（图 2），以及汉语拼音形式（图 3）。同一个地点，英译名称不同，会让人迷惑不解。

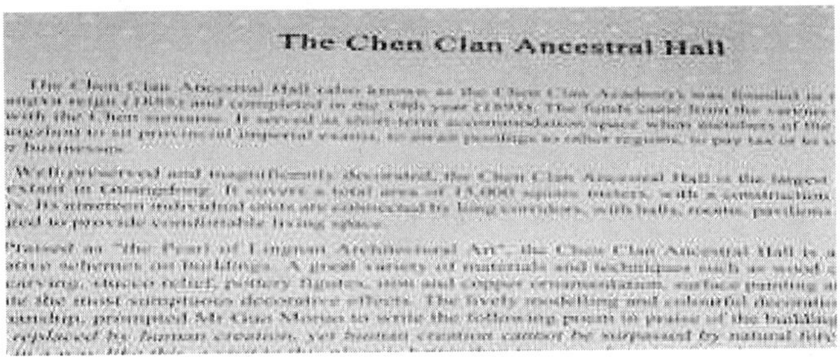

图 1

图 2

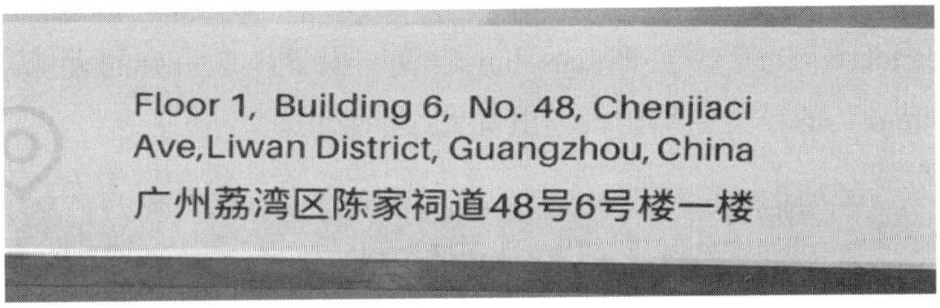

图 3

再如，广州塔附近公交站牌、路牌、地铁指示牌、绿道指引牌等对广州塔的英文翻译也不统一（图 4）。地铁赤岗塔站 B 出口、绿道指示牌、广州塔内售票口购票须知、门票及礼品等标识的广州塔英文翻译为：Canton Tower；广州塔站公交站牌上是：Guangzhou tower West；路边黑底黄字的指示牌上则为：Guang Zhou Ta。“塔”是英文“tower”还是拼音“Ta”，没有统一；“广州”的翻译也不一致，出现了“Guangzhou”“Guang Zhou”和“Canton”三种译法。

图 4

（二）译文未采用对应示例

对于常用的公共服务信息，《英译规范》中给出了英文译法示例，要求译名统一，如《英译规范》第 5 条指出"出发大厅"应翻译为"Departure Lounge"。但广州白云机场的"出发大厅"仍译为"Departure Hall"（图 5）。"Lounge"在《牛津英汉双解词典》中解释为"机场等候室"；"Hall"表示的是"礼堂；大厅"，解释为"a building or large room for public meetings, meals, concerts, etc."，主要表示用于会议、用餐、音乐会的大厅。相较之下，"Lounge"的释义更符合机场出发大厅的意思。

图 5

再如，广州地铁某些英文标识没有采用《英译规范》中规定的示例来翻译，如"请勿阻止车门关闭"，《英译规范》给出了"Keep Clear of Closing Doors"的译法，而广州地铁仍采用"Do not stop a closing door"（图 6）；武汉街道口地铁站内自动扶梯上的英文标识（图 7）中将"请站稳扶好"中的“站稳”翻译为“stand firm”，而《韦氏词典》对“stand firm”的释义为“to refuse to change a decision, position, etc.”（拒绝改变决定、位置等）。如果使用《英译规范》示例“Please Hold Handrail”（注意安全，抓好扶手），就可以避免这个不妥。

图 6

图 7

（三）译文按字面直译，译文生硬

《英译规范》指出，公共场合英文译写要“尽量使用英语国家同类信息的习惯用语，一般不按原文字面直译”。调查发现有些标识就是按字面直译，还有译文不符合英语表达习惯。如“灯闪铃响，请勿上下车”，《英译规范》中给出的是“Do not get on or off the train when the door-light is flashing or the door-bell buzzes.”的译法，而广州地铁仍采用“When there is flashing light or warming chime, do not board or exit the train.”（图 8）。《英译规范》中给出的译文是主句在前，状语从句在后，更符合英语的表达习惯，而广州地铁的译文则是按照汉语思维习惯来翻译的。

图 8

再如，广州白云山风景区英文告示牌中也发现同类问题，按汉语思维习惯直译，译文生硬，不符合“英语国家同类信息的习惯用语”（图 9）。“个人财物，注意看护”译为“Please Safekeep Your Personal Effects”就显得生硬枯涩。“safekeep”虽有“维持；保护；使保持安全的状态”的释义，但英语中很少使用这个表达，“effect”也较少作为“财物”这个意义来使用。

较为规范的表达可用《英译规范》中“Please Do Not Leave Your Personal Belongings Unattended”这个译法。

图 9

（四）译文缺少文明性

《英译规范》中指出公共场合英文译写要具有文明性，即“不得出现有损我国和他国形象或有伤民族感情的词语，也不得使用带有歧视色彩或损害社会公共利益的译法”。调查发现，广州珠江新城地铁站内一处英文标识语存在着翻译不恰当的情况（图 10）。该告示牌为“无障碍设施指引”，而英译时“无障碍”译为“Disabled-Friendly”，违背了文明性这一准则。《英译规范》将“无障碍设施”译为“Accessible Facilities”而非“Disabled-Friendly Facilities”，更显社会的人情关怀及文明底蕴。

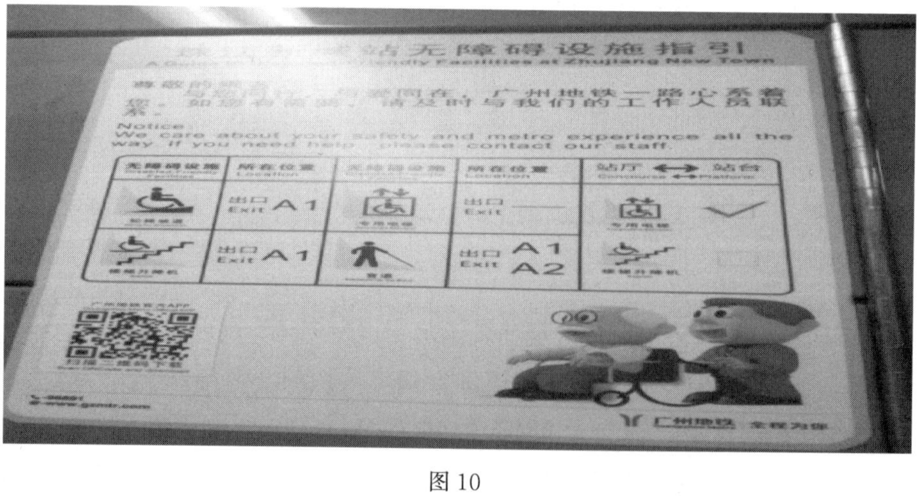

图 10

（五）译文不合语法规范，空格书写不严谨

例如，北京地铁 14 号线十里河站宣传栏对于“关注安全，有你有我”的译文是：“Safety needs you and me!”（图 11）。无生命名词“safety”在此处充当句子主语。一般说来，英文中无生命名词单独作主语时不能充当动作行为的发出者，即其后不能搭配实义动词，此句明显是“安全需要你和我”的字面直译，语法上有错误，改为“Safety is everyone’s responsibility.”更好。再如，图 12 中的广州一告示牌上单复数使用不太恰当，若采用《英译规范》中译法“Please do not leave your child unattended”，则可以避免单复数问题。另外，图 13 中广州图书馆内防火卷帘按钮的英文使用说明中空格书写不严谨。

图 11

图 12

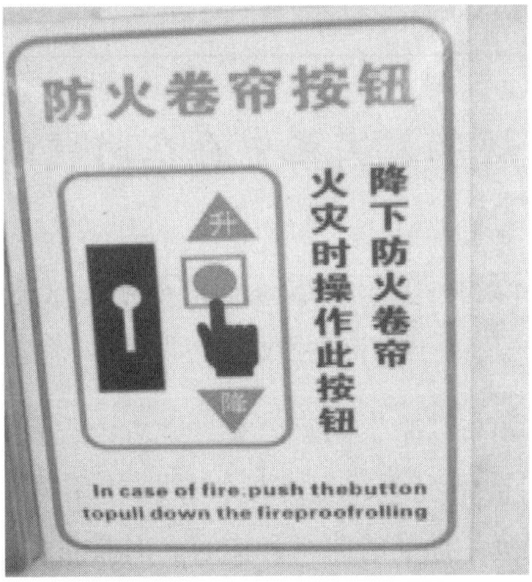

图 13

表 1 部分城市英文译写错误示例

序号	出现地点及所属领域	中文文本	错误英译	正确英译
1	北京大学人民医院（医疗卫生）	门诊	Outpatient	Outpatients
2	上海复旦大学附属肿瘤医院（医疗卫生）	复旦大学附属肿瘤医院	Fudan University Shanghai Cancer Center	Affiliated Cancer Hospital of Fudan University
3	广州市沙湾古镇（旅游）	蚝壳墙	Oyster Shell House	Oyster Shell Wall
4	江苏移动通信有限责任公司苏州分公司（邮政电信）	业务受理	Business Acceptance	Reception
5	广州白云国际机场（交通航空）	超规行李托运	Oversized Baggage check-in	Oversize and Overweight Baggage Check-in
6	新疆某大学（教育）	开水间	Boilde Water Room	Hot Water Room
7	安徽蚌埠市体育舞蹈国际邀请赛（体育）	体育舞蹈	Sports Dance	Dancesport
8	河南芝乐坊北京店（餐饮住宿）	西餐厅	Restaurant	Western Food Restaurant
9	上海汉庭快捷酒店新金桥店（餐饮住宿）	快捷酒店	Express Hotel	Budget Hotel
10	海南三亚免税店（商业金融）	免税店	Duty Free Store	Duty-Free Store
11	北京电影艺术培训中心（文化娱乐）	艺术培训中心	Arts training center	Arts Education Center
12	北京地铁 14 号线（交通地铁）	十里河站	Safety needs you and me!	Safety is everyone's responsibility.
13	福建宁德市医院（医疗）	B 超室	B super Room	B-Ultrasound Room
14	兰州火车站（交通车站）	售票处	Sale Ticket Hall	Tickets office
15	河北石家庄某小区（住宿）	小心地滑	Caution! Slippery	Caution Wet Floor

三 《英译规范》实施中存在问题的原因分析

（一）对《英译规范》意义认识不够，缺少城市语言规范化意识

自《英译规范》颁布以来，国家语委、地方语委及相关部门高度重视其实施与落实。但从目前情况看，很多地方掌握使用《英译规范》标准不够好，不熟悉《英译规范》标准的原则和内容，对日常生活中的英译标识重视程度不高，也很少注意和研究标识牌、警告牌等公示语的英文译写存在的问题，尽管有人能发现标识牌、警告牌等译写存在不规范的情况，也没有反馈

到相关部门。有些部门缺少城市语言规范化意识，导致城市语言规范化程度不高，不利于建立良好城市形象。对英译规范的重视程度不够，会给城市的发展带来不良影响，不仅不利于该城市的文化建设,更不利于其经济的发展，还会影响其国际形象。

（二）翻译人员不熟悉《英译规范》，专业素质不高

《英译规范》发布后，有些部门和人员并没有认真学习和落实，不熟悉《英译规范》标准的原则和内容。翻译人员专业素质不高，有些英语译文出自非英语专业人士之手，有些译文是毫无英语能力的人使用翻译软件生成，导致不少译文粗制滥造，存在的问题得不到及时解决。有些人没有意识到城市公共场合英文译写属于城市公共场合的语言文字使用，是国际城市语言环境建设和城市公共服务的重要组成部分，城市国际化与其国际语言环境建设密切相关，英译文语言规范化是城市国际化必备的重要环境之一。

四　实施《英译规范》的对策建议

（一）加强《英译规范》宣传力度，推动“标准”落实

建议由国家相关部门牵头，以高校、专业机构和有关专家为依托，认真宣传《英译规范》标准落实的重要意义，切实加强做好对《英译规范》的宣传推广，倡导政府专家民众参与语言环境建设，鼓励企业和学术团体参与《英译规范》宣传推广工作，为公共场所英文使用、公示语英译提供指导与服务。同时，有计划地对不规范英文译写进行治理，在实践中加强统筹管理监控能力，组织专家队伍审核、管理、检查公共领域英文译写的情况，对现有英译情况进行兜底摸查，全面梳理，统筹考虑各领域各方面规范标准的种类、数量、内容的落实，提升城市公共场合英文译写规范化和标准化水平。

（二）建立翻译人才队伍，提升“标准”落实能力

建立一支能胜任《英译规范》规范标准使用状况调查、规范标准培训和宣传贯彻等重要工作的人才队伍。加强译写员和校对员岗前培训，促进从业者对《英译规范》的掌握，保证译写员资质过关，使译写员更准确地运用外

语对公共场合中文本进行翻译，使校对员更好地对稿件进行审核把关。探索与《英译规范》中交通、旅游、文化、娱乐、体育、教育、医疗卫生、邮政、电信、餐饮、住宿、商业、金融等领域相符合的对口培训方案，促进培训的针对性和实效性，建立有水平翻译的人才队伍，保证《英译规范》标准的落实。

（徐朝晖、黄洁漫）

第三部分

语言教学服务

导语

语言教育，是语言服务的重要内容，也是语言服务业中较为成熟的行业之一，涵盖了汉语母语教育（即语文教育）、外语教育以及面向母语为非汉语人士的第二语言教学。汉语的母语教育在幼儿习得阶段主要以家庭语言传承为基础，在学龄阶段主要依托学校的语文课程教授国家通用语以及规范用字。根据教育部统计，2017年各类普通中小学数量合计共253 766所，仅小学学龄儿童就达到9779.2万人。[①]可以说，各类学校在母语教育中承担了重要的责任和义务。国家高度重视语文教育，2017年秋季开始，教育部组织编写的语文教材投入使用，教材选文强调经典性、文质兼美、适宜教学、适当兼顾时代性，注重激发阅读兴趣和拓展课外阅读。2019年由教育部语言文字信息管理司组编、苏新春主编《义务教育常用词表（草案）》出版，进一步强调了语言教学的科学性。在工具书方面，以商务印书馆为代表，专门推出了面向中小学生的工具书，如《商务馆小学生笔画部首结构全笔顺字典》《商务馆中学生成语词典》等系列词典。2018年中国社会科学院辞书编纂研究中心设立《现代汉语词典》学生版、《新华字典》学生版、《现代汉语词典》学习版等项目，并积极征求学界和一线教师的意见。[②]这些辞书的出版为汉语的母语教育提供了重要的保障。值得注意的是，新高考制度的改革更强调语文的重要性，除学校的语文教育外，一些教育机构、教育平台纷纷推出了大语文课程，全社会正在形成重视母语教育的趋势，明显区别于以往只重视数学和外语教学的情况。应该说，从国家安全角度来看，母语教育关乎文化认同和国家认同，在任何时候都要高度重视。

在外语教育方面，改革开放以来，我国外语教育发展迅猛，2019年教

---

① 中华人民共和国教育部《2017年教育数据统计》，http://www.moe.gov.cn/s78/A03/moe_560/jytjsj_2017/qg/ 1。

② 见辞书编纂研究中心《2018年度辞书学学科研究综述》，“今日语言学”微信公众号，2019-02-28。

育部专业目录中，共有外语专业 101 个语种，新增塔玛齐格特语、爪哇语、旁遮普语。以上海外国语大学附属中学、杭州外国语学校、南京外国语学校为代表的一批外国语中学也实现了多语种教学，培养了大批外语人才和外语骨干教师。在“一带一路”倡议的引领下，我国外语教育呈现多元化发展的态势。李宇明（2016，2019）提出了世界语言的六个方阵：（1）全球通用语；（2）国际和地区通用语；（3）国家官方语言；（4）地方官方语言；（5）其他小语种；（6）文化语言。[①] 这对我国外语教育规划有着重要的意义。在外语测试方面，有教育部主办、教育考试中心主持和实施的全国大学英语四、六级考试（CET）；针对英语专业学生的专业英语四级、八级统测（Test for English Majors，TEM）；选拔国家公派出国留学人员的全国外语水平考试（WSK），设英语（PETS-5）、法语（TNF）、德语（NTD）、日语（NNS）和俄语（ТПРЯ）五个语种。在语言测试研究方面，近两年也取得很大突破，国家教育部、国家语言文字工作委员会于 2018 年 2 月发布《中国英语能力等级量表》，该量表目前与雅思、普斯考试的对接研究已顺利完成，进一步促进我国英语能力测试的国际化。

截至 2019 年 6 月，我国已在世界 155 个国家（地区）设立 539 所孔子学院和 1129 个孔子课堂，有 70 余个国家（地区）将汉语纳入国民教育体系[②]。2019 年，阿联酋、沙特阿拉伯、意大利等国将汉语纳入国民教育体系，俄罗斯第一次在全国统一考试中进行汉语科目的考试。汉语海外传播取得了新的进展。在来华留学生教育方面，2018 年共有来自 196 个国家（地区）的 492 185 名各类外国留学人员在全国 31 个省（区、市）的 1004 所高等院校学习，其中非学历生留学生 234 063 人，接受学历教育的外国留学生总计 258 122 人，占来华生总数的 52.44%，硕士和博士研究生共计 85 062 人（博士研究生 25 618 人，硕士研究生 59 444 人）。[③]2019 年有 149 所院校招收汉语国际教育专业硕士，有 14 所院校招收汉语国际教育类学术硕士，有 12

① 见李宇明、王春辉《论语言的功能分类》，《当代语言学》2019 年第 1 期；李宇明《语言竞争试说》，《外语教学与研究》2016 年第 2 期。

② 黄彩玉《汉语纳入多国国民教育体系之后》，光明网，2019-01-12，http://news.gmw.cn/201901/12/content_32339781.htm。

③ 教育部《2018 来华留学生统计》，http://www.moe.gov.cn/jyb_xwfb/gzdt_gzdt/s5987/201904/t20190412_377692.html。

所院校招收对外汉语教学类博士。[①]经过2018年北京大学等5所高校的试点，2019年将有21所高校可以招收汉语国际教育领域教育博士，汉语国际教育人才培养形成了新的态势。汉语作为第二语言测试HSK、YCT、BCT在海内外都已经形成了比较大的影响。截至2019年6月，HSK考点1162个（境内410，境外752）、YCT考点360个（境内24，境外336）、BCT考点157个（境内52，境外105）[②]，为检测学习效果，促进学生汉语学习和选拔优秀汉语人才提供了保障。

由于语言教育所涉内容众多，在本报告中，我们重点关注近年来表现非常突出的新媒体中语言教育语言服务的样态。在面向母语为非汉语人士的第二语言教学领域，根据调查，目前较具影响力的国际汉语教学网站共有319个，对外汉语类APP共454个，其中IOS系统共计397个，安卓系统57个，网站和APP都提供了大量的学习资源，方便学习者自助学习。在面向母语为汉语人士的第二语言教学方面，英语学习APP最为突出，以方便快捷、学习方式多样、可自助安排等特点受到用户欢迎，其中最受用户青睐的为词典类和翻译类APP。在汉语母语教育方面，我们重点关注了部编本语文教材，在微信视野下，有关部编本教材的单篇文章共计209篇，公众号共计21个，相关小程序12个，提供部编本教材相关资源，为教师教学、学生学习提供了便利。在少数民族的汉语教育方面，我们通过走访及问卷的方式，关注新疆地区语言服务资源、对象的情况，并提出有针对性的建议。

（马喆）

① 数据来自中国研究生招生信息网，https://yz.chsi.com.cn。

② 数据来自汉语考试服务网，http://www.chinesetest.cn/goKdInfoOrPlan.do。

微信中的部编本语文教材服务

2017年9月以来，由中央政府关注和批准、教育部直接领导和组织编写的小学、初中语文教材正陆续推出，目前一般称之为“部编本语文教材”。这是我国现代汉语教育史上的一件大事，是实行“一纲多本”之后的再一次统编，其重要性不言而喻。

可能正是因为这种重要性，部编本语文教材的主编温儒敏说：“教材是可以质疑、改动和调整的。”下面我们尝试通过微信这个窗口，了解社会各界对部编本语文教材的各种应对，最后给出三点建设性意见。之所以选择微信这个窗口，是因为它拥有巨量的用户。据腾讯2017年第二季度财报数据，微信和WeChat的合并月活跃账户数已达9.63亿。

我们的具体做法是：利用微信的检索功能，分别用“部编语文”“统编语文”两组关键词进行检索，同时搜索“文章”“公众号”和“小程序”三大类内容。搜索的最晚时间是2018年10月12日。但按这种方法检索不到“小程序”类的相关内容，所以我们的做法又并不仅限于上述关键词检索的办法。

下面分别从“单篇文章”“公众号”和“小程序”这三大类加以叙述。

一 单篇文章

涉及中小学教育的微信一般公众号（非专门针对部编本语文教材）里有关部编本语文教材的文章很多，按内容分主要有五大类。下面分别叙述。

第一类，知识工具型文章，指关于部编本教材的课文讲解、知识点归纳、测试题和教师使用的上课资料等的文章。

这类文章共有142篇，占单篇文章的绝大多数，其中，账号主体为个人的公众号推送的有82篇，账号主体为单位的公众号推送的有56篇，账号主体空白的公众号推送的有4篇。从地域看，北京最多，共53篇，账号主体为单位和个人的各占一半；山东次之，42 篇，账号主体主要是个人，有 39 篇；上海 14 篇，账号主体是单位的有 12 篇；其余河南 7 篇，广东 4 篇，江苏 2 篇，云南 2 篇，陕西、辽宁、河北、四川、福建、安徽各 1 篇，还有 12 篇地理信息不清楚。

该类文章数量众多，内容丰富，能够为教师备课与学生学习提供较多帮助。例如，公众号“畅享吧语文”中的《思・备课｜统编语文八年级教科书编写说明》，通过阐述教材体系结构、编写理念和主要特点来帮助教师更加全面透彻地理解教材；公众号“苏派教师”中的《部编语文三年级教材学什么？》，通过分析教材编写思路及写作特点、三年级上册习作内容及目标要求、古诗文言文比重及学习方法，为教师备课提供了一些参考；公众号“人教教材培训”中的《统编小学语文二年级上册“写话”编排特点及教学建议》，阐释“写话”从二年级上册开始的重要性，分析二年级上册“写话”内容的具体编排，并提出“写话”的教学建议，在一定程度上帮助教师在教学中培养学生的写作能力；公众号“云南教育杂志”中的《权威发布！最新！最全！统编语文推荐书目，暑假阅读正合适！》，不仅分析说明阅读能给孩子带来什么益处，还提供提高阅读能力的两个主要方法以及一些推荐书目，这给教师在课堂上统筹规划、引导学生阅读提供了一些帮助。

第二类，政策信息型文章，指分析部编本语文教材以及主编讲话所传递的教育改革信息的文章。

该类文章共有 39 篇，账号主体为个人的公众号推送的有 13 篇，账号主体为单位的公众号推送的有 22 篇，账号主体空白的公众号推送的有 4 篇。从地域看，北京最多，共 16 篇，其中账号主体为单位的有 13 篇；其余山东 13 篇，广东、陕西、江苏各 2 篇，福建、内蒙古、浙江、海南各 1 篇。

例如，公众号“新新书业”中的《孩子再不阅读，高考连卷子都做不完！“部编本”语文教材主编温儒敏剧透语文改革新动向》，分析了从小学、初中到高中的语文课程及其考试的改革趋势，在此基础上提出学生应该从小养成广泛阅读的好习惯；公众号“跟我学小古文”中的《如何领会统编语文教材要旨，让优秀传统文化教育渗透到教学中？》，从必要性、可能性与可行性三个方面阐释了要让课堂成为传承中华优秀传统文化的主阵地的观点；2018 年 4 月 24 日公众号“语言文字报”推出的薛法根《用语文教儿童——统编本小学语文教材的教学要义》，从聚焦语文核心素养、把握双线并进思路、实践“三位一体”教学和运用深度学习策略等四个方面阐释了统编本小学语文教材所提倡的教学原则。

第三类，教研活动型文章，指报道各地举办吃透部编本语文教材的讲座消息和教研活动的文章。

该类文章共有 25 篇，账号主体为个人的有 5 篇，账号主体为单位的有 20 篇。其中北京最多，共 9 篇，账号主体全部为单位；其余江苏、河南、山东、湖北各 2 篇，四川、黑龙江、广东、陕西、山西、湖南、内蒙古、吉林各 1 篇。

例如，公众号“盛道世荣教育”中的《温儒敏：如何用好部编本小学语文教材》，报道了温儒敏主编的讲座，从部编本语文教材编撰的四个理念、部编本语文教材编撰的原因、一线教师比较关心的 11 个问题、语文教师在使用部编本教材中的职责这四个角度解答了一线教师如何用好部编本小学语文教材的问题；公众号“亲妈指北育儿有解”中的《语文学习的层次、体系及规划——姜天一老师 2018 年 1 月讲座》，报道了朴新教育北京分校的老师姜天一指导学生家长如何应对与适应部编本教材所预示的新一轮改革；公众号“天问教育集团”中的《以研促教——全国语文专家莅临天问指导部编新教材培训》，报道了语文教育研究专家唐建新在高新天问学校指导针对部编本教材的培训的有关信息。

第四类，经验分享型文章，指部编本语文教材主编介绍编写情况和分享编写心得的文章。

该类文章共有 2 篇：温儒敏《“部编本”语文教材的编写理念、特色与使用建议》一文，发表于《课程・教材・教法》2016 年第 11 期；温儒敏的另一篇文章《如何用好“统编本”小学语文教材》，发表于《课程・教材・教法》2018 年第 2 期。后文据温儒敏主编 2017 年 5 月在“义务教育道德与法制、语文、历史学科教师国家级培训小学一年级语文教材培训班”的讲话录音整理，已经作者审定。

第五类，反映一线教师真实意见的文章。有些推送文章，在一定程度上反映了一线教师的意见。

该类文章数量很少，就我们所知，只有 1 篇，但它的价值是不言而喻的，所以我们把它单独列为一类，以期引起有关部门对一线教师真实意见的足够注意。这篇文章就是公众号“豆朋课堂”推出署名作者为岩岩和亭亭酱的《语文教研室的故事之部编大吐槽》。关于部编本教材先学汉字再学拼音的做法，杨浦王老师存有疑惑，并表示拼音不但要在13课学完，还增加了拼写字母和音节书写的要求，小朋友头都大了。静安陈老师也表示部编本教材的拼音学习从字母入手，还不如沪教版儿歌学拼音，音、形、义相结合，小朋友更加容易掌握。关于教材阅读内容方面，普陀李老师说，新教材看起来减少到14课，为学生减压，实际上有40篇课文、8个语文园地、4个口语交际，且单课内容太多、练习太少，学生怎么去掌握和巩固呢？他继续说，部编教材阅读的难度也提高了不少。随着学习深入，读好句式、角色，认识标点，建立句子概念，找出关键信息，理解课文内容，自主识字、独立阅读，等等，都是新的变化，教师教学难度增大。关于教材中汉字偏旁的学习，浦东何老师说，比起沪教版，部编版要掌握40个偏旁，一年级的小朋友hold得住吗？关于教材新增的“和大人一起读”模块，青浦黄校长说，如果课上没时间，课下又没人指导，那么这个模块和谁读、怎么读都是问题啊。

以上提到的“儿歌学拼音”“掌握40个偏旁”等情况，并不是一线教师使用部编本语文教材之后的体会，所以尚待教学实践的验证。也呼唤相关工作者通过实际的调查研究，得出比较符合实际的结论。

二　公众号

与部编本语文教材直接相关的公众号，一共有21个，个人注册的有12个，单位注册的有9个。从公众号注册所在的省份看，广东6个，陕西5个，河南、山东、四川各2个，上海、河北、江西、江苏各1个。从发文量来看，超过30篇推文的，有河南的“部编本名师工作室”、陕西的“部编版小学语文课程同步资料”、山东的“部编语文学习”和广州的“部编版小学语文”。

广州市网威信息技术有限公司开发的“部编版小学语文”，包含课本MP3、古诗75+80、学习重难点、名师视频课程、阅读打卡等学习功能。发表的文章内容涉及练习题集、修辞手法、公益直播、单元讲解、易错难点、同步阅读、书法练字、成语谚语、汉语拼音等。该公众号共发表过57篇原创文章。

又如个人开发的“部编语文学习”公众号，不仅有针对部编本语文教材的课件、试卷、辅导与训练等方面的资料，还有其他版本语文教材的课文讲解、知识点归纳、测试题和教师用的上课资料等。其他版本的语文教材包括了人教版、苏教版、北师大版和冀教版等多种版本。该公众号内共发表过33篇原创文章。

又如个人开发的“部编本名师工作室”公众号，开设了部编本同步教学、家长课堂、语文干货、国学经典、为家长排疑解惑、助力小学生语文学习等多个栏目，原创文章多达71篇。该公众号的特色栏目为名著共读，目前上线的有著名的儿童经典读物《绿野仙踪》，内含教师亲自录制的读故事的录音，朗读专业性强，普通话水平高，音调抑扬顿挫，引人入胜。这既提高了孩子的课外阅读兴趣，又增强了家长陪伴孩子阅读的意识。这些方面都符合部编本语文教材的编写理念，有利于拓宽学生的阅读面，提高学生课外阅读的兴趣，增加其课外阅读量。

总之，专门为部编本语文教材投入使用而开发的公众号，大体都包含针对部编本教材的课文讲解、知识点归纳、测试题和教师用的上课资料等内容。这些内容在归类方面有讲究，一般是分科目、年级、单元编排，并且在同一个栏目中，便于使用者查找；内容也较全面，包括一到六年级，其中一些公众号还有中学语文、英语教材的认读与各种练习；家校连接性强，为孩子在课外随时随地学习语文提供可能性，符合语文的外延相当于生活的外延的教学理念，能够潜移默化地提高学生的语文能力。

为了更好地为学生、家长提供教学服务，公众号的运营可以从以下方面进行完善。第一，公众号可以从多方面提供更完整的服务，建议在编排内容上多花心思，使内容更为连贯一致，让内容的整合更有逻辑性。第二，公众号可以从多角度增添与课文相关的内容，使内容更加丰富多样，如“部编版小学语文课程同步资料”的资料只有部编1—3年级、人教4—6年级的电子课本，内容比较单一，除了和纸质课本一模一样的电子课本，基本上就没有其他的内容。我们认为可以适当编写相应的练习题，增加课外知识、课外阅读，对课内知识进行扩充。第三，公众号可以转发与部编本语文教材相关的最新政策信息，还可以首发或转发权威专家对部编本语文教材的剖析文章。

三 小程序

据我们所知，涉及部编本语文教材的小程序，主要是“点读机系列”。据统计，目前微信一共有12个相关小程序，其中4个为个人研发，8个为教育科技有限公司研发；有的小程序是中小学语文、英语结合的复合型小程序，开发的功能大体上包括汉字点读、拼音点读、音标点读等。

例如，由深圳中青汇智教育咨询有限公司开发的小学部编本、人教版语文和英语教材点读、测试的小程序“小学点读”。又如由浙江江木科技有限公司开发的提供小学部编本、人教版语文教材点读以及多种益智游戏服务的小程序，提供了同步的语文教材，可以让学生随时随地看语文教材，方便实用，具有多种多样的附加功能，如猜歌王者、成语猜猜猜、幸运大转盘、数字大师、开心斗牛牛、一拼到底、加减大师、填字大师等。

总体而言，各种小程序具有传统纸质阅读、面授课程等学习活动所不具备的诸多优点。首先，线上学习形式让学习的地点、时间更具有灵活性，减少资金投入，降低学习门槛，扩大学习对象，让学生随时随地可以学习。根据艾宾浩斯遗忘曲线，遗忘由快到慢，学习的知识需要及时复习、屡次巩固才可以有效地避免遗忘，而小程序的易获取性为学生及时听读当天所学习的内容提供可能性，能够起到及时复习巩固的作用，有利于激发学生的学习热情和提高学生的学习信心。其次，语文教育小程序的语言输出准确性高，能有效提高学习的质量。例如，一些教师受限于自身的专业素质水平，拼音的发音不准确，n/l或j/q/x等声母的发音带有明显的方言口音，而小程序的点读恰好有利于调适这一现实问题。汉字的点读发音功能所依托的是专业人士的录音，发音质量有良好的保证。

但是，它们的缺点也很明显，就是功能较为单一，寓教于乐的功能有待增强，而且与部编本教材的适配度也一般，没有看到专门针对部编本语文教材的特色而开发的产品。

四 建议

基于以上所述各类情况，我们提出以下三点建议：

第一，把部编本语文教材真正用好，需要社会相关层面的参与，尤其需要国家有关部门的顶层设计。

中国地域宽广，民族众多，情况复杂。不同经济发展程度的城市之间，城市与乡镇、农村之间，教学师资和设备等区别较大，对此国家有关部门高度重视，并合理安排配套措施。比如师资的培训方面，《光明日报》2018 年 02 月 28 日 07 版《国之重器　育时代新人：义务教育三科教材统编工作综述》指出："为了确保统编三科教材在后续阶段更好地使用，顺利实现'三年全覆盖'，教育部将加大统编教材培训和解读力度，健全三级（国家级、地市级和县级）培训体系，计划 3 年时间完成 380 万义务教育三科教师的培训。在国家层面，建立储备培训专家库，支持各地高质量完成培训任务。同时，充分利用现代信息技术手段，建立'统编教材教师培训网络服务平台'，组织专家制作三科教材的文字和视频资源，包括教材介绍、重点难点解析、教学课例及点评等，为一线教师和教研员提供更加丰富的学习培训资源。"但是，这项工作总体而言可谓是千头万绪，不同地方的情况也千差万别，要落实这项师资培训工作，还有很多细致的工作有待深入开展，开展过程中肯定也会碰到很多棘手的难题。

第二，部编本语文教材的编写和使用，应当重视一线教师的使用意见，应有跟进的调查研究。

部分部编本语文教材已经投入使用，一线语文教师应该很有话说。国家应该针对全国不同地区的一线教师，展开部编本语文教材使用情况的调查。调查方式可以多样，比如可以是官方的调查，也可以是学者的调查，还可以是民间的调查，等等。总而言之，要让一线教师畅所欲言，真实反映部编本语文教材使用的实际情况。根据一线教师提出的典型问题，我们可以组织专家去调查研究，通过严谨的学术方法来证实或证伪。这些研究的结果，国家有关部门也应该根据实际情况，及时公布。

第三，应当重视开发有利于中小学语文学习的微信小程序。

微信小程序是基于微信平台的在线运行客户端，只需扫描二维码或搜一搜找到该程序即可使用。因此，运用小程序为中小学语文教育服务，将极大增加孩子们学习的便利性，改进孩子们获取语文教育资源的途径和方式；另一方面，就教育领域而言，中小学语文学习的微信小程序也可以成为语文教学的辅助工具，弥补课堂教学的不足。

目前与部编本语文教材有关的微信小程序，主要集中于开发利用小程序的“点读”技术。显然，这种“点读”技术尚属于小程序开发中的初级水平，远远没有发挥它应有的强大功能。

为中小学语文教学服务的小程序应该注重开发如下功能：（1）汉字和汉语拼音的在线练习及纠误功能，帮助学生识字、纠音；（2）课文朗读、诵读功能，要对学生的朗读、诵读给予客观的评价、计分和纠错，从而帮助学生更好地理解课文内容，培养正确的语感，学会正确的朗读、诵读方式；（3）阅读古今中外名著的打卡功能，培养学生养成良好的阅读习惯；（4）语文辞书和百科辞书的在线查询功能，培养学生自主解决问题的意识和习惯。目的是搭建一个不同于传统教学模式的具有趣味性和体验性的移动客户端学习平台。

不过，小程序的开发，不仅需要大量资金的投入、有关专家的指导，而且还需要中小学校的配合。其中各种辞书的查询，还涉及知识产权问题。要生产这样的小程序，就需要大学、中小学、出版社和智能化产品开发公司等多家单位的通力合作。因为涉及这么多家单位，尤其是因为产品直接面对中小学生，所以这种工作就一定需要国家力量的参与，仅仅委托授权给公司是不行的。

（谢国剑、陈丹婷、符雨欣、李诗韵、廖雯怡、杨旭）

新疆维吾尔自治区语言服务状况 *

2018年夏秋之际，我们采用走访及问卷的方式对我国新疆维吾尔自治区的语言服务状况进行了一些调查，在此基础上形成了本报告。基于当前国家援疆与扶贫工作的政策指引，本报告所说的语言服务重点是指国家通用语言的教育培训服务。在新疆地区，国家通用语言也有简称为“国语”的，以下除直接引用外，统称为普通话。

一 背景和数据来源

（一）背景

本报告撰写的主要背景有三个。

第一个背景，想从语言服务的角度报告第二次中央新疆工作座谈会后新疆在语言教育培训方面的开展情况。在第二次中央新疆工作座谈会上，习近平总书记强调新疆工作的大政方针是围绕社会稳定和长治久安这个总目标，同时还强调要坚持教育优先，培养优秀人才，全面提高入学率，让适龄的孩子们学习在学校、生活在学校、成长在学校，要吸引更多优秀人才投身教育。

第二个背景，想跟进了解教育部、国务院扶贫办、国家语委印发的《推普脱贫攻坚行动计划（2018—2020年）》（以下简称《计划》）今年开始实施之后在新疆地区的基本开展情况。该《计划》强调，要将普通话普及率的提升纳入地方扶贫部门、教育部门扶贫工作绩效考核；新录用的各级各类学校教师普通话水平必须达到国家规定的等级标准等。《计划》还提出到2020年，贫困家庭新增劳动力人口应全部具有国家通用语言文字沟通交流和应用能力，现有贫困地区青壮年劳动力具备基本的普通话交流能力。

---

* 本报告为国家语委“十三五”科研规划项目“贫困地区劳动者语言能力的收入效应研究”（YB135-108）的阶段性成果。

第三个背景，教育部和国家语委提出“语言扶贫”，教育部语言文字信息管理司及语言文字应用管理司在今年5月29日召开的相关新闻发布会上表示，贫困群众只有掌握国家通用语言，获得更多的就业机会和劳动收益，提升教育水平，才有可能实现真正的脱贫。在脱贫扶贫中，语言发挥着较大作用。同时，团中央和国家语委还在今年的大学生暑期社会实践活动中专门设立了语言扶贫社会实践项目，开展“推普脱贫攻坚”全国大学生暑期社会实践专项活动。本报告所涉及地区属于团中央和国家语委活动中重点要求的“三区三州”范围，同时撰写人所在大学组织了大学生暑期社会实践小分队分别到新疆相关地区和西藏相关地区就语言扶贫的相关问题进行了实地调查。

（二）数据来源

本报告的数据主要通过三种途径获得。

一是入户调查。在2018年暑假，我们专门制作了关于语言服务（语言扶贫）的入户调查纲要，在相关教师指导下，由大学生到新疆少数民族家庭中开展调查，共调查了30户家庭，涉及109位家庭成员，农民（34人）和学生（32人）居多，其他还有公务员、教师、家庭妇女等，其中82人是维吾尔族，27人是哈萨克族。

二是问卷调查。调查问卷共有30个问题，涉及被调查者的基本信息、普通话的听说读写水平、语言态度、普通话学习过程中的相关问题等。收回问卷296份，剔除1份无效问卷，共收回有效问卷295份。

三是个案走访。利用暑假，报告人所在学校组织干部教师到新疆进行学生家访（主要是在读新疆籍少数民族学生，包括预科新生），并走访有关文化教育单位，通过调查掌握了一些素材，作为本报告进行研判的重要基础。

二　语言服务资源、对象与推进情况

（一）语言服务资源

语言服务需要提供服务资源，本次走访发现，新疆地区进行语言服务的资源构成多元，这是一种有组织的多元。在广州市对口援疆对象喀什地区疏附县的调查显示，该县基础教育阶段语言教育服务提供者大体由四类人员构成，一是近几年已招进录用的教师，二是民考汉的教师，三是返乡大学生，四是工作队支教教师。据介绍，疏附县在外读书返乡大学生5000多名，其中今年返乡3000多名，这些返乡大学生中相当一部分人从事普通话教育，主要是到幼儿园（大班）教拼音，到小学教课本知识，到初中教英语，教学语言为普通话。我们到乌鲁木齐走访了一个维吾尔族同学家庭，该同学母亲的职业是医院急救中心医生。因为需要，组织安排这位母亲到和田地区皮山县支教，当了两年的幼儿园教师，教中班的48个孩子。两年下来，这些孩子从一句普通话都不会说，到能流利地讲普通话，进步很大。这位母亲在两年支教结束后又主动报名再去和田支教一年。在新疆地区，动员各条战线的资源进行语言教育帮扶服务，得到了大家的积极响应，这也是新疆语言服务一个非常重要的特点。

入户调查反馈的信息表明，在30个家庭中，有19户家庭中有成员在社区组织的普通话培训班学过或正在学习普通话，另外11户家庭没有成员参加社区的普通话培训。在这11户家庭中，家庭部分成员有一定普通话基础的有10户，另外还有1户由母子两人组成的家庭，母亲与儿子均务农，两人完全没有普通话能力。

问卷调查得知，新疆少数民族学习普通话的渠道即他们所拥有的语言服务资源情况，见表1。

表1　新疆少数民族学习普通话资源分布

语言学习渠道	学校	看电视	网络	社交及工作	听广播	社区培训	志愿者培训	驻村干部培训	其他
人数	240	171	146	145	103	66	42	30	20
占比/%	81.4	58.0	49.5	49.2	34.9	22.4	14.2	10.2	6.8

表1显示，新疆少数民族学习普通话的主要渠道依次是学校（81.4%）、看电视（58.0%）、网络（49.5%）、社交及工作（49.2%）和听广播（34.9%）。由于本次调查采用的是在线问卷调查网站问卷星，回收的295份有效问卷的答卷人的母语是各相关少数民族（其中操维吾尔语的占66.8%）。接受问卷的受访者中，71.5%最高接受过或正在接受大学教育，3.7%最高接受过研究生教育，15.9%最高接受过高中教育，5.4%最高接受过初中教育，3.4%最高接受过小学教育。很显然，学校是他们接受普通话教育的最重要的渠

道。在今后的语言服务推进过程中，学校教育肯定是普通话学习的首选路径。根据教育规律和语言习得规律，从幼儿园开始提供普通话教育服务是一种必然选择。

（二）语言服务对象的构成

《计划》指出，与语言扶贫有关的人群主要是指“贫困地区青壮年劳动力”“村民”，以及“不具备国家通用语言文字沟通能力的县以下基层干部”“所有现任教师”和“少数民族双语教师”。针对不同对象，具体标准有所不同，有的是要使他们掌握运用普通话交流的能力，有的是要普通话达标，有的是需要具有使用普通话进行教育教学的能力。

新疆地区语言教育培训服务的对象大体上分成三大块。第一块是学生。新疆地区现在要求从幼儿园开始都要学习普通话。例如，疏附县有中小学幼儿园 215 所，学前三年（原为两年）普通话教育已经实现全覆盖。我们在伊宁市走访了一个维吾尔族学生，她母亲是伊宁市附近一所乡村小学的负责人，管理的学校（包括一个教学点）共有 1190 名学生，绝大部分是维吾尔族，另有少数哈萨克族、柯尔克孜族和汉族（汉族学生 20 余名）。该学校已全部实行汉语教学，1—3 年级普通话水平相对更高，4—6 年级相对弱些。第二块是教师。由于历史原因，相当一部分教师普通话基础薄弱。疏附县民族教师多，汉语教师少，广州大学承担了培训该县基础教育各科教师普通话的任务。经初步摸查，全县大约有 400 多位教师需要进“普通话培训班”培训五个月。目前因工作无法脱身，其中 200 余位教师不能前来接受普通话培训。该县科教局的同志介绍说，要等 1000 多名新教师到岗后，才能抽这些教师去接受普通话培训。第三块是村民，其中情况有种种不同。目前新疆大部分地区农村的普通话教育培训得到了初步落实，疏附县共有 119 个村，基本上都有普通话教育夜校。按照语言（普通话）教育培训的程度大致可以分成初级、中级、高级三种，初级班主要是老人，中级班一般是中青年，高级班的主要任务侧重在认读汉字。

入户调查结果显示，在 30 户家庭的 109 人中，普通话非常熟练的有 40 人，占 36.7%；熟练（可以日常对话）的有 29 人，占 26.6%；稍懂（能听或能说一些的）的有 27 人，占 24.8%；完全不懂的有 13 人，占 11.9%。从他们从事的职业来看，公务员 15 人，占 13.8%；教师 3 人，占 2.8%；学生32人，占29.4%；农民34人，占31.2%；工人4人（含保安），占3.7%；无职业者11人，占10.1%；个体户5人，占4.6%；其他5人（退休、护士、邮政、无业、空）占4.6%。从入户调查的结果来看，新疆地区能非常熟练地使用普通话的人不到四成（当然我们的样本可能偏小，但从调查综合情况来看应该还是接近真实的）。这表明新疆地区需要接受普通话教育培训服务的人群总量应该不是一个小数目，这里面包括农民、学生，甚至包括部分教师和公务员，当然也包括相当一部分的其他社会各种职业的人员。

（三）语言服务计划的推进

鉴于新疆工作的特殊性，语言教育培训与翻译服务在新疆占有特别重要的地位。中央第二次新疆工作座谈会的一个重要精神就是“要高举各民族大团结的旗帜，在各民族中牢固树立国家意识、公民意识、中华民族共同体意识”。新疆地区民族众多，除了维吾尔族以外，还有哈萨克族、柯尔克孜族、塔吉克族、回族、汉族等，各民族要有共同的国家意识、公民意识和中华民族共同体意识，一定离不开对国家通用语言的认同。但新疆农村地区，尤其是南疆的很多农村地区，能听懂普通话并能够用普通话交际的人较少，很多地方农村中20岁以上的劳动力基本上不会普通话，这在某种程度上阻碍了他们国家和中华民族共同体意识的建立和巩固。语言是形成共同文化意识的基础，所以现在及今后一段时间，语言教育培训需要有计划地推进。

从这次调查了解到的情况来看，党和政府在这方面是做出巨大的努力并且有着明确的推进计划的。2016—2017年，全南疆投资160亿元建设了4408所幼儿园，学龄前儿童入园一个都不能少，普通话教育实现了全覆盖，孩子们从小就打下了国家通用语言的基础。2017年5月，该地区教育系统的一个工作会议上提出了所有学校全部用普通话讲课的要求，并且得到了切实实施。在与喀什大学座谈时也了解到，这所地处新疆最南端的大学正在积极推动普通话的使用，“严格执行用国家通用语组织教学活动、校园交流、体育活动及其他课外活动，一切校内语言均要用‘国语’的要求”。喀什大学维吾尔族学生较多，学校引导并要求他们更好地学会普通话，“学校希望学生语言能力弯道超车”。

目前新疆地区有些类别的考试还在使用少数民族语言命题作答。下一步的语言教育规划是，首先在中考中实现一张试卷组织考试，即统一用国家通用语言来命题作答，大约会在 2022 年左右实现高考统一用国家通用语言命题作答。

疏附县现在约有 7 万中小学生，其中，约有 67 700 学生从 2018 年起所有课本均采用部编本教材，还有约 2300 只能用维吾尔语的存量生。相对 67 700 来说，这不是一个很大的比例，但从绝对数来看，也不是一个小的群体。相信当地政府会稳妥进行推进，使下一步工作具备相应的基础。

由当地政府提供的语言教育培训服务在我们的入户调查中也得到了印证。30 个家庭中绝大部分家庭都有父亲母亲或者其中一方参加了社区组织的普通话培训，共计 31 人。有的是一周两天，有的学一个月，有的学五个月，有的学六个月或者八个月，有的要学习一年或者两年。值得注意的是，这 30 户家庭的 109 人中，完全不懂普通话（没有普通话的听说读写能力）的有 13 人，其中，除了幼儿和 50 岁以上的老人，30—50 岁的青壮年还有 6 人，占了近一半。

在问卷调查中，普通话“完全听不懂”“完全看不懂”、汉字“完全看不懂”“完全不会写”的选项均为 0，也就是说，所有完成问卷的人都具备基本的普通话表达能力（听说读写），这说明他们曾经接受过比较好的语言教育。

三　语言态度

（一）对普通话的态度

这里的态度既包括对普通话的态度，也包括对语言教育培训服务的态度。从我们走访的学生的家庭情况来看，所有家庭都对普通话持有喜欢和认同的态度。在伊宁走访学生家庭时，学生母亲举例说明了社会一般民众对语言教育培训的欢迎，并说明她任教的学校现在是维吾尔族学生家长主动提出来要用普通话进行教学，而不是使用双语教学。

语言态度也可以从语言选择上看出来。

入户调查结果显示，在问及“父母对孩子学习普通话的态度”时，30 户家庭的父母均持支持态度。

调查问卷就“语言交流过程中的语言选择”专门设计了五个问题，其中，“您现在能使用哪几种语言与别人交谈”“您觉得对于您现在的工作，哪种语言最重要”“您觉得您在本地工作的话，哪种语言对您最重要”和“您觉得您要外出务工的话，哪种语言对您最重要”四个问题的调查数据见图 1。

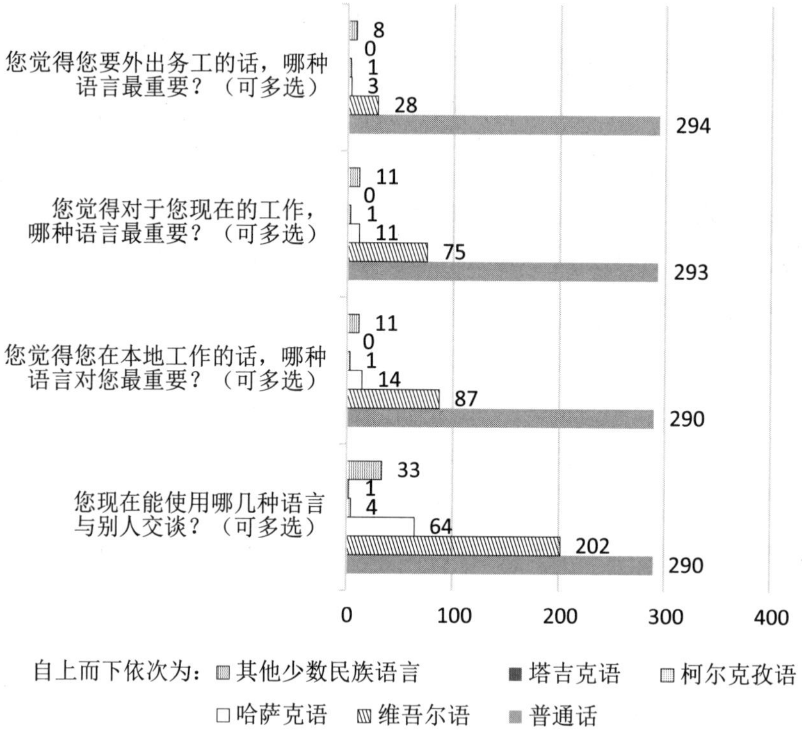

图 1　语言交流过程中的语言选择分布

从图 1 可以看出，无论在什么情况下，295 份有效问卷中，绝大多数答卷人首选的语言都是普通话。

第五个问题“以下情景中，您一般使用什么语言”的统计数据见表 2。

表 2　相关情景中语言使用情况（可多选）分布

选项	问题							
	您与家人交流时，使用什么语言？		您在学校时，与同学交流使用哪种语言？		您在学校时，与老师交流使用哪种语言？		您在工作中，与本族人交流使用哪种语言？	
	人数	比例 /%	人数	比例 /%	人数	比例 /%	人数	比例 /%
普通话	142	48.1	280	94.9	290	98.3	258	87.5

（续表）

选项	问题							
	您与家人交流时，使用什么语言？		您在学校时，与同学交流使用哪种语言？		您在学校时，与老师交流使用哪种语言？		您在工作中，与本族人交流使用哪种语言？	
	人数	比例 /%	人数	比例 /%	人数	比例 /%	人数	比例 /%
维吾尔语	175	59.1	54	18.3	27	9.2	81	27.5
哈萨克语	40	13.6	13	4.4	6	2.0	18	6.1
柯尔克孜语	1	0.3	1	0.3	0	0	1	0.3
塔吉克语	1	0.3	2	0.7	0	0	1	0.3
其他语言	30	10.2	12	4.1	6	2.0	16	5.4

选项	问题							
	您在工作中，与外族人交流使用哪种语言？		您到政府部门办事时，使用哪种语言？		您在本地集贸市场上，使用哪种语言？		使用手机和电脑时，使用哪种语言？	
	人数	比例 /%	人数	比例 /%	人数	比例 /%	人数	比例 /%
普通话	286	96.9	291	98.6	273	92.5	292	99.0
维吾尔语	16	5.4	14	4.8	59	20	16	5.4
哈萨克语	5	1.7	5	1.7	7	2.4	3	1.0
柯尔克孜语	1	0.3	1	0.3	2	0.6	1	0.3
塔吉克语	0	0	1	0.3	0	0	0	0
其他语言	8	2.7	4	1.4	7	2.4	7	2.4

从表 2 中可以看出，在日常生活、工作的八个场合中，绝大多数答卷人在七个场合中首选普通话，仅在“与家人交流”场合中首选维吾尔语的略多于普通话。在不同场合的语言选择中，普通话占有绝对优势。

（二）选说普通话的原因

在新疆地区，为什么要学习普通话，大概有四个方面的原因。

1. 来自发展需求

在调查中，一位受访者提到：“新疆现在全民学普通话，老百姓学普通话比教师积极性还高。”这位受访者曾在街头问一个卖羊肉串的小贩是否在学普通话，这位小贩随手就从烤箱下拿出普通话学习资料，向他证实自己抽空都还在学习。入户调查结果见表 3。

表 3　普通话对家庭发展的作用

统计	选项			
	因学习普通话而找到工作	因学习普通话而有机会上大学	因学习普通话而学到了技术	因学习普通话而可以在网上买卖东西
户数	9	9	10	16
占比 /%	30.0	30.0	33.3	53.3

从表 3 不难看出，有超过一半的家庭有上网购物的经历，这是学习普通话对他们生活的一个重要影响。“找到工作、上大学、学到技术”也是学习普通话对他们个人发展的重要影响。

问卷调查的数据也印证了这个观点，见表 4。

表 4　学普通话的主要原因分布（多选）

选项	人数	占比 /%
对务工有帮助	159	53.9
对自己创业有帮助	149	50.5
对获取信息有帮助	210	71.2
对从事农牧业有帮助	86	29.2
对工作有帮助	203	68.8
对与外界交流有帮助	186	63.1
对学习技术有帮助	211	71.5
对买卖东西有帮助	138	46.8
是政府的要求	73	24.8
对教育有帮助	194	65.8
其他	23	7.8

表 4 是第 24 题“您学普通话的主要原因是”的数据统计，根据选择人数的由多到少，排在前五位的分别是“对学习技术有帮助”，211 人，占 71.5%；“对获取信息有帮助”，210 人，占 71.2%；“对工作有帮助”，203 人，占 68.8%；“对教育有帮助”，194 人，占 65.8%，“对与外界交流有帮助”，186 人，占 63.1%。

2. 来自家庭引导

我们在乌鲁木齐到一个维吾尔族学生家家访，学生的外祖父曾跟山西人学艺，能讲一口山西腔的普通话，后来还当上了国家劳模。老人家告诉子女一定要学讲普通话，因为这样才能有好生活。我们家访的这个家庭有姊妹俩，姐姐读新疆大学，妹妹读广州大学，她们从小都上的是汉语学校。家里人彼此讲话用维吾尔语，与我们沟通用普通话。我们走访的一个伊犁市新源县吐尔根乡的哈萨克族学生，他的父母都是当地民族学校的教师，他从小就在吐尔根乡读小学和初中，但他小学并没有上父母所在的学校，上的是汉语学校。五年级下学期时学校开了民语课，他就学习了哈萨克语。

在入户调查中，30 户家庭的受访者在被问及“父母对孩子学习普通话的态度”时，大家都一致表示支持，原因是“跟别人好沟通”“学‘国语’对自己有好处”“学‘国语’是每个人的责任”和“作为中国人必须要学‘国语’”等。

3. 来自政府支持

这主要体现在学校教育和现在新疆各地农村正在进行的夜校语言培训上，国家提供的语言学习 APP 在一些地区也在使用，有的地方还采用远程教育的方式进行语言培训资源的共享，效果比较好。在喀什旧城逛街的时候，我们还看到几个少数民族的小学生放学后在自己家门前一起嬉戏，同时拿出《弟子规》朗读玩乐，很有趣，有照片为证。

4. 来自周边环境

新疆建设兵团在新疆的团场建设对周边的语言生态影响比较明显，虽然这不是有意识的语言培训服务，却可以形成相应的语言环境，引导周边其他人进行语言学得。由于当年兵团的战士常常有兵源地域上的聚集，所以即使是普通话也带有不同地域的色彩。在石河子市，我们就听说，离开这里五公里的腔调是河南腔，但离开那里一段距离的地方就有可能是其他什么腔了。当然我们有理由相信，随着更多人使用普通话，在或大或小的环境中一定会带动环境中的人学习普通话。石河子市 90% 多的人是汉族，讲普通话；但是在南疆，90% 的人是维吾尔族，要使他们更多地使用普通话，一定要营造或大或小的语言环境，达到“相互了解、相互尊重、相互包容、相互欣赏、相互学习、相互帮助，像石榴籽那样紧紧抱在一起”的目的，使更多的人能够从周边环境中学得。前文所述家访的那位维吾尔族母亲在和田皮山县支教时，先教会幼儿园的孩子讲普通话，然后要求孩子回家读书，要家长签名，从而带动家人学写汉字名字，效果很好。

网络环境也是一个很重要的周边环境，网络语言环境也在相当程度上有牵引学习者学习普通话的作用，例如普通话学好了，可以更加方便地在网络上购物。表3中有16个家庭表示，学会普通话有助于他们上网购物。

四 几点建议

（一）要重视语言认同的价值

新疆维吾尔自治区面积166万平方千米，占全国的六分之一，是我国面积最大的省区。新疆推进“双语”教育任重而道远，尤其是南疆很多农村地区，能听懂普通话、用普通话交际的人很少，好多农村20岁以上的劳动力基本上都不会普通话，这个缺失在某种程度上就是国家语言认同上的缺失，其可能导致的一个后果就是国家意识的缺失。2015年，一位从事基础教育的教师给自治区领导写信报告当时的维吾尔语教材的问题，一个重要问题就是国家通用语言及相关教学内容在教材中的严重缺失。当前新疆全域国家通用语言的教育培训可以说进入了一个新的历史阶段，只有坚持不懈长久抓好语言认同，中央确定的社会稳定和长治久安这个总目标才能实现。

（二）要坚持政府主导的立场

教育部、国务院扶贫办、国家语委印发的《推普脱贫攻坚行动计划（2018—2020年）》强调要将普通话普及率的提升纳入地方扶贫部门、教育部门扶贫工作绩效考核；要对不具备普通话沟通能力的青壮年农牧民进行专项培训，使其具有使用普通话进行基本沟通交流的能力。普通话水平不高，确实会影响到就业，例如，疏附县是广州对口支援的南疆县，广州企业广汽4S店准备招400名工人，也想多在疏附县招，疏附高职虽然有600名毕业生，但是很多不会普通话，而企业方面表示需要聘用能说普通话的职员。目前疏附县基层在语言学习方面有更扎实的举措，各个村扶贫办夜校学习普通话，每天两小时，全覆盖。我们在北疆新源县吐尔根乡走访学生家庭，学生家长也向我们介绍吐尔根乡本有九个大队（村），后转为七个，现大体分为南北两片进行管理，乡里的中小学校与幼儿园现都已开始用普通话授课。这些都是政府主导的。明确个人发展的门槛条件（包括就业和上学）也能体现政府主导的立场。问卷星调查得到的数据可以证明这一点。在针对“您学普通话的主要原因是什么”，有 68.8% 人选择“对工作有帮助”；在对“您希望参加普通话培训对您哪些方面有帮助”进行选择时，有 60.7% 选择了“对工作有帮助”。入户调查有一项问的是“有家庭成员因为学习普通话而找到工作”，有 10 人次回答据此找到了工作；有一项问的是“有家庭成员因为学习普通话而有机会上大学”，有 9 人次回答据此上了大学，还有 2 人次说因为这样（大概是大学毕业）找到了工作。所有这些工作的推进，没有政府的坚持推动，是很难有持久的效果的。

（三）要重视服务质量的管理

语言教育培训服务要摸清服务资源和服务对象需求这两种情况，做好相应的服务质量管理。

对于前者，新疆的一个重点是加大学校教育培训力量储备和推送的力度。我们在走访调查中了解到，当地政府从各条战线选拔的驻村干部，有的普通话水平相对而言比较高，他们驻村之后就成了语言培训的重要力量；有的还可能是从事支教活动的人员成了语言培训的重要力量，就像前面提到的那位医院急救中心的医生一样。更重要的是要加大语言服务教育培训力量的组织储备。习近平总书记在中央第二次新疆工作座谈会上强调要吸引更多优秀人才投身教育，从我们走访了解的情况来看，中央的指示要求正在得到落实。以疏附县为例，近几年新入编的教师数量逐年递增，2015 年是 64 人，2016 是 200 人，2017 年是 700 人，2018 年计划达到 1000 人。这些新入职教师的普通话水平都要达到一定的要求。我们在伊宁县学生家访中也了解到该学生的母亲所管理的小学原有 93 名教师，后经语言能力测试，不合格的转岗，能用普通话教学的留用。现有教师是 68 名，其中还包含新分配来的毕业生。对于语言能力不合格的教师，分类分层进行培训。我们在与疏附县的座谈时了解到，该县的教师总数 3000 多人，原来真正能用普通话教学的不到 200 人，经过近几年的教育培训，情况有了相当的改观。2018 年 7 月，广州大学派出教师到疏附县开始了第一期为期五个月的教师普通话培训工作，参加培训的有 204 名教师，培训教师根据 MSK3 级水平要求编制了试卷，测试表明能达标的仅有 16 人，口语合格的仅有 63 人。这种情况表明，在进行语言服务培训时需要进行分层分类的教学，加强质量管理。事实上，这次在疏附县教师培训中心也正是这样做的。对于后者，我们在问卷星调查中也设计了相关的问题，在“您希望普通话培训哪些内容”中，最希望学的内容排在前三的是：一是“日常交际用语”，占 34.6%；二是“国家政策”，占 27.1%；三是“专业技术用语”，占 17.3%。上述诸多现象表明，我们有必要以更加积极稳健的措施，因时因地做好相应的服务质量管理。

（四）要注意意识形态的掌控

在相当程度上，一些现象（或状况）在表面上看来是服务的质量问题，但从新疆的实际情况看，有些时候这背后不可避免地涉及意识形态管理权、话语权、主动权的问题，这时候不能太书生气。以翻译服务为例，把“认同”翻译成“认识和了解”，把“早晨”翻译成“第一次做礼拜的时间”，把“学校”翻译成“讲经的地方”，把“积极引导宗教与社会主义社会相适应”翻译成“宗教与社会主义社会互相适应”，把汉语考试说成是外语考试，等等，从表面上看，这些是孤例，似乎是翻译质量问题；但如果系统来看，这种翻译上的“误差”可能就隐含着意识形态上的斗争。如果我们在这方面失去了掌控，日积月累，那么国家的文化安全、政治安全和政权安全就有隐患。新疆自治区在中央第二次新疆工作座谈会后进一步加强新闻媒体出版的审读力量，包括正在组织力量编写新的维汉大辞典、加强教学秩序的管理等等，都是必须做的基础性工作，只有这样，国家的边疆稳定和长治久安的目标才能实现。

（刘惠琼、屈哨兵、王海兰）

儿童识字读物调查[①]

近年来中国儿童图书市场空前繁荣，其中与汉字识读相关的儿童读物发展势头也比较迅猛，其原因一则是汉字本身的重要性，所谓"人生聪明识字始"；二则是家长对儿童教育关注和投入的提高；而最为重要的是国家对传统文化重视程度的提高。目前，琳琅满目的汉字类儿童读物，为不同阶段的小读者提供了丰富的课外资源。我们对市场上畅销儿童识字读物做了较为全面的调查，着重分析了单纯识字类儿童读物的优缺点，同时结合问卷调查，了解读者特别是家长的反馈，为今后的儿童识字读物编写和出版提供建议。

一 基本情况

（一）读物类型

儿童读物从不同的角度进行分类，如载体、内容等，可以划分出不同的类型。这里重点从内容的角度进行分类研究，对载体的不同仅略做分析。

有关汉字的儿童读物，按照内容大体可以分为三类：单纯识字类、字理文化类和知识普及类，见表1。[②]

表1 汉字类儿童读物类型

汉字类儿童读物类型	代表作	目的
单纯识字类	《四五快读》[③] 《幼儿学前600字》[④]	正确识读汉字，提高识字量

① 儿童，本报告采用社会和人们普遍公认的年龄段0—12岁，此类人群正处学龄前和小学阶段。

② 课外汉字读物不包括幼儿认知类读物，单纯写字描红类，小学生配套教辅类资料及为某类考试设计的针对性辅导资料，错别字、同音字辨析类的辅导资料。

③ 杨其铎《四五快读》，长沙：湖南科技出版社，2011年。

④ 智趣文化《幼儿学前600字》，郑州：文心出版社，2016年。

（续表）

汉字类儿童读物类型	代表作	目的
字理文化类	《中国汉字听写大会・我的趣味汉字世界》[①] 《有故事的汉字》[②]	字理分析，文化解读、提高识字能力
知识普及类	《汉字的故事》[③] 《汉字的故事》[④] 《给孩子讲点汉字故事》[⑤] 《最有趣的汉字故事》[⑥]	普及汉字学的知识，如汉字起源、变迁、与汉字相关的历史故事和传说

1. 单纯识字类

这类汉字读物以帮助孩子正确识读汉字、增加孩子的识字量为主要目的，注重孩子对汉字的巧记、书写、组词、造句等能力的培养。如《我的第 1 本识字字典》[⑦]收入日常生活中符合学龄前儿童认知水平的汉字，每个字设有基本的读音、组词、笔顺、例句等内容。杨其铎《四五快读》（图 1）边识汉字，边根据已学汉字循序渐进地引导孩子阅读符合幼儿认知水平、符合儿童生活情趣的词组、句子、短段、长段、短文直至阅读由这些已学汉字编成的故事、童话等。该类读物基本不涉及文化、字理等方面的解读。

图 1《四五快读》

图 2《有故事的汉字》

2. 字理文化类

这类汉字读物是根据汉字构字的表意性特点，依据汉字的构字原理对字

① 《中国汉字听写大会》节目组《中国汉字听写大会・我的趣味汉字世界》，南宁：接力出版社，2015 年。

② 邱昭瑜、苏真《有故事的汉字》，青岛：青岛出版社，2018 年。

③ 郑培忠改编《汉字的故事》，南昌：21 世纪出版社，2013 年。

④ 刘敬余主编《汉字的故事》，北京：北京教育出版社，2017 年。

⑤ 华商书院少儿国学研究中心主编《给孩子讲点汉字故事》，北京：石油工业出版社，2009 年。

⑥ 沈俊《最有趣的汉字故事》，武汉：湖北教育出版社，2014 年。

⑦ 诺贝尔早教研究中心主编《我的第 1 本识字字典》，北京：化学工业出版社，2016 年。

的形、音、义之间的联系进行字理分析，同时配以相关的历史人物或文化故事，目的在于提高孩子的识字能力，同时加深孩子对中华传统优秀文化的了解。例如邱昭瑜、苏真《有故事的汉字》（图2），重在探寻汉字本义及演变过程，引导小读者彻底弄清楚这个字的来龙去脉，学好汉字并了解汉字背后的文化内涵。此外，还设置了拓展栏目，让小读者学会汉字的具体应用。

3. 知识普及类

这类汉字读物主要普及汉字学的知识，如“六书”造字法，汉字的起源、变迁以及与汉字相关的历史故事和传说等。如沈俊《最有趣的汉字故事》（图3），内容涉及字源、造字等11个单元，讲述了很多与汉字相关的故事，如河图洛书的传说、仓颉造字、“秦”字的由来、王安石发明“囍”字等。

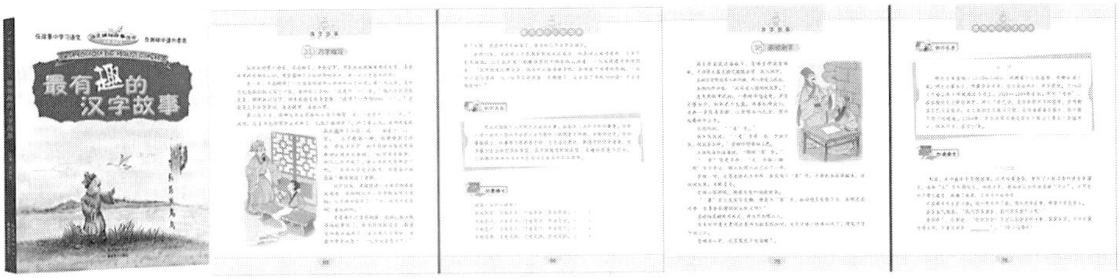

图3《最有趣的汉字故事》

上述三类汉字读物侧重点各不相同，为不同阶段、不同需求的儿童提供汉字方面的知识。

（二）读物对象

这三类汉字读物的阅读对象显然不一样。

单纯识字类读物主要为3—6岁幼儿服务，属于启蒙阶段的幼儿读物；为学龄儿童服务的单纯识字类读物极少，在当当网上前101名畅销图书中仅有5种。另外，小学教辅类识字读物除描红本之外，在畅销书中的比重也比较低。显然，小学阶段儿童已经不再满足于阅读单纯的识字读物。

字理文化类读物主要为学龄儿童服务，目的不仅仅是增加儿童的识字量，更要帮助儿童提高其识字能力，拓展文化知识，使其对汉字的认识更加丰满立体。少数面向幼儿的读物，往往是一些结合甲骨文象形字的绘本、字卡和贴纸，这类读物数量不多，但颇受欢迎，在畅销书中占有一定的比例。

知识普及类读物数量较少，主要是汉字学知识的介绍，读者对象一般是学龄儿童。

除了按照内容分类外，与汉字相关的儿童读物还可根据载体分为纸媒和多媒体两种类型。纸媒，属于传统纸质版读物；多媒体，则是伴随着新媒体的不断涌现和互联网技术的成熟产生的，特别是PC、智能手机、微博、微信公众号、客户端等数字终端，为儿童识字提供了丰富的载体形式。尤其是识字类APP的开发，使孩子不仅用耳朵听、用眼睛看，而且动手和动口与手机进行互动，提高了孩子的参与度，打破时间和空间的约束，使孩子可以随时随地地利用碎片化时间进行学习，提高了学习的效率。这类识字APP数量颇为可观，仅以“识字”为关键词在“华为应用市场”进行搜索，就有86类相关应用。其中安装次数超过100万次的有“悟空识字”（1295万次）、“洪恩识字”（1182万次）、“叫叫识字宝宝认字早教版”（817万次）、“麦田识字宝宝认字拼音版”（705万次）、“天天识字”（360万次）、“妙学识字”（111万次）、“书声儿童识字”（107万次）。庞大的下载量足以反映用户的青睐程度。但下载量和使用率毕竟不同，出于保护幼儿视力的考虑，纸质儿童识字读物的地位很难被撼动，这也是本报告仅考察纸质版识字读物的重要原因。

二 儿童汉字类读物市场调查

市场调查，既包括读物的销售情况，也包括其整体特点和不足。后者由于篇幅所限，我们仅以数量庞大、类型丰富、在畅销书中占比最高的单纯识字类读物为代表。

（一）销售情况

1. 调查方式

以当当网网上书店为调查对象，分别以“识字”“汉字”“多音”“同音”“音近”“形近”“错字”“别字”“错别字”[①]为关键词，按照销量从高到低排序，分别选出以“识字”“汉字”为关键词且符合上述读物类型的儿

① 辨析汉字为认识汉字的一个重要环节，因此儿童识字读物中有关辨析汉字的部分（如多音或音近字辨析、形近字辨析、错字、别字、错别字辨析等）将列入调查范围。但为辨别汉字汇编而成的专用工具书（如字典、词典等）皆不在本次调查范围内。

童读物的前 60 种，合并为 120 种，加入其他关键词搜索结果符合条件的读物 4 种，再剔除重复后，剩余 101 种。其中单纯识字类读物如《四五快读》《三字童谣》[①]《学前快读 600 字（全四册）》[②]《幼升小学前必备卡——识字卡（上、下）》[③]《看图识字 200 个》[④]《幼小衔接阶梯教程——识字（套装全 3 册）》[⑤]《我的第 1 本识字字典》《识字 700 个》[⑥]《幼儿学前 1280 字（全 4 册）》[⑦]，字理文化类读物如《汉字日课》[⑧]《有故事的汉字》《会说话的汉字》[⑨]《图解〈说文解字〉：画说汉字》[⑩]《给孩子的汉字王国》[⑪]《甲骨文配配卡》[⑫]《画说汉字（小学版）》[⑬]《汉字树》[⑭]《汉字好好玩》[⑮]《中国汉字听写大会•我的趣味汉字世界》等，均在销量排行榜上名列前茅。

2. 调查结果

通过考察，三类图书在儿童读物畅销书中的分布如下：

① 韩兴娥、王爱玲、朱霞骏《三字童谣》，南昌：江西人民出版社，2017 年。

② 李征《学前快读 600 字》，北京：化学工业出版社，2014 年。

③ 北京婴童早教研发中心《幼升小学前必备卡——识字卡（上、下）》，沈阳：辽宁少年儿童出版社，2017 年。

④ 露霖《看图识字 200 个》，北京：化学工业出版社，2014 年。

⑤ 上海元远教育《幼小衔接阶梯教程——识字（套装全 3 册）》，上海：同济大学出版社，2018 年。

⑥ 胡媛媛《识字 700 个》，武汉：湖北美术出版社，2017 年。

⑦ 邱苏《幼儿学前 1280 字（全 4 册）》，南昌：江西高校出版社，2017 年。

⑧ 陈霜（欢丸妈妈）《汉字日课》，北京：华文出版社，2018 年。

⑨ 梅子涵《会说话的汉字》，青岛：青岛出版社，2018 年。

⑩ 《图解〈说文解字〉：画说汉字》，北京：北京联合出版公司，2014 年。

⑪ ［瑞典］林西莉著，李之义译，北岛编《给孩子的汉字王国》，北京：中信出版社，2016 年。

⑫ 小象汉字《甲骨文配配卡》，北京：中信出版社，2017 年。

⑬ 《画说汉字》编辑部《画说汉字（小学版）》，北京：时代文艺出版社，2015 年。

⑭ 廖文豪《汉字树》，北京：北京联合出版有限公司，2018 年。

⑮ 张宏如《汉字好好玩》，北京：中国致公出版社，2018 年。

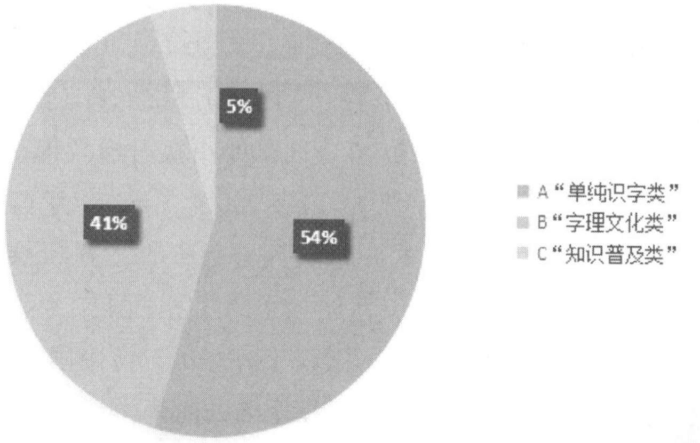

图 4 当当网儿童汉字畅销读物类型分布

由图 4 可以看出，单纯识字类读物所占比例最大，达 54%；其次是字理文化类读物，占比 41%。这两种图书在当前儿童识字读物中使用最广泛。而知识普及类读物数量很少，即使扩大调查范围，这类儿童读物数量都相当有限。因此，下文将重点分析单纯识字类读物的整体特点与不足。

（二）单纯识字类读物的特点

1. 种类繁多

在调查选取的当当网 101 本儿童汉字畅销读物中，单纯识字类有 55 本。这类读物大体可以分为五类，分别是多功能基础应用识字类、阅读识字类、看图识字类、辨析识字类和综合识字类。各类所占比例如图 5 所示：

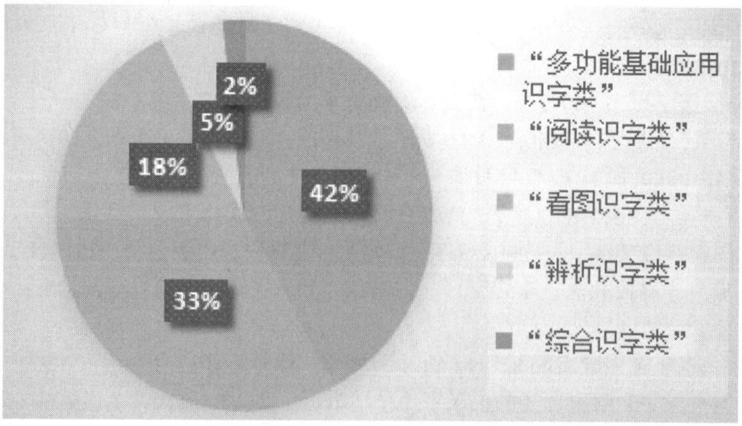

图 5 当当网畅销单纯识字类读物各小类分布情况

其中，多功能基础应用识字类所占比例最大，达 42%；阅读识字类和看图识字类次之，分别占 33% 和 18%；最少的是辨析识字类和综合识字类，分别占 5% 和 2%。

（1）看图识字类

心理学家皮亚杰认为，2—7 岁儿童思维的主要特点是以具体形象思维为主。因而，看图识字在这一阶段尤为重要。整个幼儿阶段，识字读物大多采用图文并茂的方式设计。不过，这里的看图识字指的是单纯看图识字，不牵涉其他应用元素，主要利用色彩鲜艳、形象直观的图片使儿童将汉字与具体的形象联系起来，从而达到识记的目的。此类图书往往以儿童熟悉且容易接受的水果、动物、交通等主题为基础，同时配有精美的插图，生动的形象、斑斓的色彩、贴近生活的内容是儿童最容易、最乐于接受的。如《看图识字 200 个》（图 6）与《撕不烂启蒙认知书·识字》[①]（图 7）利用直观现实的图片或漫画化的插图，向儿童直接展示该汉字所代表的现实含义，不再辅以文字说明。

图 6《看图识字 200 个》

图 7《撕不烂启蒙认知书·识字》

（2）多功能基础应用识字类

多功能基础应用识字类识字读物以拼音、组词、造句、笔顺等多种应用元素为主要内容，使儿童在认识汉字的同时，提高运用、书写汉字的能力。多功能基础应用识字类在识字读物中所占比例高达 42%，足见家长对这类读物的青睐程度。根据是否配有插图帮助儿童形象直观地识记汉字，又可分为看图类和无图类两种。

① 北京婴童早教研发中心《撕不烂启蒙认知书·识字》，沈阳：辽宁少年儿童出版社，2017 年。

第一类：看图多功能基础应用识字类

《我的第 1 本识字字典》（图 8）、《聪明宝宝学前 1000 字》[①]（图 9）、《学前 600 字》[②]（图 10）、《幼升小学前必备卡 · 识字卡（上、下）》（图 11）等均属此类读物。

图 8《我的第 1 本识字字典》

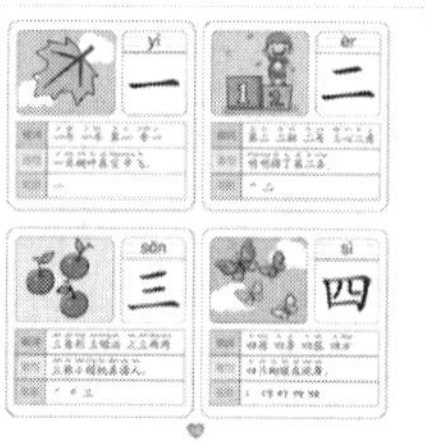

图 9《聪明宝宝学前 1000 字》

图 10《学前 600 字》

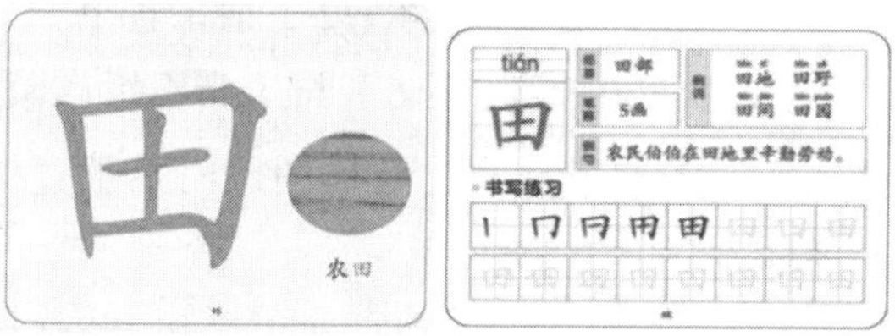

图 11《幼升小学前必备卡 · 识字卡》

此类读物以田字格内的汉字为主要认知对象，旁边的组词、笔顺等相关内容则是提高汉字运用、书写能力的重要元素，这类读物中色彩鲜艳的插图有吸引儿童兴趣的作用，但仅仅是辅助手段。

第二类：无图多功能基础应用识字类

《无图早教学习卡 · 无图识字 · 起步篇》[③]（图 12）、《幼小衔接识字卡片快速认字 · 基础篇》[④]（图 13）等属于此类：

图 12《无图早教学习卡 · 无图识字 · 起步篇》

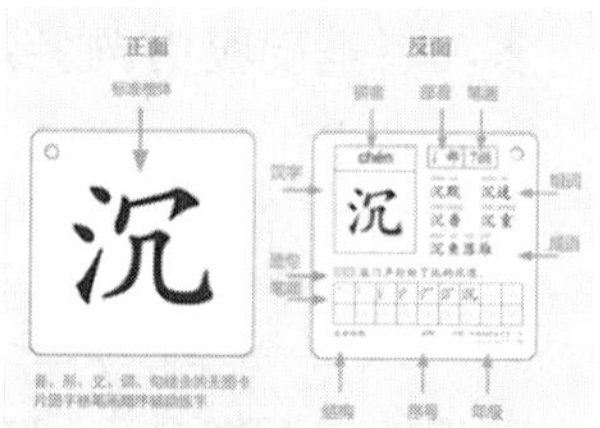

图 13《幼小衔接识字卡片快速认字 · 基础篇》

① 陈晓艳《聪明宝宝学前 1000 字》，南昌：江西高校出版社，2017 年。

② 廉东星《学前 600 字》，北京：世界图书出版公司，2016 年。

③ 童茗《无图早教学习卡 · 无图识字 · 起步篇》，青岛：青岛出版社，2015 年。

④ 阳光三采《幼小衔接识字卡片快速认字·基础篇》，青岛：青岛出版社，2016 年。

此类读物设计的初衷，主要是抛开色彩鲜艳的图片，让儿童的注意力集中在字形上。除缺少插图外，内容与上述看图类基础应用识字读物相仿。此类读物设计简单明了，重点突出，颜色上选取蓝色和黑色，使卡片更加清晰护眼。

无图多功能识字类读物是针对学龄前儿童设计的，但这类读物构造简单，且缺乏田字格的辅助，对于儿童而言掌握规范汉字的书写有困难；同时色彩单调，内容比较枯燥，难以引起儿童的阅读兴趣，在销量中排名稍靠后。

（3）辨析识字类

辨析识字类汉字读物把字族的观念、多音字、同音字、形近字的辨析引入到识字读物中，以儿歌的形式展现。这类读物编撰的儿歌在音、形、义上有一定的联系，属于结合汉字特征和规律的特殊识字儿歌。此类读物在单纯识字读物中比例极低，代表读物如下：

刘畅《小学生识字儿歌400首（套装全4册）》①（图14）采用儿歌的形式，根据孩子们的心理和生理特征以及阅读需求，精心挑选出多音字儿歌+同音字儿歌+形近字儿歌+易错字儿歌各100首。这些儿歌贴近孩子生活，语言浅显，通俗易懂，而且节奏明快，韵律优美，篇幅短小，内涵丰富，便于儿童吟诵，非常适合孩子诵读。书中既有快乐有趣的儿歌，还有各种经典、好玩的小游戏，非常适合学龄前儿童和小学低年级学生诵读。

图14《小学生识字儿歌400首》

《趣读识写一条龙（上、下）》②（图15）系统地安排了笔画、部首和字

① 刘畅《小学生识字儿歌400首（套装全4册）》，武汉：湖北教育出版社，2015年。

② 朱霞骏、韩兴娥、吴昌烈、鄢文俊《趣读识写一条龙》，南昌：江西人民出版社，2016年。

族的学习，循序渐进，落到实处。上册包括 29 个笔画三字谣、80 个部首，230 首部首儿歌；下册包括 100 个字根、103 首字族儿歌。全书以童谣、儿歌的形式呈现，朗朗上口，趣味十足。

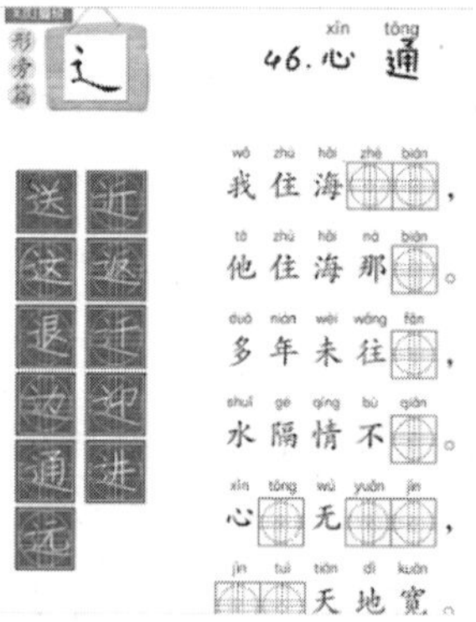

图 15《趣读识写一条龙（上、下）》

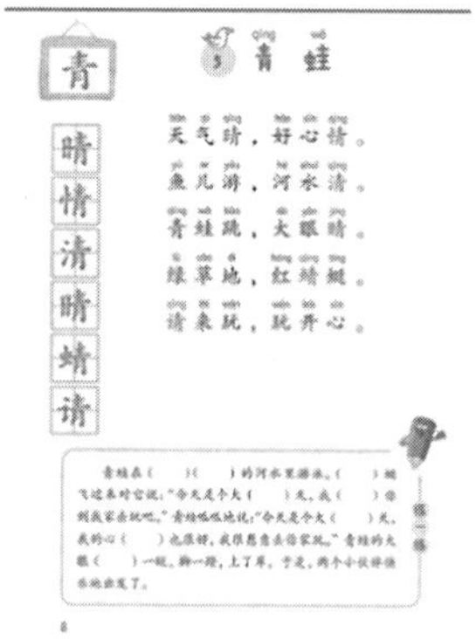

图 16《字族文学字儿歌》

《字族文学字儿歌》[①]（图 16）以汉字构字规律为主线，以儿童认知心理为依据，以字族文为重点，遵循汉字的构字方法组织识字系统，以韵文形式编写出以形声为主的声旁篇、以偏旁部首为主的形旁篇、以生活类为主的物类篇、以字义相对为主的对子篇，总计 150 篇儿歌，文情并茂，童趣十足。

（4）阅读识字类

阅读识字类汉字读物指的是利用词组、句子、短文、儿歌、绕口令、童话、寓言等自编材料，或者引用古诗文材料，引导儿童在阅读中识字的汉字读物。一般而言，幼儿阶段阅读的文学类作品，都有提高孩子识字量的效果，但这里所界定的阅读识字读物，文本只是阅读识字的基础材料，收录依据一方面是读物要有自述凸显识字功用的相关介绍，另一方面，则除文本之外，一定要有与识字相配套的其他元素，或在文本中凸显重点汉字，或在故事等阅读材料之后，将一连串需要认识的生字放在一起，重点解释这些汉字的拼音、笔顺、组词造句等。后者其实是糅合了基础应用识字类读物的元素，综合性相对较强，前者则较为简略。《四五快读》《学前快读 600 字》《邦臣小红花·幼儿早期阅读与识字》[②]《幼小衔接学前 500 字阅读系

① 鄢文俊《字族文学字儿歌》，南昌：江西人民出版社，2017 年。

② 北京小红花图书工作室《邦臣小红花·幼儿早期阅读与识字》，青岛：青岛出版社，2014 年。

列》[1]《三字童谣》《李秀英甜趣识字童谣•100首》[2]《快乐识字童话绘本》[3]等均属此类。

《四五快读》已经提及，贵在反复记忆和循序渐进。《学前快读600字》与之相似，以短文阅读为引入，先由18个汉字构成，学习完这18个字，孩子可以自己阅读课文。第2课的课文在已经学过的18个字基础上又增加了15个生字加以编写，以此类推。因此，家长只要带领孩子按顺序学习，学过的课文就不会再有生字障碍，可以作为自主阅读的阶梯阅读材料。

《三字童谣》等选取生活中常见的事物编成有趣而又有音律美的儿歌童谣，读起来朗朗上口，便于儿童通过朗读记忆汉字。

《快乐识字童话绘本》，每个故事以一个偏旁部首为线索，吸纳该偏旁的相关汉字，编写成精彩纷呈的童话故事。以精彩、有趣的童话为载体，让孩子们在自然的阅读中积累丰富的词汇、了解汉字的造字规律，了解有趣的知识，幽默的语调与跌宕起伏的故事情节非常符合儿童的好奇心理。

（5）综合识字类

综合识字类读物囊括上面四种类型的元素，既有看图识字、基础应用，又有辨析、阅读。这类读物数量极少，在畅销图书中仅见一种，即新东方《诵读识字》[4]系列。该套读物内容丰富，根据不同的汉字特点，选择合适的方式编排呈现所收录的汉字。例如，一到四单元为图画汉字，之后则精心设计了部首识字、主题识字、借助字理和构字规律等识字的方式，并根据幼儿身心发展规律，原创韵律歌谣，引用国学经典，设计丰富的活动练习，以图文并茂、寓教于乐的形式进行读物设计。读物中包含的大量观察、体验、游戏、演示、表演等活动，可以让孩子们在趣味十足的识字活动中发展思维，培养学习能力，体验学习的成就感。

2. 载体多样

单纯识字类读物载体多样，有图书、挂图、字卡、识字贴贴画、拼图、贴纸等多种类型，而以图书和字卡数量居多，其他形式虽数量不多，但形式

---

① 真果果《幼小衔接学前500字阅读系列》，北京：中国人口出版社，2016年。
② 李秀英《李秀英甜趣识字童谣•100首》，石家庄：河北少年儿童出版社，2013年。
③ 赵明《快乐识字童话绘本》，北京：北京师范大学出版社，2010年。
④ 新东方小学语文研发中心《诵读识字》，杭州：浙江教育出版社，2016年。

新颖，对儿童比较具有吸引力，例如《识字贴贴画》[①]（图 17）融合贴纸、涂色、连线等多种游戏方式，配以精美的贴纸，便于携带且崭新可爱的贴贴纸可以引起孩子的兴趣；《邦臣小红花·婴幼儿识字拼图》[②]（图 18）科学地将观察游戏、识字游戏、配对游戏相结合，形成看图、思考、配对相结合的游戏模式。

此外，按照是否可点读，可以分为普通纸质书和点读书。点读书是基于点读笔之上的一种新型电子图书读物，由点读笔和图书配套组成，如新东方《诵读识字》系列，书中的生字、生词、短句、文章、图片、练习题以及配套的生字卡片均可点读发声，可丰富学习体验，增添学习兴趣，让孩子在玩中学，在学中玩。

图 17《识字贴贴画》

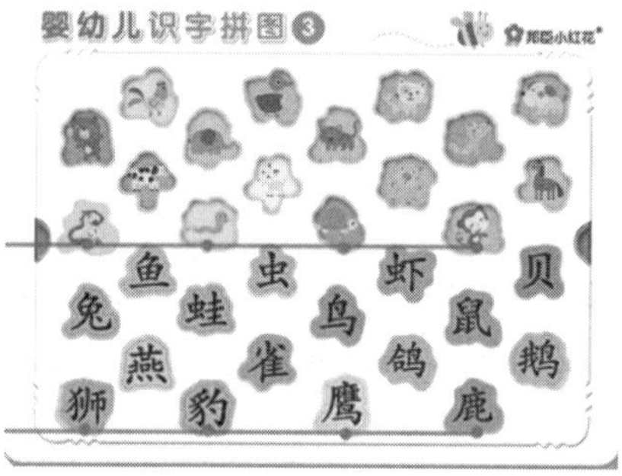

图 18《邦臣小红花·婴幼儿识字拼图》

3. 材料、设计环保安全，装帧精美

由于单纯识字类汉字读物多数面向幼儿群体，因而，在纸张的环保、护眼、不伤手等安全设计方面，出版商不遗余力。针对幼儿喜欢撕咬、喜欢乱涂乱画等特点，又有各种防水、防油、防撕咬等设计。如《撕不烂启蒙认知书·识字》（图 19）、《撕不烂看图涂鸦认知卡·看图识字·基础篇》[③]（图 20）书页采用了双面厚纸板，可以让儿童翻页更加简便；采用光滑圆角设计，同时使用环保油墨印刷，防止儿童在阅读过程中受到伤害；表面覆膜，防水防油的特质提高了识字读物的耐用性。《幼小衔接阶梯教程·识字》

① 之乎者语文研究组《识字贴贴画》，北京：北京科学技术出版社，2015 年。

② 北京小红花图书工作室《邦臣小红花·婴幼儿识字拼图》，北京：中国人口出版社，2015 年。

③ 书虫屋《撕不烂看图涂鸦认知卡·看图识字·基础篇》，北京：机械工业出版社，2017 年。

则使用了白云双胶纸作为印刷的纸张，减轻儿童在阅读过程中对眼睛的压力和损伤。另外，这类图书普遍彩色印刷，色彩鲜艳，配图丰富。

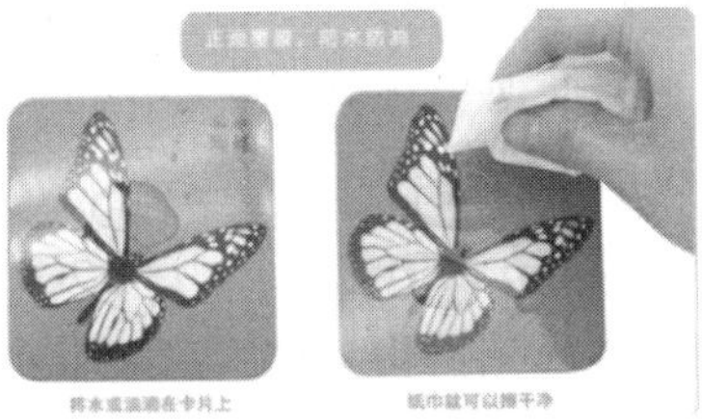

图 19《撕不烂启蒙认知书·识字》

图 20《撕不烂看图涂鸦认知卡·看图识字·基础篇》

4. 插图形象直观，色彩鲜艳，画面精美

儿童的思维基本以具体形象思维为主，运用直观手段所获得的表象，更好地运用了视觉语言，更能引起学生的学习兴趣和积极性，因此绝大多数单纯类识字读物均配有插图。这些插图色彩鲜艳明亮，构图合理，形象生动，活泼有趣，与文本的相关性比较强。对提高儿童阅读识字的兴趣，配合学龄儿童图像记忆的思维模式记忆汉字，有着不可忽视的作用。

例如，《美绘识字书》[①] 系列（图 21）和《最美的识字书》系列，均由知名插画师孔雀绿绘制而成。她的画作色彩明亮、风格清新，在保持画面童趣盎然的同时，还能营造出宁静深远的意境，文学性与艺术性俱佳。识字读物选取的插图不乏直接取自真实场景的图片，以便儿童直观感受。例如，邱苏《幼儿学前 1280 字》（图 22）插图就是取自未加修饰的真实场景，构图简明却突出重点，色彩温暖明亮，符合儿童的心理特点。这些场景都是直接记录生活的，这种生活化的识字方式，使儿童可以更直观具体地识读汉字。

图 21《美绘识字书》系列

图 22《幼儿学前 1280 字》

① 陶春晓著、孔雀绿绘《美绘识字书》，北京：现代出版社，2015 年。

（三）单纯识字类读物的不足

单纯识字类读物虽然已经取得了比较大的成就，类型丰富，载体多样，色彩鲜艳，但从目前已出版的读物来看，有些地方尚需进一步改进。

1. 部分读物选字过难，且难易程度未能循序渐进

以畅销读物《看图识字 200 个》中的“看图识字”为例，其收“虫字旁”汉字有“蛇螳螂蝴蝶蜗蜂蚯蚓蚂蚁蜻蜓蟋蟀蚊蝌蚪蛙”，这些汉字中有些甚至在《现代汉语常用字表》中都未出现，却出现在宝宝早教启蒙识字图书中。又如畅销学前读物《幼儿学前 1280 字》收“躺、蹲、搬、擦”等字，而另一套《学前 1500 字识字大王》[①] 在“起步篇”则出现“慢按投摔温疲累肿饿皱”等形体复杂的汉字，虽然这些字常用字表已经收录，但它们形体繁复，容易使幼儿产生畏难情绪。出现这些问题，多数是混淆了认知和识字的概念，很容易误导读者。

部分识字读物在所收汉字的编排方面未能做到从易到难，循序渐进，不符合儿童认知的特点。例如《最美的识字书 4》[②] 中前二十个字分别是：“率脚绳魔吐甜矮暖骑想偷筹西猛舌清深愈做楚”，笔画明显偏多，而第 34 个字和第 44 个字分别是“女”和“口”，笔画明显偏少；而同系列的《最美的识字书 5》[③] 中前二十个字是：“休会系红冷诉讲步庆芳伴安林间伸住守约吹秀”。由此可以看出，不仅在同本书中选字没有难易程度的循序渐进，而且在同系列丛书中也缺乏全局难易程度的把握，缺乏系列丛书的全局意识和整体意识，造成儿童先认识笔画多的难字、后认识笔画少的简单字的混乱情况。

2. 举例、引文不当

多功能基础应用识字类，往往有插图、组词、造句等元素，理论上，图片所展示的意义应该就是组词造句所依据的意义，这样才能加深儿童对该字的理解。但部分读物隔断了图片与文字和词语的联系。例如《我的第 1 本识字字典》，“方”字展示的图片是正方形的礼品盒，但组词是“平方、东方、方向、方面”。虽然这对于扩展学生对该字用法有帮助，但不利于加深学生

---

① 刘益宏《学前 1500 字识字大王》，北京：海豚出版社，2017 年。
② 刘玲著，孔雀绿绘《最美的识字书 4》，北京：现代出版社，2015 年。
③ 王博著，孔雀绿绘《最美的识字书 5》，北京：现代出版社，2015 年。

对图片所示意义的理解。

部分读物汉字的编排按照主题来编排，则所收汉字归于该主题下的意义其实是固定的，理应在此基础上组词造句，这样才能加深儿童对该字的理解。但部分读物常常割裂主题义和组词造句的关联。例如《我的第1本识字字典》（图23）中收录“分”字，和“秒”“时”“日”放在一起，显然用的是其作为时间计量单位的意义，但在插图、例子和组词当中，反而忽略这层意思，全部集中在“分开”义上，这样不严谨的举例也会对儿童应用汉字造成误导。

又如《最美的识字书8》[①]（图24），引用了诗句“随山将万转，趣途无百里”来解释“趣”的含义，根据旁边所组之词“乐趣”“兴趣盎然”可知此处“趣”是“兴趣”义，而诗句中的“趣”则同“趋”，音也同“趋”，指“快步走”，二者并非同一个意思，读音也不相同，却被用来解释同一个字且不加解释，这对儿童的字义理解有一定的误导。

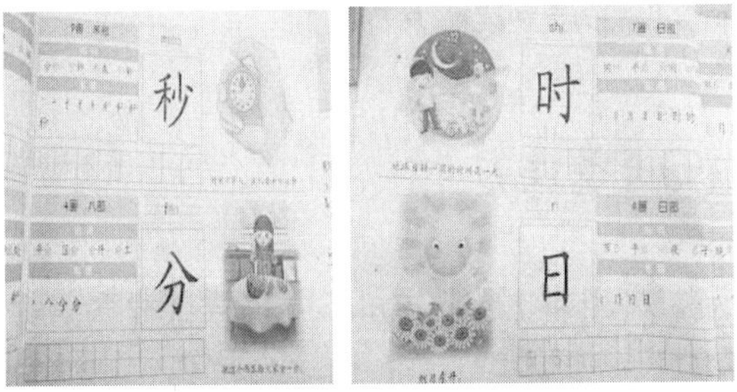

图23《我的第1本识字字典》

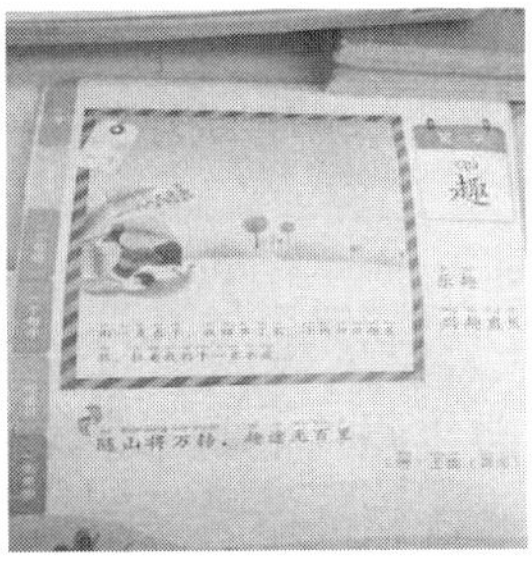

图24《最美的汉字书8》

3. 阅读材料的选择过难

部分阅读识字类读物所依据的材料不够通俗易懂，不符合儿童的心理和认知，特别是对诗文的选择方面。例如《最美的识字书》系列丛书，“每天一句诗词，带领孩子步入古典文学的殿堂”初衷是好的，但是，选取的诗句个别难度略高，例如，对“友”字的诗句引用李白“故友不相恤，新交宁见矜”，“走”字则引用李贺“何当金络脑，快走踏清秋”。又如《魔法识字书》[②]，“耀”字引用了温庭筠“神耀破氛昏，新阳入晏温”。这些诗句对学龄前儿童甚至家长都有一定的难度。

① 刘译琬著，孔雀绿绘《最美的识字书8》，北京：现代出版社，2015年。

② 严欢《魔法识字书》，北京：中国大地出版社，2018年。

4. 商品内容雷同，抄袭现象严重

由于市场需求较大，在经济效益的驱使下，很多不具备相关专业知识的写手、编辑也进入识字读物编撰产业，识字读物产品也面临着抄袭剽窃、粗制滥造和重复出版的严峻挑战。例如《幼儿学前 1280 字》，当当网上就有 10 余种不同版本，且均为 4 册，内容方面则大相径庭，出版时间从 2007 年到 2018 年 11 月。事实上，在我国，专业的儿童图书出版社只有 30 多家，但是全国数百家出版社都会出版儿童图书，其结果可想而知。图 25 所示的三种不同读物，风格极其近似，内容千篇一律，相似度极高，在内容和形式方面都无法推陈出新。

图 25　相似度极高的三种读本

三　问卷调查及反馈

问卷调查主要考察家长对于儿童汉字读物的反馈和态度，重点考察单纯识字类读物的服务效果。

（一）调查对象及方式

1. 调查目的

本次问卷调查主要考察目前单纯识字类读物的服务效果及家长对其看法和态度。

2. 调查对象和方式

我们通过在线问卷调查网站问卷星向广州及周边城市中小学家长发放、收集问卷，共回收有效问卷 310 份。

（二）调查反馈

1. 家长对儿童识字的重视程度

调查显示，家长对儿童识字比较重视，其中非常重视的占 57.42%，比较重视的占35.16%，二者合起来共计92.58%。由此可以看出家长对儿童识字的重视程度非常高。正是家长的重视催生了儿童识字读物市场的繁荣。

2. 家长购买儿童汉字读物的阶段

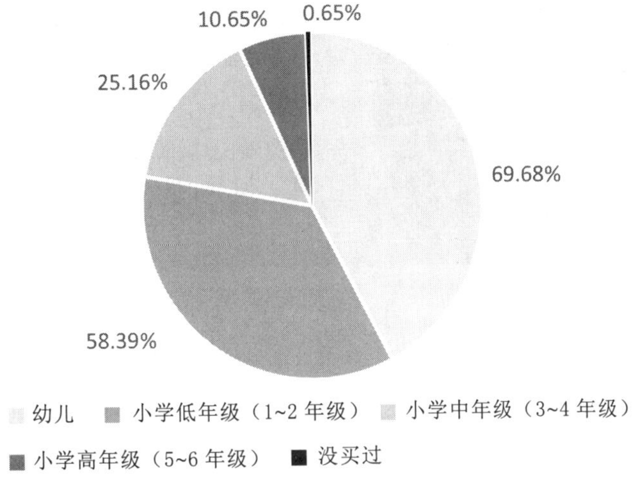

图26 家长购买儿童汉字读物的阶段分布

调查显示（图26），家长购买儿童汉字读物的阶段集中在幼儿和小学低年级，前者达到69.68%，后者则达到58.39%。可见，幼儿和小学低年级阶段家长对儿童识字最为关注，购买汉字读物也集中在这两个时期。而目前单纯识字类的读物基本面向的就是这个阶段的群体，尤以幼儿居多，占到95%。目前的市场符合家长的需求。

3. 幼儿阶段识字读物的满意度情况

调查显示（图27），56.13%的读者对识字读物比较满意，非常满意的有14.19%，二者之和超过70%；认为一般及不满意的约占30%。

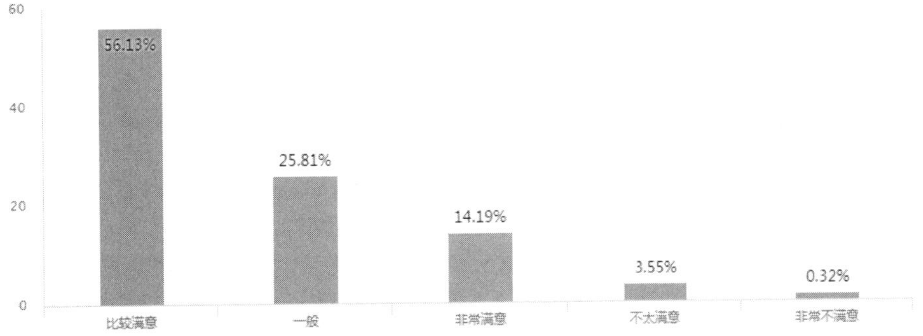

图27 幼儿阶段识字读物的满意度

4. 家长对汉字读物作者或编者的了解程度

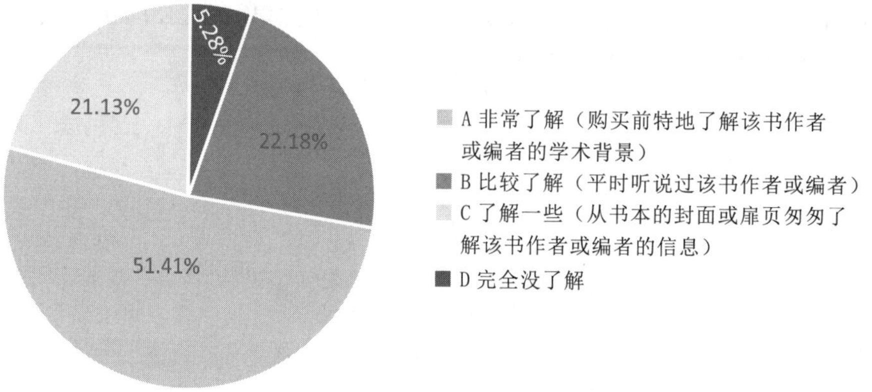

图 28 家长对汉字读物作者或编者的了解程度

调查显示（图 28），22.18% 的家长对作者或编者一无所知，超过半数的家长对作者或编者的了解仅限于读物的封面或扉页中的相关介绍，信息量相当有限。而很多读物编者往往是某中心或机构，家长的了解就更少了。因而，家长在选择读物时普遍会遇到选择性障碍。

5. 单纯识字类儿童读物最突出的问题

家长反映的单纯识字类读物目前最突出的 6 个问题依次是：（1）内容太枯燥；（2）选字有难度，且没有按照难易程度循序渐进编排；（3）某些识字读物内容元素多样，分散孩子识字注意力；（4）图书内容互相抄袭，缺乏有创意的识字读物；（5）插图绘画水平低，整书颜值低；（6）不符合幼儿的认知水平。这些问题与我们上文的调查大体相合（图 29）。

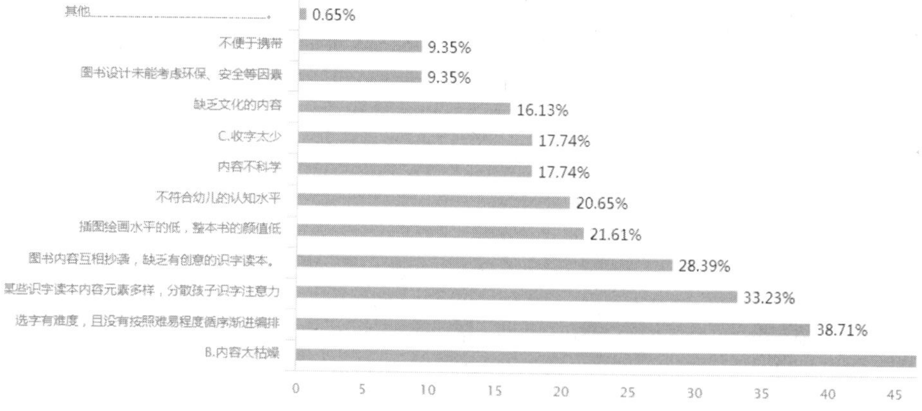

图 29 单纯识字类儿童读物的突出问题

四 思考与建议

整体而言，目前的儿童识字读物已经取得了相当的成就，读者满意度达到 70%，但仍有提升空间。

（一）读物类型方面的调整与融合

1. 单纯识字类读物内部类型的调整

目前，单纯识字类读物中多功能基础应用识字类占比最高，达 42%，但这类读物内容比较枯燥，大多只是从拼音、组词、造句、笔顺四个方面对汉字进行分析。而阅读、辨析、综合类识字读物则可结合故事、儿歌、古诗等丰富多彩的材料辅助识字。从识字教学法来看，这种随文识字的效果也是公认的，符合幼儿认识事物的规律；对语言环境的强调，也能更好地促进幼儿语言思维的发展。因而，可适当提高这部分读物的比例。

2. 单纯识字类与字理文化类儿童读物的有效融合

儿童汉字读物类型中最受读者欢迎的是单纯识字类与字理文化类。这两类读物编撰目的不同：前者侧重于正确识读汉字、提高识字量；后者则侧重于字理分析、文化解读，提高识字能力。目前还极少有读物把这两个目的结合起来编写。因此，建议识字读物合理引入字理文化的元素，两相结合：在识字的基础上适当展示汉字发展中的字形演变，激发儿童的兴趣与思考；也可加入色彩鲜艳的象形图片，将文字的某一部分以实物代替，便于儿童对文字的理解与记忆。

（二）内容创新，发扬工匠精神

识字读物的优劣必须以内容作为评判的核心标准。内容方面，一方面要坚持创新，另一方面，也要发扬工匠精神，精益求精。

1. 识字手段与读物材料的不断完善与更新

在识字读物中，受篇幅限制，每类书籍只能针对单纯识字、字理文化、知识普及的某一角度进行展开，局限了儿童的视野。实际上，可以在书籍内部需要学习的汉字旁设计二维码链接，开发微课讲解、线上练习、课外拓展、人工解答等技术，合理整合汉字知识，让纸质书“轻薄化”，知识“厚实化”。另外，在读物的材料方面，在单纯识字类读物中，多功能基础应用识字类所占比例最大，其中多利用田字格或米字格对儿童的汉字书写进行训练。实际上，在识字读物中，可以适当在纸质中增添“水写纸”材料，可供儿童循环练习软笔书法，丰富儿童识字过程的体验。

2. 合理设计阅读材料

儿童读物中阅读材料的编撰和选取，以自主编写效果更佳，选编的材料往往很难同时做到生动有趣、循序渐进和符合儿童认知。例如，有些读物引入古代诗文经典作为材料，但或者诗文选择不够浅显易懂，或者文字之间的编排很难照顾到循序渐进的原则，因而效果不够理想。要想做到既符合儿童认知，又趣味性强，在读物内容的设计方面需要儿童心理学、文学、语言学和绘画等多方面的专业人士联合参与。

3. 规范汉字选取体系，遵循循序渐进的编排原则

《现代汉语常用字表》是最基础的标准，字表中有 2500 个常用汉字和 1000 个次常用汉字，对儿童而言，汉字的选取显然应在 2500 个常用汉字中选择。部分读物依据《全日制九年制义务教育语文新课程标准》，标准规定第一学段（1—2 年级）认识常用汉字 1600 个左右，当中 800 个左右会写，读物选字据此大体可行。收字明确之后，还牵涉汉字的编排问题，如何做到由易到难，循序渐进，则需进一步结合汉字的构造、意义和儿童认知等因素精心研究设计。

（三）加强读者与编者、专家的三方沟通

1. 创新读者反馈渠道，提供个性化的阅读服务

出版社与作者群应积极开发相关技术，在读者自愿的基础上，通过扫描书籍二维码的方式收集阅读数据与阅读反馈，设置线上问卷调查，分析读者反馈，改善和提高图书质量；同时应用大数据分析读者的选择倾向，更好地完善图书作品。并且可以利用阅读信息，为读者提供个性化的阅读服务，如通过相关微信公众号或小程序等根据读者的阅读倾向为读者推荐相关的书目、根据读者的年龄为读者安排阅读计划等个性化阅读服务。

2. 丰富优秀读物推广方式，形成“读者互荐”提供平台

公共图书馆应承担起信息互通的责任，将借阅量高的识字读物定期通过公告栏、官网或者微信公众号等平台推送给读者，可参考“广州图书馆少儿服务阅读排行榜”进行操作，但该榜单图书分类可以继续细化，给读者提供

更具体的参考。出版社也可以将年度优秀儿童识字出版物进行线上线下的试读推广，向读者更多更好地介绍优秀的儿童识字读物、优秀编者与出版社。读者也可通过图书馆论坛、微博等平台进行交流，互通有无。

3. 建立统一标识，让“编者推荐”“专家推荐”有效化

有关部门应对优秀识字读物给予统一标识，让“编者推荐”与“专家推荐”不仅仅是封面的一句话，而是有理有据的阅读分析，加上能让家长清晰分辨优劣的明确标识。有“优秀识字读物”标识的图书，在儿童识字教学中优先推荐该类读本，扩大优秀读本的市场占有率，鼓励作家继续进行创作。

（王秀玲、曾敏仪）

国际汉语学习网站

国际汉语在线学习服务是指各类国际汉语学习网站通过在线的文字、图片、音频、视频、教学录像或远程真人互动等方式为汉语学习者提供的一种有偿或无偿的语言学习服务。这种在线远程服务以现代网络信息技术为基础，通过打造在线语言学习平台，聚拢汉语学习工具与资源，突破了传统汉语学习的时空限制，成为除现场教学之外最为重要的一条汉语学习途径。目前，国际汉语在线学习服务已经形成了一个针对不同学习对象、不同学习阶段、不同学习需求，可以通过多种途径提供不同类型学习资源与服务的多维度、多层次的网络体系。

一　基本状况

（一）数量与类型

根据课题组的不完全统计，目前较具影响力的国际汉语学习网站共有319个，其中能提供多类汉语学习服务资源的综合性网站共有110个，占34.5%；以提供某一类汉语学习资源为主的专门性网站共有209个，占65.5%。其中，前者又可进一步分为双资源要素[①]型、三资源要素型、四资源要素型和五资源要素型四种；后者依据其提供的资源类型又可进一步分为语言要素学习类、语言技能学习类、社会/文化/艺术类、汉语水平测试辅导类、工具类五种（见表1）。

① 资源要素指的是构成网站的各类在线汉语学习服务资源。这些资源包含了语言要素学习、语言技能学习、社会/文化/艺术、汉语水平测试辅导、语言学习工具、职业汉语教学等多种不同的类型。综合性网站由以上两种或两种以上的资源要素构成。

表 1 国际汉语学习网站的类型及数量

网站类型		数量	所占比例 /%
综合性网站（110 个）	双资源要素型	43	13.5
	三资源要素型	50	15.7
	四资源要素型	15	4.7
	五资源要素型	2	0.7
专业性网站（209 个）	语言要素学习类	33	10.3
	语言技能学习类	113	35.4
	社会 / 文化 / 艺术类	10	3.1
	汉语水平测试辅导类	6	1.9
	工具类	47	14.7
总计		319	100.0

（二）服务对象

在线汉语学习服务的对象涵盖了幼儿、小学生、中学生、大学生 / 成人四个不同年龄段的群体。中学生、大学生 / 成人两个群体内部按学习层次的不同又可进一步划分出初级学习者、中级学习者和高级学习者三个群体。

图 1 “朗朗中文”在线中文课程服务对象的年龄级别

图 1 左下角列出的是“朗朗中文”在线中文课程的服务对象的年龄级别，该网站将服务对象分为启蒙、小学、中学、大学 / 成人四个年龄段，并

依此设计了启蒙课程、小学课程、中学课程、大学 / 成人课程，构建起了网站的在线课程服务体系。

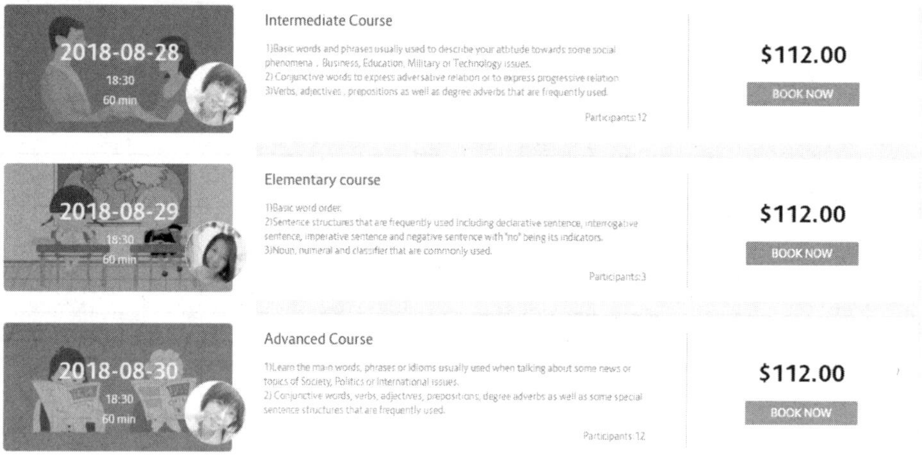

图 2 “Chinesebon 中文帮”在线课程的服务对象

图 2 是“Chinesebon 中文帮”的在线分级课程。从图中可以看出，该网站按照学习者的汉语水平将其服务群体划分为了初级、中级和高级三个层级，并针对这三个层级设计了“Elementary Course”“Intermediate Course”“Advanced Course”三种课程。

从国际汉语学习网站服务的总体状态来看，提供无偿服务的网站对服务对象的内部差异性重视度较低，其在线汉语学习资源往往不按年龄段、水平段分级，或分级粗疏；相较之下，提供有偿服务的商业网站对不同服务对象之间的差异则较为重视，分级、分段较细，并依此设计相应的在线系列课程。另外，由于不同网站的定位有所不同，其服务对象也往往呈现出较大的差异，比如“朗朗中文”，其服务范围宽泛，涵盖了所有的年龄段和水平段；“School plus”的服务对象则仅限低幼汉语学习者。

表 2 是国际汉语学习网站服务对象的基本情况，319 个学习网站中，250 个未标记其服务对象，22 个服务于某一或多个年龄段的汉语学习者，34 个根据学习者的汉语水平对服务对象进行了内部区分，其余 13 个则按照年龄和水平的双重标准对服务对象进行了更为细致的分类。

表 2 国际汉语学习网站的服务对象

网站的服务对象		网站个数	所占比例 /%
标记服务对象	服务于某一或多个年龄段	22	6.9
	服务于某一或多个水平段	34	10.7
	服务于不同的年龄段与水平段	13	4.1
未标记服务对象		250	78.3

（三）服务方式

国际汉语学习网站的服务方式有单向供给式和双向互动式两种。

1. 单向供给式服务

单向供给式服务是指由国际汉语学习网站单向提供各类汉语学习资源，学习者被动选择网站中的汉语学习资源、课程与工具的一种服务方式。这种服务方式的特点集中表现为网站是学习资源供给的主导者与决定者，网站根据其自身的定位或对汉语学习服务市场的判断与分析决定资源供给的类型、方式与途径。学习者只能在网站提供的选项中进行选择，无法通过与资源提供者协商定制属于个人或团体的个性化服务。

图 3 “中国网”汉语学习平台提供的在线学习资源

图 3 是“中国网”汉语学习平台提供给学习者的在线学习资源，其中包括了“俗语”“流行语”“古诗词”“汉字”等。汉语学习者可以根据个人的

学习需求与兴趣选择相应的学习项目。整个服务过程中，“中国网”作为供给侧，决定了汉语学习资源配置的类型、数量，学习者作为消费服务的一方只具有消费选择权，不具有资源配置权。

生存交际

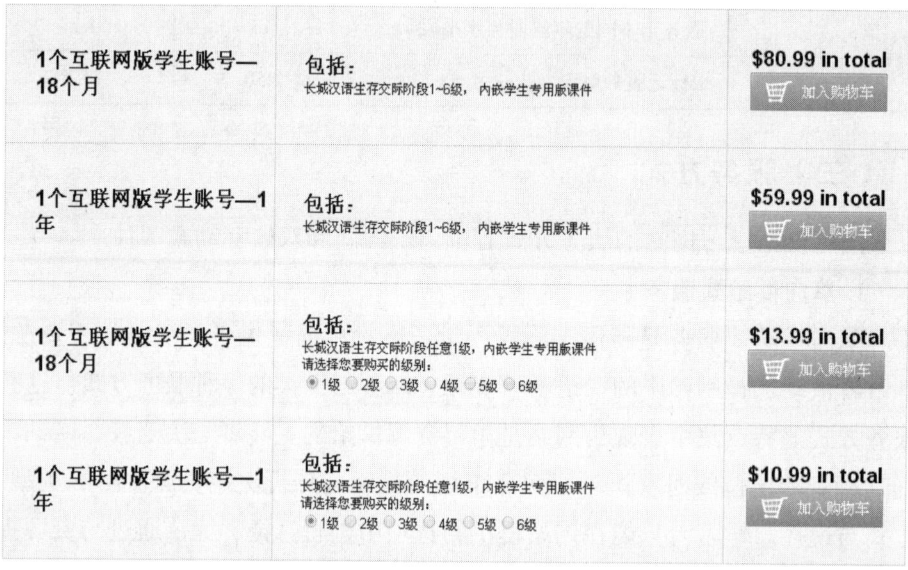

1个互联网版学生账号—18个月	包括： 长城汉语生存交际阶段1~6级，内嵌学生专用版课件	**$80.99 in total** 加入购物车
1个互联网版学生账号—1年	包括： 长城汉语生存交际阶段1~6级，内嵌学生专用版课件	**$59.99 in total** 加入购物车
1个互联网版学生账号—18个月	包括： 长城汉语生存交际阶段任意1级，内嵌学生专用版课件 请选择您要购买的级别： 1级 2级 3级 4级 5级 6级	**$13.99 in total** 加入购物车
1个互联网版学生账号—1年	包括： 长城汉语生存交际阶段任意1级，内嵌学生专用版课件 请选择您要购买的级别： 1级 2级 3级 4级 5级 6级	**$10.99 in total** 加入购物车

图 4 “长城汉语”网站提供的“生存交际”课程学习资源

图 4 是“长城汉语”汉语学习平台提供的“生存交际”系列课程，平台的购物商城中为学习者提供了“18 个月 +1—6 级”“1 年 +1—6 级”“18 个月 + 任意 1 级”“1 年 + 任意 1 级”四种不同价格的组配选择，消费者可以根据自己的需求与经济状况做出选择。

2. 双向互动式服务

双向互动式服务是指汉语学习服务的提供者与消费者通过双向互动、协商共同确定语言服务内容，制定在线汉语学习方案的一种服务方式。该服务方式的特征表现在语言学习资源的供给类型、方式与途径不由供给者单方主导，而是由网站与学习者之间彼此协商来决定，服务方案可以充分彰显学习者的个人需求。该服务方式在形式上往往表现为私人或团体的个性化定制服务。

图 5 “NewConceptMandarin” 的 “一对一” 真人在线定制课程

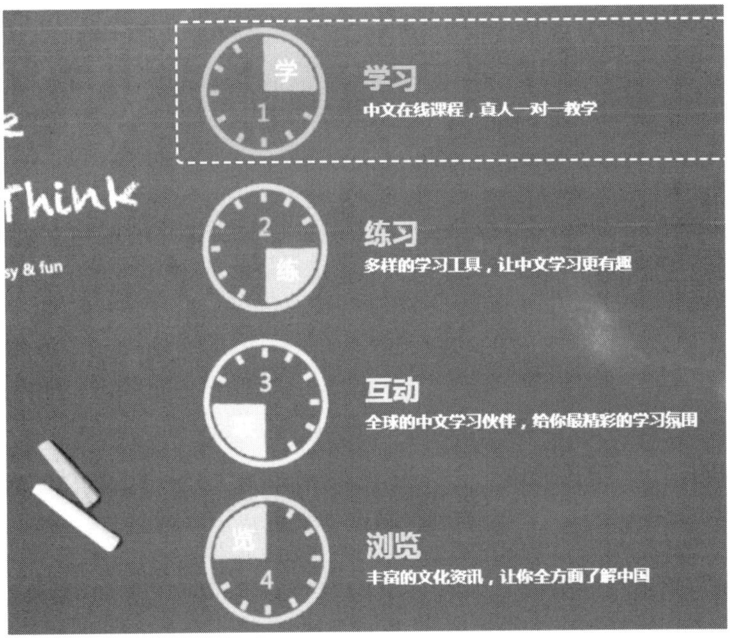

图 6 “chinesetime” 的 “一对一” 在线定制汉语课程

图 5 和图 6 均为“一对一”在线定制服务。其中，“NewConceptMandarin”的定制服务明确指出学习者可以自主选择私人授课教师，与网站约定授课时间和地点，并定制属于自己的个性化课程。“chinesetime”的定制课程虽略有不同，但其服务理念、服务方式与“NewConceptMandarin”却是一致的，即通过双向互动确定学习者的需求并提供个性化服务。

图 7 “NewConceptMandarin”的“团体”在线定制汉语课程

图 7 是“NewConceptMandarin”的“团体”在线定制服务，该类服务的个性化特质低于“一对一”式服务，但是学习者之间可以通过自由组团并同网站协商确定在线指导、讨论与咨询的时间，与单向供给性服务相比较，更具灵活性，也更能满足汉语学习者的自身需求。

课题组对319个国际汉语学习网站的服务方式进行了调查统计。调查显示（见表3），采用单向供给式服务的网站共有285个，占总数的89.3%；采用双向互动式服务的网站共有34个，仅占了总数的10.7%。显然，目前单向供给仍然是汉语学习网站的主导服务方式，双向互动服务尚处于附属地位。

表3 国际汉语学习网站的服务方式及其所占比例

服务方式	网站数量	所占比例/%
单向供给	285	89.3
双向互动	16	5.0
单向供给+双向互动	18	5.7

（四）服务类型

国际汉语学习网站提供的在线汉语学习服务可分为无偿服务和有偿服务两种类型。

1. 无偿服务

无偿服务是国际汉语学习网站为汉语学习者提供的一种免费在线语言学习服务。学习者不需付费即可获取、使用网站提供的文字、音频、视频、在线辅导等各类汉语学习资源。

图8 央视网英文版汉语学习频道的免费汉语学习资源

图 8 是央视网英文版的汉语学习频道，该板块为初级、中级、高级汉语学习者免费提供成长汉语、慢速新闻汉语、旅游汉语、中国文化介绍、中文在线课程等服务内容。不同水平的汉语学习者均可免费获取、无偿在线使用。这种无偿在线汉语学习服务多由致力于汉语、中国文化传播的公立部门、公益机构或私人网站提供，商业性机构较少。

2. 有偿服务

有偿服务是国际汉语学习网站为汉语学习者提供的一种付费在线语言学习服务。学习者需要支付一定的费用方可获取、使用网站内的各种汉语学习资源。

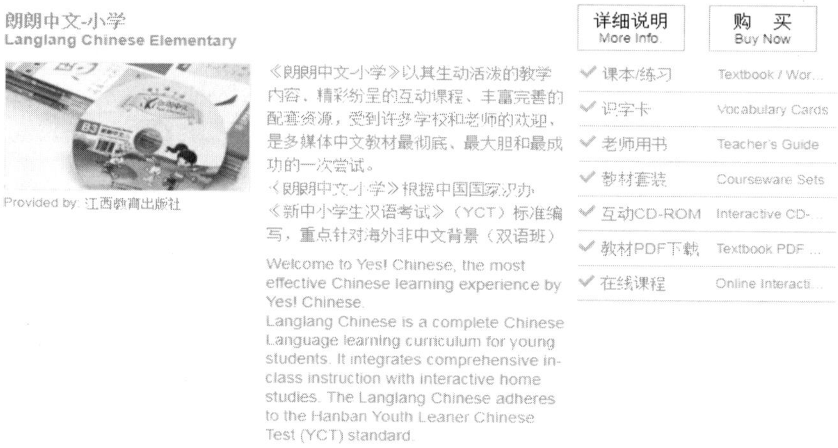

图 9 “朗朗中文”的在线付费汉语学习资源

图 9 是“朗朗中文”在线小学汉语课程的付费界面。网站不仅介绍了不同年龄段课程的学习内容，还附有“示范片”供学习者参考。商城内的课本、练习、识字卡、互动 CD、在线课程均明码标价，学习者可根据需要选购。与提供无偿服务的机构有所不同，有偿在线汉语学习服务的提供者多为国际汉语教学商业机构或公司。

表 4　国际汉语学习网站的服务类型及其所占比例

服务类型	网站数量	所占比例 /%
有偿服务	63	19.7
无偿服务	220	69.0
复合型（有偿 + 无偿）	36	11.3

从表 4 的统计数据来看，在 319 个国际汉语学习网站中，220 个提供单纯的无偿服务，63 个提供单纯的有偿服务，36 个网站既可以提供有偿服务也可提供无偿服务。总的来看，无偿服务是目前国际汉语学习网站的主导性服务类型，这些非营利的网站对促进汉语与中华文化的传播有着积极的作用。

二　服务资源

在线汉语学习服务资源是指国际汉语学习网站为学习者提供的可用于在线使用、学习的各类文本、图片、音频、视频、教学录像、在线词典、学习工具等。服务资源是整个在线汉语学习服务的基础，其类型、数量以及制作质量在很大程度上决定了在线汉语学习服务的优劣。为了更全面地了解现有在线汉语学习服务资源的状态，课题组对 319 个网站中学习资源的类型、展现形式、语言设置、水平分级等进行了调查。

（一）资源类型

国际汉语学习网站提供的服务资源主要包括语言要素学习，语言技能学习与训练，汉语学习工具以及与汉语学习相关的社会、文化、艺术资源四大类。

1. 语言要素学习资源

语言要素学习资源主要指网站提供的汉语语音、词汇、语法、汉字、篇章学习与训练方面的各种资源。

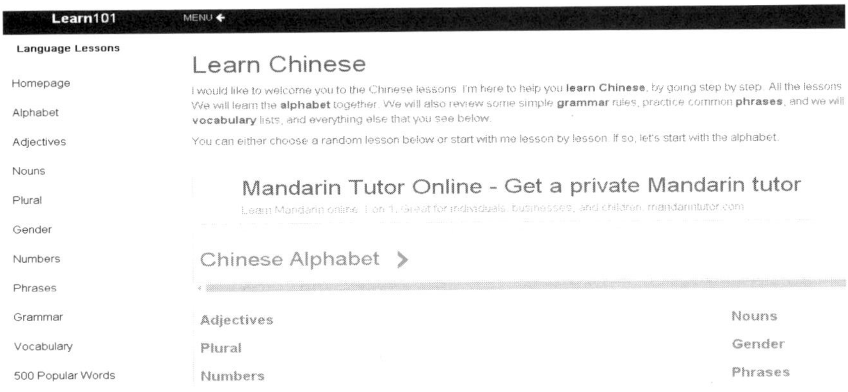

图 10 “Learn101” 提供的语言要素学习资源

例如，“Learn101”是一个综合性的语言要素学习网站，图 10 是该网站的界面，其中提供的服务资源主要为语言要素类，涉及词类、短语、语法、词汇等。学习者可以从网站提供的各种语言要素资源中获取自己所需的服务。除了“Learn101”这样的综合性网站之外，还有很多专门提供某一语言要素学习和训练资源的网站，比如“汉语语音练习指南”“WrittenChinese”等网站专门提供语音、声调方面的学习与训练服务（见图 11）。

图 11 “WrittenChinese”的声调训练服务资源

2. 语言技能学习与训练资源

语言技能学习资源主要指网站所提供的听、说、读、写技能学习与训练方面的资源。

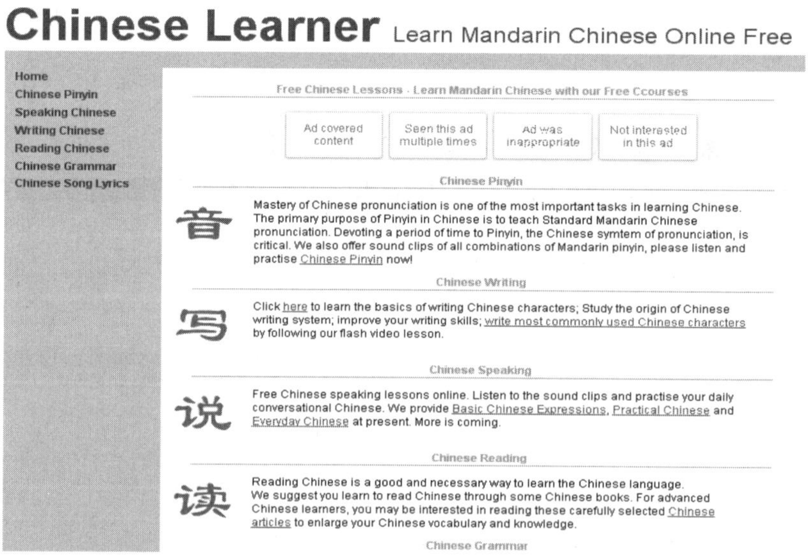

图 12 “Chinese Learner”的写作、口语和阅读服务资源

例如，“Chinese Learner”是一家提供写作、口语、阅读技能服务的综合性网站，图 12 是该网站的学习界面。学习者点击网站中的模块即可进入相应的技能学习。除了语言技能综合性服务网站以外，还有一些专项技能学习网站。图 13 的“ListeningPractice”是一家专门提供听力服务的网站，学习者可以在网站内进行词汇、句子、篇章等方面的听力训练。

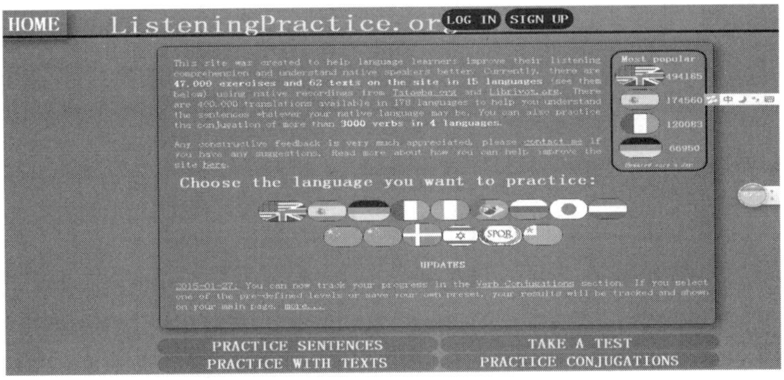

图 13 “ListeningPractice”的听力训练服务资源

3. 汉语学习工具资源

汉语学习工具资源主要指网站提供的在线词典、字典、汉字编辑工具、在线聊天程序、识字卡片等在线工具性资源。

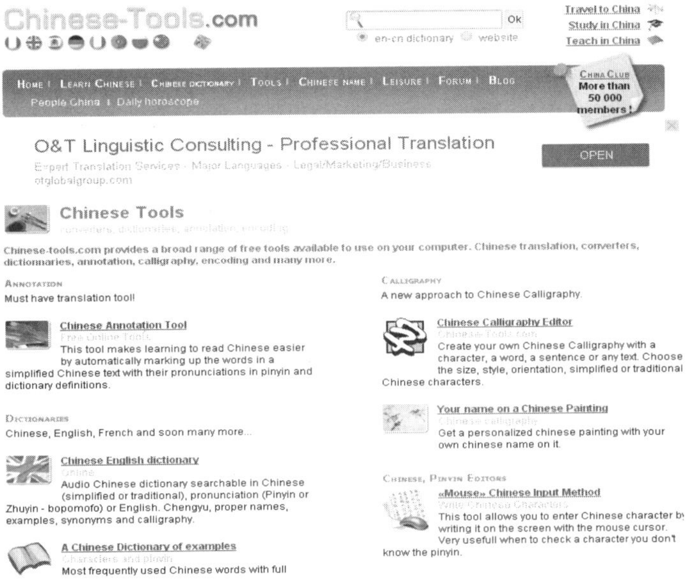

图 14 “Chinese-Tools”网站上的在线汉语学习工具

如图 14 所示，“Chinese-Tools”网站中既有语言技能学习资源，同时也为汉语学习者提供了众多汉语学习工具，如在线汉语翻译工具、汉英词典、汉语示例词典、汉字编辑器、汉字鼠标输入法等。这些在线工具可以帮助服务对象更加有效地学习与使用汉语。除了像“Chinese-Tools”之类同时提供多种类型服务资源的网站以外，还有一些网站则是专门提供在线工具，如“线上中文工具”共收集了40余种各类汉语学习工具，并将其分为“Tools for Learning”“Chinese Tools for Using Chinese”“China Reference Tools”和“Computer Tools”四个类别，学习者可以根据个人的学习需要选择相应的工具。

4. 与汉语学习相关的社会、文化与艺术资源

社会、文化与艺术资源指的是在线网点提供的与汉语学习相关的各类社会、文化、艺术类服务资源。该类资源一般不会为学习者提供直接的汉语要素、技能训练服务，但是汉语学习者可以通过其了解中国的社会状况、民间习俗、艺术形式等，建立起对中国文化的认知，增强汉语学习的兴趣。同时，该类资源对提升高级阶段汉语学习者对中国文化的认同也具有积极的作用。

图15 “LostLaowai”提供的社会、文化、艺术类服务资源

图15是“LostLaowai”网站的界面，其中既有对中国历史、春节、端午节的介绍，也有与学习者日常生活、学习密切相关的签证、免费在线英文电视方面的资源。学习者可以借此了解中国的社会、文化与艺术。

除了上述四种主要的服务资源之外，部分网站还会提供汉语水平测试、辅导以及职业汉语教学类的资源。前者主要是为汉语学习者提供HSK的模拟测试、备考资源、考试信息与辅导等，后者则主要为各类专业人员提供职业汉语教学资源。

表5是319个国际汉语学习网站的汉语学习资源分布状况，可以看出，提供语言技能类学习资源的网站最多，其次是工具类与语言要素类学习资源，再次是社会、文化、艺术类资源，可提供汉语水平测试、辅导以及职业汉语教学的网站数最少。

表5 国际汉语学习网站的资源类型及其分布

资源类型		可提供资源的网站数	占总网站数比例/%
工具类		84	26.3
语言要素类	语音资源	59	18.4
	语法资源	29	9.1
	词汇资源	34	10.7
	汉字资源	60	18.8
语言技能类	听力资源	188	58.9
	口语资源	186	58.3
	阅读资源	192	60.2
	写作资源	176	55.2
社会、文化、艺术资源	人文社会	34	10.7
	历史民俗	36	11.3
	文化课程	26	8.2
汉语水平测试、辅导类	考试信息	9	2.8
	考试辅导	19	6.0
职业汉语类		18	5.7

（二）展现形式

所谓展现形式指的是汉语学习资源在用户界面上传播或使用时采用的媒介形式。总的来看，在线资源的展现形式可分为两大类：一类是单媒介形式，另一类是多模态形式。

1. 单媒介形式

单媒介形式指服务资源在用户端传播或使用时采用单一的媒介形式。这种单一媒介可以是纯文字，也可以是单纯的图片、音频或视频等。

Basic Knowledge on Chinese Grammar

1. Basic Units of Chinese Grammar
Basic units of Chinese are Morpheme, Word, Compound and Sentence.

1). **Morpheme** - 语素. The smallest meaningful unit of Chinese language. Each morpheme most of time has one syllable, such as '人' and '好', and a few has more syllables, such as '巧克力' and '葡萄'.

2). **Word** - 词. Word is the smallest unit which can **use independently**, which is formed of one or more morphemes, such as '大', '沙发', '永远', '图书馆' and '现代化'.

3). **Compound** - 词组 or 短语. More than one word occur together based on certain rules make compounds, such as '首都北京' and '非常喜欢'.

4). **Sentence** - 句子. This a unit which can express certain meaning completely. Sentences need to have certain tones, which is shown by full stops, question marks, excalmatory marks etc.

图 16 "Chinese Learner" 在线语法学习的 "纯文字式" 单媒介展现形式

图 16 是 "Chinese Learner" 的汉语语法单位介绍与学习部分，主要介绍了汉语中语素、词、短语和句子四类语法单位，整个说明过程仅采用了纯文字进行解释，没有图片、音频、视频等辅助性媒介。

2. 多模态形式

多模态形式指服务资源在用户端传播或使用时采用组合式媒介形式，由文字、图片、音频、视频中的两种或多种相互组合共同完成信息的传播。

发音要领Essentials of Pronunciation
y:在汉语拼音中是一个比较特殊的符号，它不能独立构成音节。它有时代表i，有时代表ü。一般总在某些自成音节的拼音组合中出现。
如元音i和ü都只是一个拼音字母在它们自成音节时，前面都要加上y变成[yi]、[yu] (ü上面的两点要去掉)[ia]、[ie]、[ian]等复韵母自成音节时应写成y，即[ya]、[ye]、[yan]。
[iu]是一个特殊的复韵母，它在自成音节时写作[you]。
y在代表ü时，与y代表i时不同，在ü的前面加上y，同时去掉两点，而不是将ü换成y。
y is special sign in Chinese Pin-Yin, it can't form syllable alone. It sometimes expresses I and ü. In general, it always appears in some Pin-Yin joinder form of standing as a syllable alone.
Exalple: The vowelü and I are all only one Pin-Yin characted. When standing as a syllable as a syllable alone, they should be added y before them. Their forms are [yi],[yu] (erase two dot upon ü).
When [ia], [ie],[ian] etc. Compound finals forms syllable alone, I should be written y ,so their forms are [ya], [ye], [yan].
[iu] is a special compound final, when it forms syllables alone, is written as [you]. When y express ü, different from y express I, should add y before ü, meantime erase two dot rather than replace y.

图 17 "Learn Chinese Pinyin" 拼音学习的 "文字 + 图片" 多模态展现形式

图 17 在介绍“y”这个声母的发音要领和拼写方式时，不但使用了大量的文字加以说明，而且配有图片。“文字 + 图片”的多模态展现形式不仅彰显了主题内容，而且使表现形式更加多样化，引发读者的阅读兴趣。

图 18 央视网汉语学习频道的“文字 + 图片 + 视频”多模态展现形式

与图 17 不同，图 18 采用的是“文字 + 图片 + 视频”的多模态展现形式，界面中的服务资源不但配有图片和文字说明，而且附有“video”。学习者通过文字和图片了解到内容的主题以后，还可以通过视频进行在线学习。

表 6 不同展现形式的学习资源在网站中的分布

学习资源的展现形式			网站数量	所占比例 /%
多模态形式	双媒介	文字 + 图片	18	5.6
		文字 + 音频	40	12.5
		文字 + 视频	27	8.5
	三媒介	文字 + 图片 + 视频	16	5.1
		文字 + 图片 + 音频	24	7.5
		文字 + 音频 + 视频	3	0.9
	四媒介	文字 + 图片 + 音频 + 视频	41	12.9
单媒介形式			150	47.0

表 6 显示的是不同展现形式的学习资源在 319 个汉语学习网站中的具体分布。从统计数据来看，以单媒介方式展示学习资源的网站共有 150 个，占

47.0%；以多模态方式为主展示资源的网站共有 169 个，其中双媒介的比例最高，占总数的 26.6%；其次是以三媒介、四媒介为主要展示方式的网站，分别占总数的 13.5% 和 12.9%。

（三）语言设置

我们这里所说的语言设置指的是在线汉语学习资源所采用的语言展现形式。从调查结果看，主要分为单语言展示与多语言展示两种形式，前者的服务资源仅用一种语言进行展示，后者则采用两种或多种语言进行呈现或者网站界面可以在不同的语言版本之间进行切换。

1. 单语言展示

图 19 “LostLaowai” 在线文化资源的单语言展示界面

图 19 是“LostLaowai”在线“CHINA GUIDES”的界面，该页面中包含了对中国文化、旅游、汉语学习等方面相关知识的介绍，其中的内容均采用英语进行说明，是比较典型的单语言展现形式。采用单语言展示的网站多为提供社会、文化、艺术类服务资源的网站，部分针对本族语者的国外网站也倾向于使用单语进行展示，这种状况与网站资料的类型、服务对象与目的有着密切的关系。社会、文化、艺术类资源主要是为了让学习者了解中国的社会、文化、艺术，不具有技能训练性质，所以更多采用普及度较高的英语作为解释与说明性语言；部分网站主要服务于特定的学习对象，因此也多选用其熟悉的语言来展示资源。

2. 多语言展示

Greetings in Chinese

- 你好！
  nǐ hǎo ！
  Hi. / How do you do.
- 您好！
  nín hǎo ！
  Hi. / How do you do. (To seniors or superiors to show respect.)
- 很高兴认识你。
  hěn gāo xìng rèn shí nǐ 。
  Nice to meet you.
- 早上好！
  zǎo shàng hǎo ！
  Good morning!
- 下午好！
  xià wǔ hǎo ！
  Good afternoon!
- 晚上好！
  wǎn shàng hǎo ！
  Good evening.
- 晚安！
  wǎn ān ！
  Good night.
- 吃了吗?
  chī le ma ?
  Have you had your meal? (Chinese way of greeting, usually around the meal time.)

图 20 “Chinese learner” 在线汉语口语资源的双语言展示界面

图 20 中展示的汉语口语对话练习采用了双语展示，先用汉语及汉语拼音呈现，其后用英语进行标注。这种标注方式非常有助于低水平段的学习者理解文本内容，从而降低学习的难度。

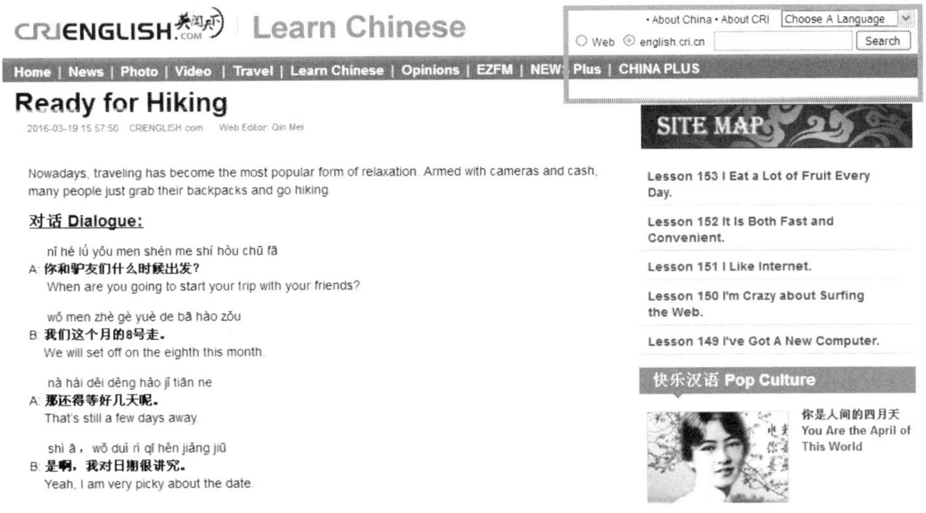

图 21 “英闻天下” 在线汉语资源的语言设置及网站界面的语言切换键

图 21 是“英闻天下”的在线语言学习资源界面，其右上角是页面语言的切换按钮，通过该按钮学习者可以根据自己的母语选择在线资源的语言展示方式。“英闻天下”主界面提供了汉语、英语、韩 / 朝语、阿拉伯语等 49 种可供选择的语言。

表 7 展示的是网站学习资源的语言设置情况。从分布上看，使用多语言展示的网站共有 276 个，占 86.5%，使用单语言展示的仅有 43 个，占 13.5%，前者的数量要远远大于后者。多语设置的网站则以双语为主，共 251 个，占 78.7%；两种以上语言为辅，共 25 个，占 7.8%。

表 7 国际汉语学习网站学习资源的语言设置类型及分布

资源的语言设置类型		网站数量	所占比例 /%
单语言设置		43	13.5
多语言设置	两种语言	251	78.7
	两种以上语言	25	7.8

（四）资源分级

汉语学习网站提供的各类在线服务资源总体上可分为“非分级资源”和“分级资源”两大类。前一类资源一般不按照使用者的汉语水平划分资源的级别，后一类资源则往往按年龄或学习阶段划分出不同的层次或级别。

1. 非分级资源

图 22 “Free Chinese Lesson”网站中的非分级资源

图 22 是“Free Chinese Lesson”网站中的“谚语”和“中国歌曲”汉语学习资源。前者提供了诸多的中国谚语，但是并没有根据学习难度对其进行分类和分级，后者亦是如此。非分级资源网站的类型与资源的特征存在密切的关系。以传播汉语基础知识和介绍中国文化艺术为主的网站往往不对资源进行分级，技能训练型与课程学习网站则偏好进行分级。

2. 分级资源

图 23 “朗朗中文”在线汉语学习资源的年龄分级

图 23 是“朗朗中文”在线汉语学习资源的分级类型，网站将全部资源按照适用年龄分为了启蒙、小学、中学、大学 / 成人四个级别。网站内的所有资源也均按此体系进行了分类。

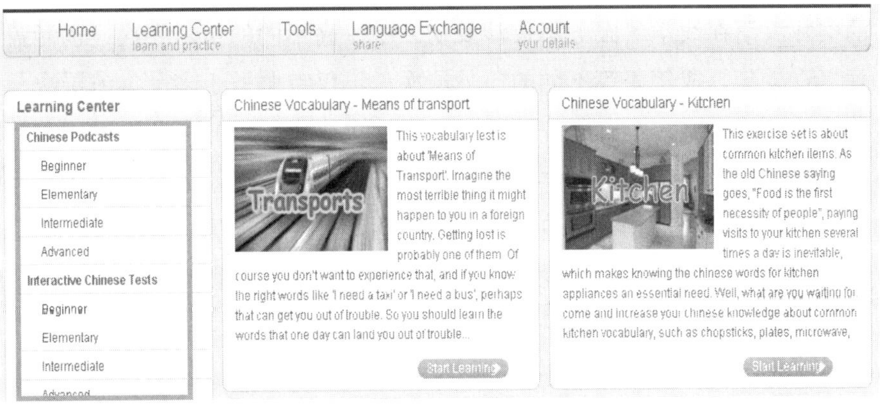

图 24 “visual mandarin”在线资源的学习水平分级

图 24 展示的是“visual mandarin”在线分级汉语学习资源，网站将学习资源分成了多个不同的类型，每个类型内部又按学习者的水平分为了“Beginner”“Elementary”“Intermediate”“Advanced”四个级别。学习者在选择资源时，可以根据自身的汉语程度选择相应的级别。值得一提的是，不同的网站对汉语级别类型的划分并不完全一致，比如很多网站会将初、中、高各级再细分为上、下两段。

表8是319个国际汉语学习网站学习资源的分级状况。从统计数据来看，78.3%的网站未对其资源进行分级；69个分级网站中，按年龄分级的共有22个，占6.9%，按水平分级的共有34个，占10.7%，采用“年龄＋水平”复合式标准分级的共有13个，占4.1%。

表8　国际汉语学习网站学习资源的分级状况

资源分级类型		网站个数	所占比例/%
分级	年龄分级	22	6.9
	水平分级	34	10.7
	复合分级（年龄＋水平）	13	4.1
未分级		250	78.3

三　服务特征

国际汉语在线学习服务的特征主要表现在以下几个方面。

（一）服务对象广泛，服务内容全面，服务资源多样。从对象上看，目前的国际汉语在线学习服务不仅涉及初、中、高不同的学习层次，也涵盖了儿童、青少年、成年人等不同的年龄层次；不仅有服务于多个学习层次与年龄段的综合性网站，也有服务于某一学习层次或年龄段的专业性网站。从内容与资源上看，各个网站提供的服务项目与资源几乎涵盖了留学生所有可能的汉语学习需求。这其中既包括了语音、词汇、语法、汉字等语言要素学习方面的内容，也包含了听、说、读、写等语言技能要素训练方面的服务。除此之外，很多网站还会提供语言学习工具、汉语水平测试与辅导、职业汉语训练、文化民俗等方面的服务。可以这样说，目前的国际汉语在线学习服务已经日渐成为一个对象广泛、内容全面、资源多样的系统性网络。

（二）服务方式日渐灵活多变。目前国际汉语学习网站采用的主导性服务方式是“单向供给式服务”。供给方将制作好的汉语学习文本、音频、视频等资源通过网络免费或付费的方式提供给汉语学习者。这种服务方式的主导权掌握在作为供给侧的网站一方，汉语学习者只能被动地选择供给方提供的学习资源、学习时间、学习方式等，供需双方的互动不足。这在一定程度上造成了某些供需的错位。面对这种状况，很多网站，尤其是有偿的商业性学习网站推出了带有定制特点的“双向互动式服务”，服务提供者根据汉语学习者的学习内容、学习水平、学习特点、学习时间与地点等为其定做专属的课程。目前，少数商业性学习网站会在单向服务之外，为消费者提供“定制”服务的选项，服务方式日趋灵活。

（三）网站功能分化，网站资源呈现细化倾向。整体来看，现有的国际汉语学习网站发展呈现为综合性和专业性两种倾向。前一类网站偏重提供综合类服务。比如，不仅提供语言要素学习服务、语言技能训练项目，也提供各类汉语学习工具以及汉语水平测试与辅导等。后一类网站则是专门提供某一类汉语学习服务，或者专门提供语音、词汇、语法、文字学习方面的内容，或者专门进行听、说、读、写方面的训练，或者专门提供汉语学习工具。此外，网站内的资源，尤其是收费的商业性网站，其学习资源呈现细化倾向。多数商业性网站会按学习者的年龄或学习水平对学习资源进行分类、分级；部分网站还会按照学习者的职业特点或学习需要从原有的网络课程中分化出短期课程、成人速成课程、HSK 课程、提升强化课程等；专门提供文化资源的网站也会将资源按不同的主题（民俗、诗歌、建筑、器物、音乐等）进一步细分并设置为不同的板块。

（四）服务资源质量参差不齐，服务水平高低不一。不同网站提供的汉语学习资源与服务，其质量往往存在很大的差异。总的来看，有偿服务的网站、商业类网站为了吸引消费者，其资源的系统性、质量以及服务水平往往要优于公益类、个人分享类以及无偿服务类网站。即使是同类学习资源，其质量也往往有所不同。比如，听、说、读、写四类技能资源，多数网站的听、读资源要比说、写资源丰富、质量高，训练手段也更加多样。这种差异除了不同类别资源的属性存在密切关系之外，也与供给者对各类资源的开发力度与投入等存在关联。此外，很多资源自身的质量也存在诸多的问题。比如，音频、视频发音不清楚，语速过快超越学习者的接受能力，词语解释不清，例句使用不当，阅读材料中词汇、汉字等难度过高等问题的出现率都极高。

（五）服务资源分布存在结构性不均衡。资源分布的不平衡一方面表现为不同年龄阶段的资源数量不均衡。从课题组的调查来看，各类网站中提供的成人学习资源较多，儿童、青少年年龄段的资源偏少，尤其是针对少年儿童的汉语学习网站与资源就更少了。这种状况与国内汉语学习群体的特征存在密切关系。目前，留学生、商人、翻译人员等成年学习者依然是国内汉语学习的主体，是主要的消费者。这种消费群体的结构必然会在汉语学习网站的资源设置上有所反映。另一方面表现为不同类别的学习资源分布不均衡。技能训练与工具类资源的数量要显著高于其他类型的资源。即使是同一类资源，其内部往往也存在不均衡性。比如，听说类学习资源要显著丰富于读写类资源。

四　几点建议

（一）提升资源质量

学习资源的质量不仅直接影响学习者的在线学习效果，也决定了一个网站的服务水平。就调查结果看，部分网站，尤其是非营利性网站，其学习资源的质量依然存在着诸多“软硬件”层面的问题。在今后的建设中，网站可以着力从以下两个方面提升学习资源的质量。“硬件”层面，确保文本材料中无错别字、无语法错误、无词语使用错误，确保音频、视频的发音有较高的清晰度与流畅度；“软件”层面，除了要做到词语解释清晰明了，配例使用准确恰当之外，还要充分考虑到服务对象的年龄层次，考虑到学习者的语言水平、认知特点，使网站提供的各类资源的难易度尽可能地契合学习者的特征。

（二）创新服务方式

单边供给式是目前国际汉语学习网站的主导服务方式。由于这种方式在资源供给上具有单向性，学习者缺少协商权，无法获取符合自身需要的学习资源，因此很难满足消费者的个性化需求。未来，尤其是对有偿的商业性网站而言，在采取单边供给式服务方式的同时，还应该大力推进以双边互动和个性定制为核心特征的双向互动式服务，及时吸收与利用互联网、人工智能等方面的先进技术，不断对现有的服务方式进行改良与创新，从而满足服务对象日趋多样化的汉语学习需求。

（三）关注低龄群体

长久以来，国内的对外汉语教学对象以成年人为主。这种状况导致了以往我们在设置课程、构建教学模式、选择教学方法时，更多的是以此年龄段群体的认知规律和学习特点作为依据，在一定程度上忽视了其他年龄段，尤其是低幼群体的需要。近十几年来，随着我国综合国力的不断提升、对外交流的不断加强以及汉语国际教育事业的不断发展，汉语学习群体的年龄结构也随之发生了变化。国内汉语学习者虽仍以成年人为主，但未成年人的数量较以前已明显增加。国外汉语学习者的低龄化趋势则更为明显，据报道，海外汉语学习者的低龄化平均水平已达 50%，有些国家甚至已达到或突破 60%，且仍呈现发展的趋势。因此，在未来的网站建设中，除了成年学习者之外，国际汉语学习网站还要关注低幼学习者这一逐渐发展的新兴群体，要逐步开发与该年龄段学习特点相应的在线学习资源，探索与之相适应的教学模式与方法。

（张迎宝、何倩怡）

国际汉语学习APP *

随着移动互联网的快速发展和智能时代的到来，以APP为代表的移动应用程序成为外语在线学习的重要方式。近年来，国际汉语学习APP发展迅猛，在汉语国际推广中发挥的作用日益显著。本报告主要通过对目前手机市场中国际汉语学习APP及留学生使用情况的调查，考察该类APP的服务现状和服务质量。

一　国际汉语学习APP现状

为考察国际汉语学习APP的现状，我们对当今主流的两大智能操作系统中的应用商城——苹果系统中的“Appstore”和安卓系统的“应用市场”进行了调查。

具体调查途径有两个：一是在两个应用商店中使用“汉语”“中文”“中国话”“中国语”“中语”“华语”“华文”“国语”“汉字”“拼音”“Chinese”“Mandarin”12个关键词直接搜索；二是结合百度、必应等网站通过“汉语学习APP”“外国人学汉语APP”“中文APP”等关键词搜索国际汉语学习APP，再去两个应用商城搜索验证，避免因商城关键词搜索出现的遗漏。

（一）基本情况

1. 总数量和分布

本次调查我们共搜集到454个国际汉语学习APP，两个系统搜索结果相差悬殊，具体情况见表1。

* 本报告为2018年度教育部人文社会科学研究规划基金项目“人类命运共同体观指导下的国际理解教育互动问题研究”（18YJA880050）、广州市教育系统创新学术团队“语言生态与服务研究”（1201620012）的阶段性成果。

表 1 国际汉语学习 APP 的总数量

	苹果系统	华为安卓	二者相同软件	总数
APP 软件数量	397	57	12	454

从表 1 可知，苹果系统中国际汉语学习 APP 数量远超安卓系统，前者几乎是后者的 7 倍。在调查中，我们还发现部分相同软件在苹果系统中内容和功能更为全面、丰富，如在苹果系统中提供丰富的汉字和汉语学习内容的软件 MagiChinese 在华为应用市场中下载后仅能使用小部分汉字动画的学习内容（如图 1、图 2 所示）。这可能与两个系统在国际市场使用率的差别有关，相对而言，苹果系统在国际市场占有的份额更大，海内外汉语学习者使用该系统的概率更高，因而，为国际汉语学习服务的 APP 更多地出现在苹果系统。

图 1 苹果系统里的 MagiChinese

图 2 安卓系统里的 MagiChinese

2. 服务对象、服务语言、服务收费情况

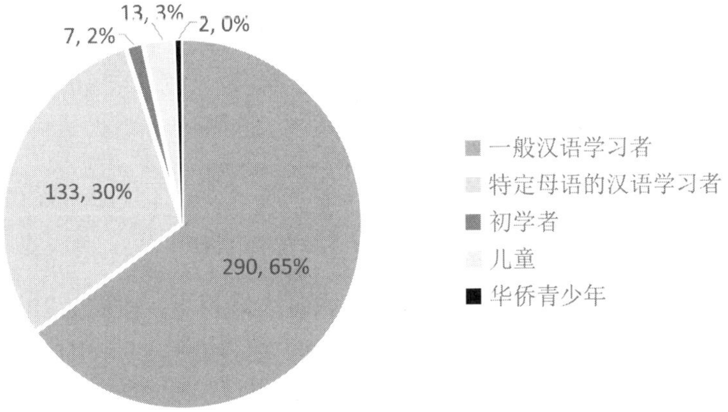

图 3 国际汉语学习 APP 的服务对象

目前国际汉语学习 APP 主要服务于一般的汉语学习者，比例超过一半；针对特定母语的汉语学习者的 APP 也占有一定的比重，比例为 30%；针对特定人群如初学者、儿童和华侨青少年的 APP 还非常稀缺，总额仅占 5%。

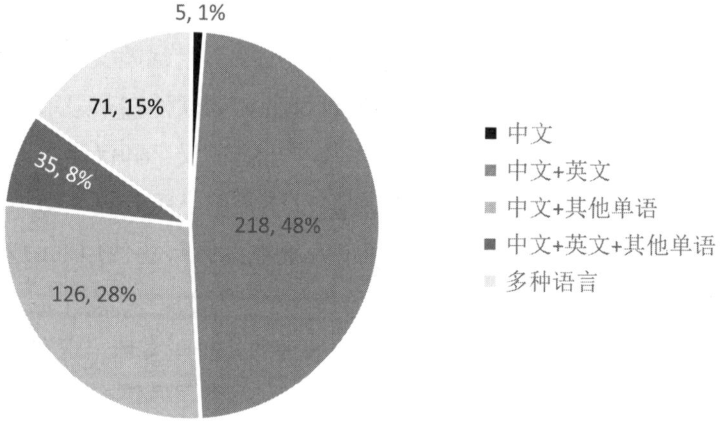

图 4 国际汉语学习 APP 的服务语言

在服务语言的使用上，接近 50% 的国际汉语学习 APP 采用中文 + 英文的模式，中文 + 英文以外的其他单语的服务语言能较好地满足相应母语人士汉语学习需求，也具有相对优势，占比 28%；提供多语种服务的 APP 还不多，仅占 15%。

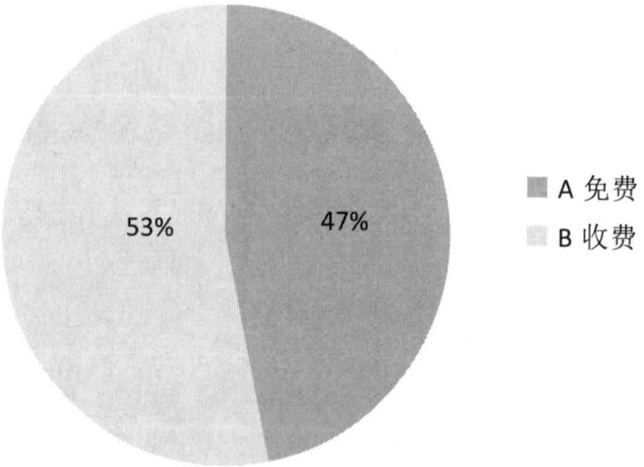

图 5 国际汉语学习 APP 的收费情况

据图 5 可知，免费 APP 与收费 APP 数量大体相当，收费 APP 比例略高，占 53%。收费形式主要包括提供应用内购买项目和免费试用后按使用时长收费两种。

（二）具体内容及其特点

根据提供的服务内容可将国际汉语学习 APP 分为以下六类：字典词典翻译类、综合汉语学习类、单项要素学习类、汉语测试辅导类、互助社交学习类和专业汉语学习类。具体情况见表 2。

表 2 国际汉语学习 APP 分类和比例

<table>
<tr><th></th><th colspan="2">类别</th><th colspan="2">统计数量</th><th>比例 /%</th></tr>
<tr><td>1</td><td colspan="2">字典词典翻译类</td><td colspan="2">169</td><td>38</td></tr>
<tr><td>2</td><td colspan="2">综合汉语学习类</td><td colspan="2">121</td><td>27</td></tr>
<tr><td rowspan="3">3</td><td rowspan="3">单项要素学习类</td><td>语音学习类</td><td>6</td><td rowspan="3">87</td><td rowspan="3">20</td></tr>
<tr><td>词汇学习类</td><td>41</td></tr>
<tr><td>汉字学习类</td><td>40</td></tr>
<tr><td>4</td><td colspan="2">汉语测试辅导类</td><td colspan="2">49</td><td>11</td></tr>
<tr><td>5</td><td colspan="2">互助社交学习类</td><td colspan="2">11</td><td>2</td></tr>
<tr><td>6</td><td colspan="2">专业汉语学习类</td><td colspan="2">8</td><td>2</td></tr>
<tr><td>总计</td><td colspan="4">445</td><td>100</td></tr>
</table>

1. 字典词典翻译类

主要包括外国人在汉语学习过程中使用到的字典、词典和翻译类软件，提供字词查询和翻译功能服务。这类软件数量最多，我们共搜索到 169 种，占比 38%。字词典的代表性 APP 有“Pleco（英汉）”“Naver（韩汉）”，翻译类代表性 APP 有“百度翻译”“有道翻译”“谷歌翻译”等。

与传统纸质字词典相比，词典类 APP 携带方便，内容丰富，功能强大，操作简便，深受学习者欢迎。如 Pleco 是一款中英互译词典，该词典拥有强大的词典数据库引擎，除了内置两款实用的免费词典（拥有 125 000 个详细词条及超过 25 000 个例句），还提供 20 多个其他免费及付费词典插件；在词典功能基础上，提供汉字、词组和句子的全方位学习内容；支持笔画、拼音、汉字、拍照、全屏手写等各种输入方式；学习者还可自建或导入单词卡，巩固学习效果；带有文档阅读器功能，可粘贴文字，点按其中的单词即可查词（见图 6）。

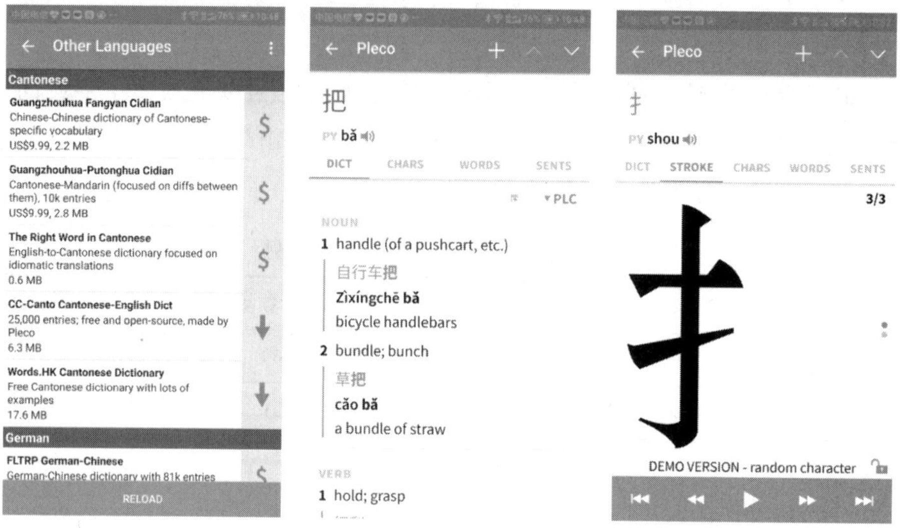

图 6　Pleco 截图

专业翻译类 APP 除了实现基础字词查询释义功能，还提供句子、语篇的翻译服务。如百度翻译提供支持中文、英文、日语、泰语、德语等 28 种热门语言互译，有海量权威词库（覆盖 30 万本地词条），提供语音翻译、拍照翻译、离线翻译、对话翻译服务。

字典词典翻译类软件使用率非常高，其中有 16 款评分 4 分以上。词库容量、释义的准确度及功能是否实用是影响该类软件使用的重要因素。

2. 综合汉语学习类

主要包括可供外国人学习语音、汉字、词语、语法、文化等多项学习内容，为全面提高学习者汉语听说读写技能的 APP。综合类软件总共有 121 款，占比 27%。代表性软件有“多邻国（duolingo）”“驿承（yichan）”“Chineseskill”“HelloChinese”“Du Chinese”“Read Chinese”“Learn Mandarin”“YiyaHanyu Chinese”等，其中多邻国是包含中文的多语类学习软件，其他均为专门的汉语类学习软件。

综合类 APP 提供的具体学习内容主要包括如下几类：

（1）汉语课程。主要提供汉语学习的系列课程及学习素材，涵盖语音、词汇、汉字、句子及课文等各个方面，如“HelloChinese”“Chineseskill”提供大量优质的汉语学习内容，包括具体的语言点和沉浸式课程，前者主要以语音、语法知识的介绍及日常使用的词句（如家庭、动物、食物、数字等）的训练为主（见图 7），后者则侧重会话和短文的学习（见图 8），适合各个阶段的学习者。

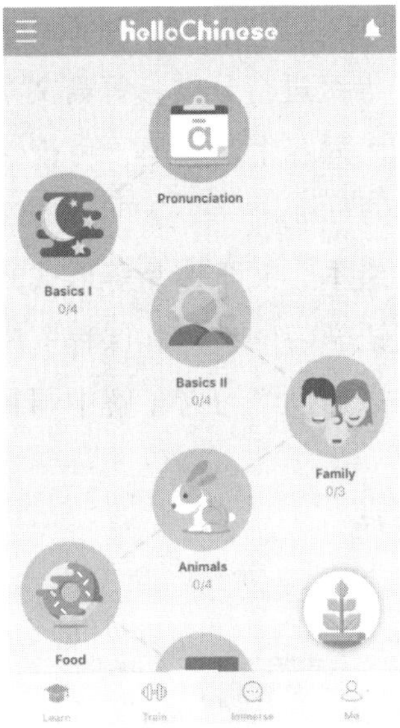

图 7 HelloChinese 语言点学习

图 8 Chineseskill 的沉浸式课程

（2）视频材料。包括汉语课堂教学视频和真实汉语交际场景视频两类。如驿承提供了《快乐汉语》系列教学视频（见图 9），YiyaHanyu Chinese 则展示了丰富的配有文本的现场汉语交际视频，方便学习者学习（见图 10）。

图 9 驿承的视频材料

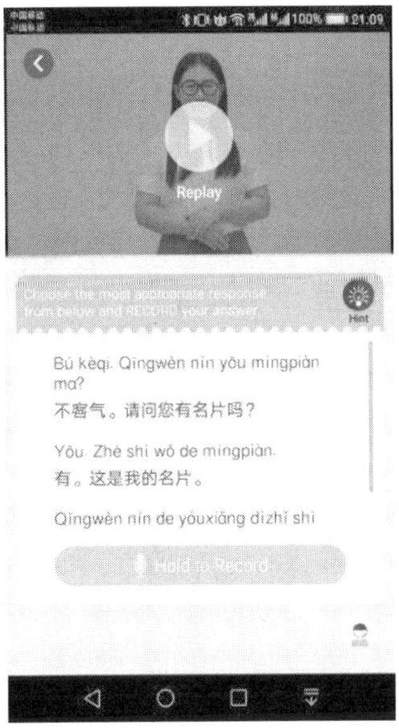

图 10 YiyaHanyu Chinese 的视频材料

（3）阅读文章。以阅读短文的形式呈现的汉语学习材料，主要是介绍和展现当代中国社会生活风貌和中国文化的新闻或短文，如 Du Chinese 就是通过阅读来学习汉语的 APP，文章按话题和等级进行分类，每篇文章都显示话题类别、内容介绍、形式（对话或短文），内容生动有趣，可读性强（见图 11）。

（4）文化资源。主要包括电影、音乐、绘本、文学作品等形式的汉语文化资源，以驿承为代表，该软件除了提供汉语学习的教材和课程资源外，在拓展栏目还提供大量各种形式的文化资源，以帮助学习者了解中国和中国文化（见图 12）。

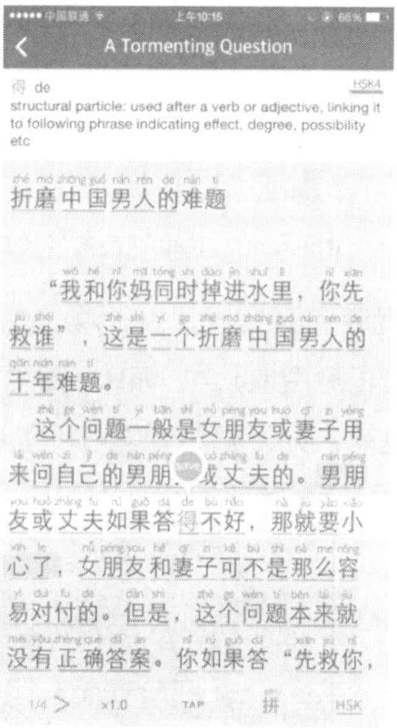

图 11　Du Chinese 的阅读文章

图 12　驿承的绘本资源

高质量的综合类 APP 提供的汉语学习服务特点鲜明，具体包括：内容丰富全面；将学习内容细分为若干个知识点，分解任务难度，简单易学；注重语言项目和技能的训练，通过游戏化练习的方式来学习或者巩固学习效果；功能强大，适合自主学习。但部分综合类 APP 还存在着解释不够准确，内容加工不够等问题。

3. 单项要素学习类

以语音、词汇、语法、汉字等单项语言要素学习为主的 APP 总共有 87 款，其中语音类软件较少，主要以词汇学习和汉字学习为主，二者数量趋近，分别为 41 款和 40 款。

（1）词汇学习类

通过游戏、图片、生词卡的方式让学习者习得生词的 APP。代表性软件是 Chineasy Cards、hellowords。Chineasy Cards 通过图像和联想学习，加深词汇记忆，注重游戏设计，让词汇学习生动有趣；hellowords 则通过单词卡的方式展示词汇读音、词性、意义及例句，让学生迅速习得词汇，还提供较为丰富的练习和测试来巩固记忆。

词汇内容根据词汇级别或话题分类来安排，系统性强，学习任务简单易学，如 hellowords 一个页面只学习一个词，方便学习者利用碎片化时间迅速积累词汇量；提供监督和激励学习手段，如鼓励学习者打卡学习，设置互助社区，可现场纠音，向老师求助答疑等。

目前部分词汇软件还存在一些不足之处：图片释义功能有限，有牵强附会之感；生词意义的解释以词典式展示英译为主，没有例句或上下文，词汇学习效果不佳；词汇内容的选取带有一定的随机性，目标词汇较少等。这些不足致使词汇软件好评率较低，目前仅有 5 款获得系统评分。

（2）汉字学习类

以汉字的发音、笔画、意义等的学习为主的 APP，共有 40 款。代表性软件有“bridge”“享受学习汉字”“写汉字游戏 -Chinese Wrtier”“Art of Chinese Characters”“magichinese”“Learn Mandarin Chinese writing”等。

汉字类 APP 通过图片、动画、游戏、联想记忆、生字卡、汉字部件的拆分和组合训练等方式加强汉字学习的形象性、趣味性，增进汉字结构意识，降低汉字学习难度，提升汉字学习效果。汉字学习内容主要按汉字难易度、常用度和话题分类等方式来编排，学习者可以根据需要选择汉字学习目标，部分 APP 能根据学习者情况智能提醒易学和难学的汉字，并提供复习和测试内容（如写汉字游戏，考试复习，享受学习汉字）。汉字类 APP 提供的汉字学习服务让汉字学习变得简单有趣，但部分软件的科学性仍有待加强，如汉字字形和意义解释不够科学，如“预”从页，予声，本义为安乐，而图 13 中的对该字的解释却是指织布机上梭子来回穿梭，认为大脑的思维活动与此类似。某些图片或动画解释更是牵强，如图 14 中的“女”被解释为在餐馆点餐的女人。

图 13 “预”的释义

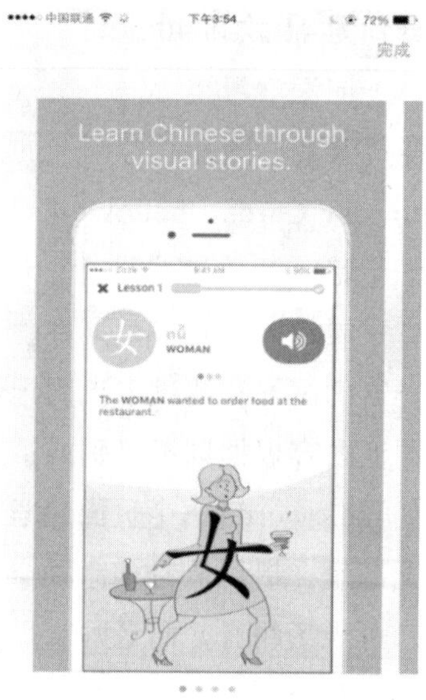

图 14 “女”的释义

4. 汉语测试辅导类

主要针对各类汉语水平考试学习以及备考的 APP，共 49 款，占 11%。代表性软件有“HSKonline”“Hello hsk(1-6)”和“ichinese”等。服务内容范围覆盖 HSK、YCT、HSSK 和 BCT 多个考试类型等，为考生提供各种考场练习汉语、备战汉语考试的平台。

汉语测试类 APP 软件为学习者提供汉语水平测试真题和模拟题训练，内容系统全面，设计科学。在功能设置上充分考虑学习者自我学习特点，提供多样化服务。如 HSKonline 提供学前水平测试、智能出题、教师作文批改服务；支持多种语言切换，满足不同母语学习者汉语测试备考需求；有排行榜、个人学习记录资料整理等辅助功能，激励督促学习者自我学习。部分 APP 如 Hello hsk（1-6）还使用了语音论坛功能，汉语学习者可以在论坛中参与汉语口语水平考试（HSKK）的口语练习，参与发音练习，随时找老师寻求帮助。

5. 互助社交学习类

旨在为汉语学习者提供师生在线互动教学、语伴语言互助交流以及人机交互平台的 APP，共有 11 款，占 2%。典型代表有“Hellotalk”“tandem 语言交换”“中文帮”“Talkeer”等，前两者为全球语言学习交换平台，后两者为专门的在线中文学习平台。

该类 APP 提供的学习内容和方式灵活多样，包括外语学习者互助社区、外教课程、视频聊天、在线翻译提问和纠正语言问题等。软件各有特色，Hellotalk 是全世界第一款语言学习社交应用，能为外语学习者寻找语言学习伙伴，并使学习者通过文字和语音交换，互相帮助，共同进步。中文帮则为汉语学习者提供语言交换平台和丰富的课程资源，学习者可在语言交换社区中，与中国本地的小伙伴们结为语伴，也可以通过网络在线与中国本地教师一对一学习或购买相应课程并在预约的固定时间上课。

目前互助社交学习类软件总体数量不多，大部分下载量和使用率也很低。究其原因主要有三：（1）语言互助学习模式稳定性差，无法持续学习；（2）软件设置板块丰富，但内容较少或者空缺，论坛活跃度低；（3）技术问题突出，频繁出现闪退或无法使用。

6. 专业汉语学习类

主要针对某些专业行业或社会生活领域开发的 APP 软件，目前只有 8 款，数量较少。典型代表如"商务汉语（Chinese for business 1-4）""Learn Chinese series"，主要为学习者提供商务、旅游、医疗、约会和饮食等领域中的常用词汇和句型的学习材料。总体而言，该类 APP 提供的学习内容较为单薄，下载量和评分都不太理想。

（三）小结

1. 目前国际汉语学习 APP 已成规模，主要服务于一般汉语学习者，针对特定母语或特定人群如华裔青少年的 APP 较少，服务语言以中 + 英为主，一半为免费软件。类型上以词典类占比最高，其次为综合类和单项要素学习类，专业汉语学习类和互助汉语学习类有待进一步开发。

2. 市场已涌现一定数量的服务质量高的软件，能适应移动学习特点。这些特点包括：功能强大，操作简便，图案界面清新美观简洁；内容实用、丰富、有趣，学习效率高；单元内容短小，适合碎片化学习；线上互动活跃，方式多样，包括在线教师、在线纠音、在线分享、好友交流等；鼓励督促自主学习，确保持续学习。

3. 国际汉语学习 APP 也暴露出一定的问题：（1）市场零散，水平参差不齐，缺乏规范，同质性软件太多，重复建设，缺乏个性。（2）某些软件内容单薄，缺乏科学性、针对性和系统性，如翻译不够精准，解释有错误，发音生硬，例句不规范；软件介绍与实际内容不符合，为无效软件。(3)技术不过关，频繁闪退。

二　国际汉语学习 APP 的使用状况

为考察国际汉语学习 APP 的具体使用情况，我们通过在线问卷调查网站问卷星对北京、上海、广州、武汉等地的高校留学生做了问卷调查①，另外包括少部分国外汉语学习者，共回收有效问卷 282 份。

本次调查对象来自美国、加拿大、韩国、日本、德国、法国、泰国、印度尼西亚、俄罗斯等 10 多个国家，主要为 18—35 岁的年轻人，比例超过 90%（见表 3），是智能手机 APP 使用的主体人群。

表 3　调查对象年龄分布

年龄	数量	比例 /%
0—12	2	0.7
13—18	2	0.7
19—25	183	64.9
26—35	79	28.0
36—45	10	3.6
45 岁以上	6	2.1
总计	282	100.0

经调查，国际汉语学习 APP 的使用状况如下：

（一）总体情况

总体而言，国际汉语学习 APP 的使用比率和频率都较高。超过一半（60.6%）的留学生使用了 1—2 种 APP，也有不少留学生使用了 3—4 种 APP，占 18.8%（见图 15）。36.2% 的学习者表示经常使用 APP，从来不使用的学习者只占 7.5%（见图 16）。

① 本问卷根据郭嘉莉（2014）《基于智能手机的对外汉语移动学习类软件 APP 的调查与研究》设计问卷改编而成。

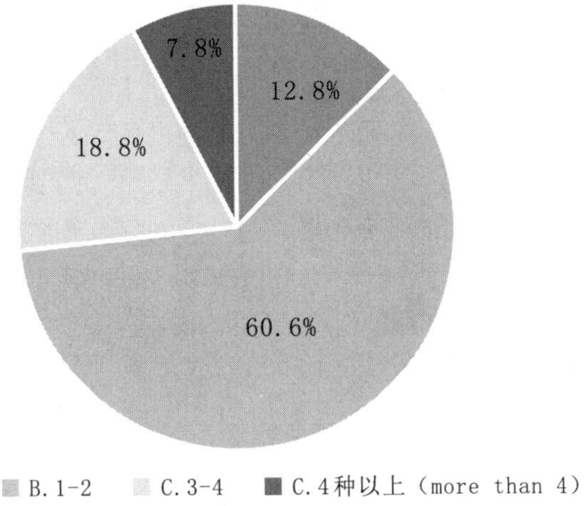

图 15 留学生使用国际汉语学习 APP 的比率

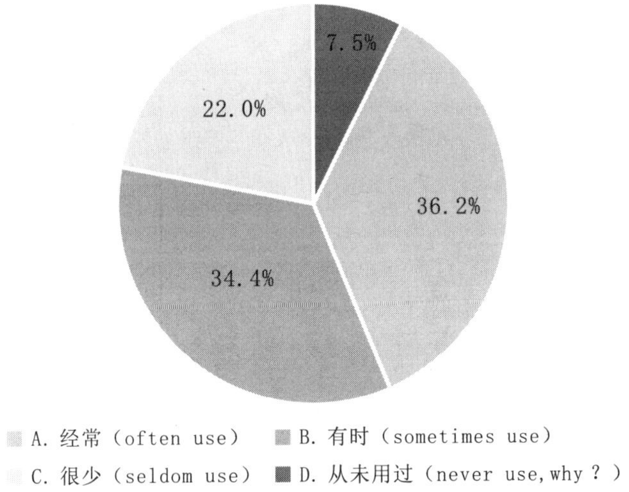

图 16 留学生使用国际汉语学习 APP 的频率

从获得途径上来看，留学生主要通过朋友介绍、关键词搜索和老师推荐三种方式获得 APP 信息，其中朋友介绍和关键词搜索为最常用途径，比例分别为 57.1% 和 48.9%（见图 17）。

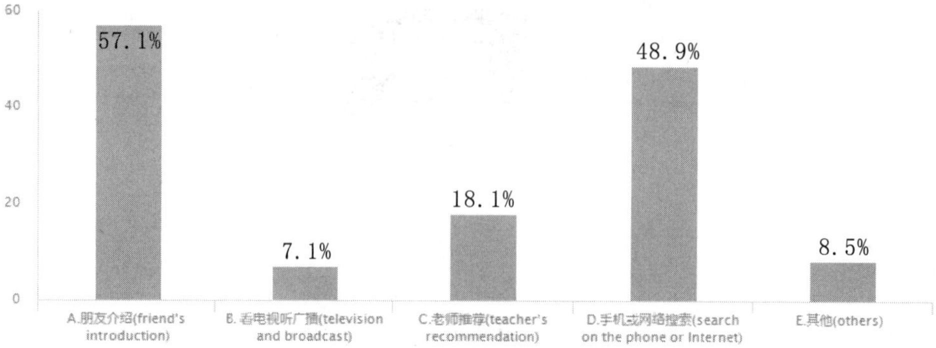

图 17　留学生国际汉语学习 APP 的获得途经

从认可程度来看，留学生对 APP 在汉语学习中所起的作用持认可态度，超过一半（51.1%）的留学生认为 APP 对汉语学习有很大的帮助（见图 18）。

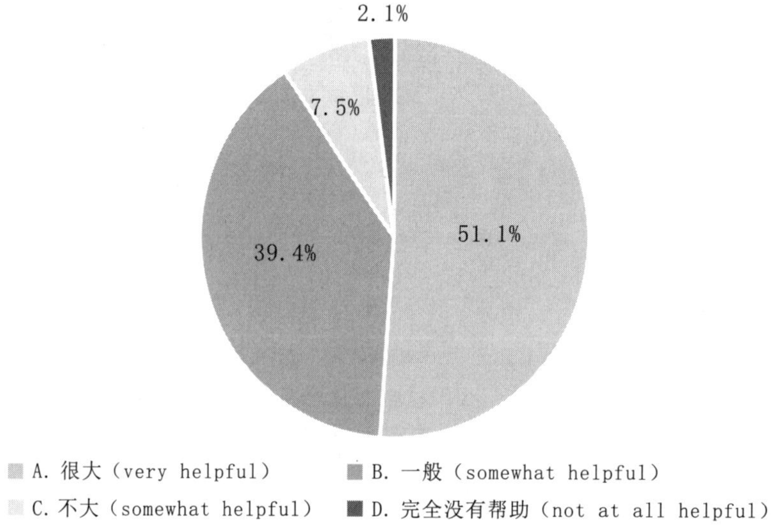

图 18　留学生对国际汉语学习 APP 的认可程度

（二）具体情况及其评价

1. 留学生最喜爱的国际汉语学习 APP

我们采用填空的方式让留学生写出他们使用的 APP 的具体名称，调查得出留学生最喜爱的前 15 款 APP。具体情况见表 4。

表 4 留学生最喜爱的国际汉语学习 APP 排名

排名	APP 名称	填写人数	类别
1	Pleco	109	字典词典翻译类
2	trainChinese	25	字典词典翻译类
3	百度翻译	20	字典词典翻译类
4	汉声中文系列（Hello hsk1-6、Hellowords）	13	汉语测试辅导类、单项要素学习类
5	谷歌翻译（Google Translate）	11	字典词典翻译类
6	汉语词典（Chinese Dictionary）	7	字典词典翻译类
7	多邻国	6	综合汉语学习类
8	忆术家（Memrize）	6	综合汉语学习类
9	Hellotalk	5	互助社交学习类
10	HelloChinese	5	综合汉语学习类
11	Naver	5	字典词典翻译类
12	HanpingChineseDictionary	5	字典词典翻译类
13	有道词典	4	字典词典翻译类
14	Du Chinese	4	综合汉语学习类
15	HSKonline	3	汉语测试辅导类

从表 4 可知，字典词典翻译类软件是留学生最喜爱的 APP，共 8 款，占比 53%，其中 Pleco 以绝对数量优势排名第一，其次为 trainChinese、百度翻译、谷歌翻译、汉语词典等。汉声中文系列 Hellohsk 和 Hello words 分别为 HSK 辅导和词汇学习类软件，颇受留学生欢迎，排名第四。多邻国、忆术家（Memrize）是较受欢迎的综合汉语学习类软件，分别排名第七、第八，二者同为多语学习软件，有广大的应用市场。专门的综合汉语学习类软件 HelloChinese、Du Chinese 的影响力稍低一筹。值得一提的是 Hellotalk 是唯一一款进入前 15 位的互助社交学习类软件，排名第九。汉字学习类和专业汉语学习类软件均未能进入前 15 的行列。

总体来看，最受欢迎的 APP 软件反映出集中趋势，但内部差别悬殊。Pleco 认知度最高，其他软件使用集中程度骤减。位居第一的 Pleco 使用人数有 109 人，而排 15 位的 HSKonline 只有 3 位留学生填写。这一方面反映了 Pleco 软件服务质量高，极大满足了留学生汉语学习需求，另一方面也说明其他应用软件应更切合留学生需求实际，不断提升服务质量。

2. 留学生最喜欢的 APP 类别

为了更深入了解留学生对国际汉语学习 APP 的认知和需求，我们进一步调查了他们最喜爱的 APP 类别。单项要素学习类我们选了留学生普遍认为最难的汉字学习类做调查对象。为了避免留学生分类判断的困扰，还另外设计了其他选项。调查结果见图 19。

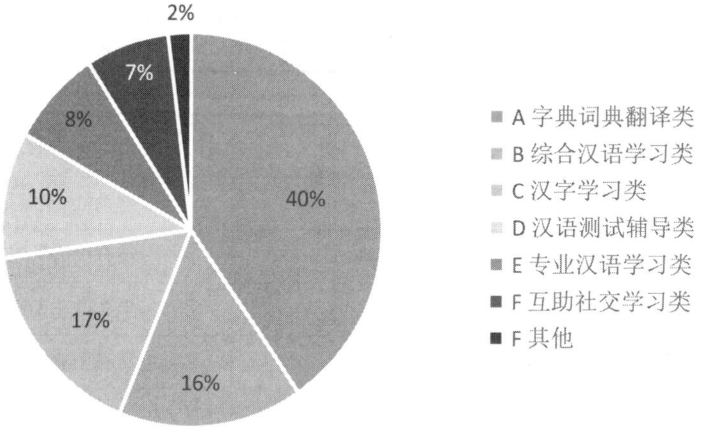

图 19 留学生最喜欢的国际汉语学习 APP 类型

据图 19 可知，受留学生欢迎的 APP 类型序列为：

字典词典类>汉字学习类>综合汉语学习类>汉语测试辅导类>专业汉语学习类>互助社交学习类

该序列与我们对手机 APP 调查类型的数据大体一致，字典词典翻译类软件最多，也是留学生最喜欢的 APP 类型，占比 40%；其次为汉字学习类和综合类，各占 17% 和 16%；专业学习类和互助社交学习类开发数量小，受欢迎程度也不高。但 Hellotalk 作为互助社交学习类仍然位居第九，说明还很有市场需求。

3. 留学生的具体评价

关于留学生对已用 APP 的具体评价，我们设计了两个多选题：（1）你喜欢的国际汉语学习 APP 具有什么特点？（2）你遇到的国际汉语学习 APP 的问题有哪些？调查结果见图 20 和图 21。

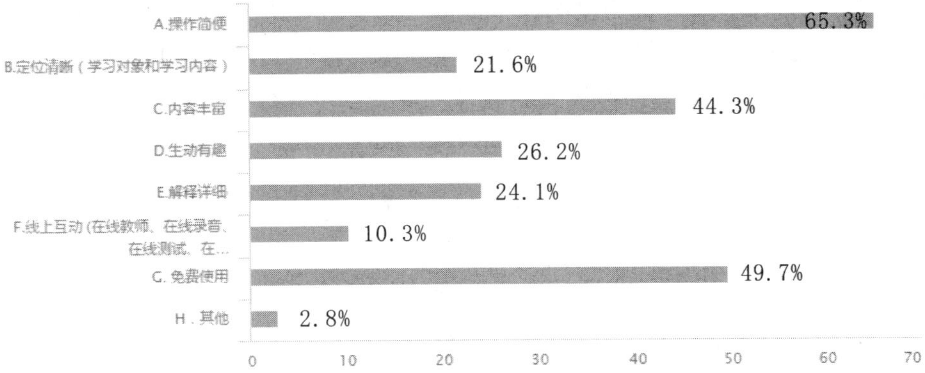

图 20 留学生喜欢的国际汉语学习 APP 的特点

由图 20 可知，操作简便、免费使用和内容丰富是留学生最为关注的三大特点。超过一半的调查者（65.3%）喜欢操作简便的 APP，这也说明这一特点首先能满足学习者随时随地学习汉语的要求，使学习者能利用碎片化时间简单快速地学习汉语。接近一半的留学生选择了免费和内容丰富两个选项，比例分别为 49.7% 和 44.3%，免费使用和全面丰富的汉语学习内容也是 APP 受留学生欢迎的两个重要因素。

有 21.6% 的调查者认为他们喜欢的对外汉语类 APP 解释详细、生动有趣、定位清晰，这样有助于提升汉语学习效果。相比较而言，对 APP 能提供线上互动的需求不强，比例仅为 10.3%。

图 21 目前遇到的国际汉语学习 APP 的问题

关于使用的 APP 的问题和不足，调查显示最突出的问题主要表现为“词语解释不清楚、缺少例句”“缺少练习”和“学习内容缺乏针对性”，其中“词语解释不清楚、缺少例句”选项比例最高，达 40.1%。还有调查者在

“其他”选项中填写了“词语翻译不准确，没有考虑上下文语境或文化”等问题。学习内容的科学性是目前 APP 要关注的首要问题。除此以外，也有 20% 以上的选择了“汉语学习内容枯燥”和“缺乏系统性”选项。

另外，调查者在“其他”选项中还指出，某些 APP 内容不合适，语法不完美，练习太长；要付费才能查到相关内容；注册需要太多信息；有些软件不能离线使用等。

从总体上来看，学习内容缺乏科学性、针对性、系统性和趣味性是当前 APP 存在的最根本问题，练习的合理设计，免费、免注册及离线使用也是留学生对国际汉语学习 APP 的诉求。

（三）小结

1. 留学生使用国际汉语学习 APP 的比率和频率都比较高，主要通过朋友介绍和关键词搜索的方式获得所需的 APP，对该类 APP 对汉语学习的帮助持肯定态度。

2. 以 Pleco 为代表的字典词典翻译类 APP 成为留学生最受欢迎的汉语学习软件，汉语综合类、汉字学习类 APP 也深受留学生喜爱，互助社交类软件和专业汉语软件满意度较低。各类别间下载使用量差异悬殊，可能与软件需求度及其服务质量有关。

3. 留学生喜爱的 APP 具有操作简便、使用免费及内容丰富的特点，而软件的科学性、针对性和系统性的缺乏是目前国际汉语学习 APP 存在的主要问题。

三 建议

1. 研发新型 APP

为积极响应国家“一带一路”建设伟大发展战略，推进沿线国家汉语国际推广事业，应设计开发针对各个沿线国家不同领域包括建筑、交通、金融、医疗、通信等领域汉语学习 APP，为其提供语言服务；加强针对特定人群如华裔儿童和青少年、外国商务人士、来华旅游爱好者汉语学习需求和学习特点研究，在此基础上持续开发相关的汉语学习 APP。

2. 鼓励同质 APP 重组

目前国际汉语学习 APP 市场庞大，但同质性软件太多，优质软件远远不够，应鼓励相同类型国际汉语学习 APP 之间加强沟通、整合资源、共享信息，实现优势互补、互利共赢。支持深受国际汉语学习者喜爱的 APP 之间的深度合作与资源互通，倡导不同类型 APP 开发者开拓创新，持续开发多样、灵活、高效的 APP。

3. 提升 APP 整体质量

国际汉语学习 APP 的科学性、系统性和趣味性不够，有效引导 APP 研发团队提升软件质量成为当务之急。应着力提高 APP 发音、翻译和解释（汉字、词汇、语法、句子）的精准度；充实并丰富 APP 学习内容，遵循汉语二语学习规律，系统、有序、详略得当进行编排；合理设置练习，加强词汇和语法例句的展示；结合学习者特点设计有趣的练习和活动；攻克技术难关，解决闪退、系统反应迟钝等问题。

4. 拓宽 APP 开发主体

要根本解决国际汉语学习 APP 的科学性、系统性、趣味性难题，应极力拓宽开发主体，促成汉语国际教育专家与现代信息技术专家、国内和国外 APP 开发团队合作，积极推进 APP 商业开发公司与高校及科研机构这一产学研一体化合作机制，创新结合模式，努力开创国际汉语学习 APP 发展繁荣新局面。

（周清艳、江彦霖、张昕、陈珂昕）

成人英语学习APP

近年来，随着手机、平板电脑等移动智能终端设备的快速发展和移动数据网络基础的不断完善，中国的移动教育领域呈现出良好的发展态势。成人英语学习 APP 依托其庞大的客户群体以及强大的功能设计，已经逐渐取代传统的英语学习介质，成为成年人最重要的学习终端。未来，基于智能手机的移动英语学习必将成为语言服务和教学改革发展的关键领域。本报告旨在通过对这类 APP 的使用状况调查，了解英语学习者对各类英语 APP 所提供的语言服务的看法和态度，为相关企业提升产品语言服务能力提供参考。

本次调查从用户需求视角出发，采用问卷调查法，主要使用自制调查问卷，在调查结束后，找到其中 24 名受访者通过面谈、电话、微信等手段进行访谈，印证统计结果，了解原因。调查问卷主要分成五个部分，分别是个人基本情况，APP 选择情况，学习动机，学习方式及对相关 APP 的态度、用户期待和付费意愿等。问卷主要由选择题构成，访谈主要针对英语学习类 APP 使用过程的用户体验展开，了解受访者在学习过程中所遇到的困难。

本次调查以成人 APP 用户群体为研究对象，受调查对象要具备以下条件：

（1）通过移动设备学习英语的成年人。

（2）APP 在线学习英语经历满 3 个月及以上。

（3）使用过至少 2 种英语学习 APP。

我们于 2018 年 7 月初进行了一次样本量为 30 人的问卷预调查，对使用者使用动机、学习方式、评价态度等评价量表的内部一致性进行分析，Cronbach's α 系数如表 1 所示，说明本次调查通过了信度检测。

表 1 预调查问卷信度检测

量表名	项目数量	Cronbach's α
使用动机	6	0.81
学习方式	5	0.84
评价态度	6	0.78
用户期待及付费意愿	5	0.83

大样本调查于 2018 年 8 月进行，共收到答卷 300 份，确认有效答卷 286 份，有效回收率为 95.3%。

一 服务对象

根据调查，成人英语学习类 APP 的用户大体可以分为大学生用户（包括在读硕士和博士研究生）和职场用户。无论是大学生用户还是职场用户，均以女性居多。年龄则在 16—40 岁之间，其中大学生用户以 16—25 岁者居多，占大学生用户的 72.1%；职场用户以 26—35 岁者为主，占职场用户的 68.6%。文化程度以受过高等教育者居多，大学生用户的专业涉及人文、社科、理科、工科、农科、医科，其中工科及社科人数最多，占 47.6%；职场用户主要是企业普通职员、事业单位工作人员、行政办公人员、酒店餐饮工作人员、金融业务人员，占 77.6%。从收入看，大学生用户虽然没有独立经济能力，但除了日常生活花销外，其中有 81.1% 每月可支配收入在 500 元以上，有 43.4% 可达 1000 元以上；而职场用户有 89.5% 每月收入在 5000 元以上，有 28.0% 可达 10 000 元。相比大学生用户，职场用户的经济压力更大，但同时拥有更独立的消费意识和消费能力。总体而言，成人英语学习类 APP 的主体用户是一个文化程度高、经济条件比较好、专业领域或职业领域多样的群体（见表 2）。

表 2　调查对象基本情况

样本类型		大学生用户（包括硕士和博士研究生）共 143 人		职场用户共 143 人		
性别	男	38.5%	55 人	44.1%		63 人
	女	61.5%	88 人	55.9%		80 人
年龄	16—20 岁	35.0%	50 人	1.3%		2 人
	21—25 岁	37.1%	53 人	17.5%		25 人
	26—30 岁	21.6%	31 人	44.1%		63 人
	31—35 岁	5.6%	8 人	24.5%		35 人
	36—40 岁	0.7%	1 人	12.6%		18 人
学历	大专及以下	12.6%	18 人	10.5%		15 人
	本科	65.0%	93 人	66.4%		95 人
	研究生及以上	22.4%	32 人	23.1%		33 人
每月可支配收入	500 元及以下	18.9%	27 人	5000 元及以下	10.5%	15 人
	501—1000 元	24.5%	35 人	5001—8000 元	26.5%	38 人
	1001—1500 元	22.4%	32 人	8001—10 000 元	28.0%	40 人
	1501—2000 元	13.3%	19 人	10 001—15 000 元	20.3%	29 人
	2001—3000 元	11.1%	16 人	15 001—20 000 元	11.2%	16 人
	3001 元以上	9.8%	14 人	20 001 元以上	3.5%	5 人
专业或职业	工科	25.2%	36 人	企业普通职员	20.3%	29 人
	社科	22.4%	32 人	事业单位工作人员	16.8%	24 人
	理科	15.4%	22 人	行政办公人员	14.7%	21 人
	人文	14.7%	21 人	酒店餐饮工作人员	13.2%	19 人
	农科	10.5%	15 人	金融业务人员	12.6%	18 人
	医科	11.8%	17 人	专业技术人员	11.2%	16 人
	—	—	—	销售人员	11.2%	16 人

从用户的使用动机看（如图 1 所示），大学生用户和职场用户的选择倾向比较接近。72.7% 的大学生用户和 64.3% 的职场用户使用英语学习 APP 是为了提升个人素质；55.2% 的大学生用户和 49.0% 的职场用户是为了学习或工作。由于中国教育仍有部分处于应试阶段，因此考试考级成了大学生用户使用 APP 的重要原因，占比 39.2%。不同于大学生用户，职场用户的选择则更倾向使用英语学习 APP 来拓展自己的兴趣爱好（如追英剧和美剧）。伴随着旅游产业的发展，更有近三分之一的职场用户学习英语是为了出国旅游。近年来，随着互联网的发展，教育资源分布不均的现象有所缓解，用户的需求也出现了明显的多样化趋势。

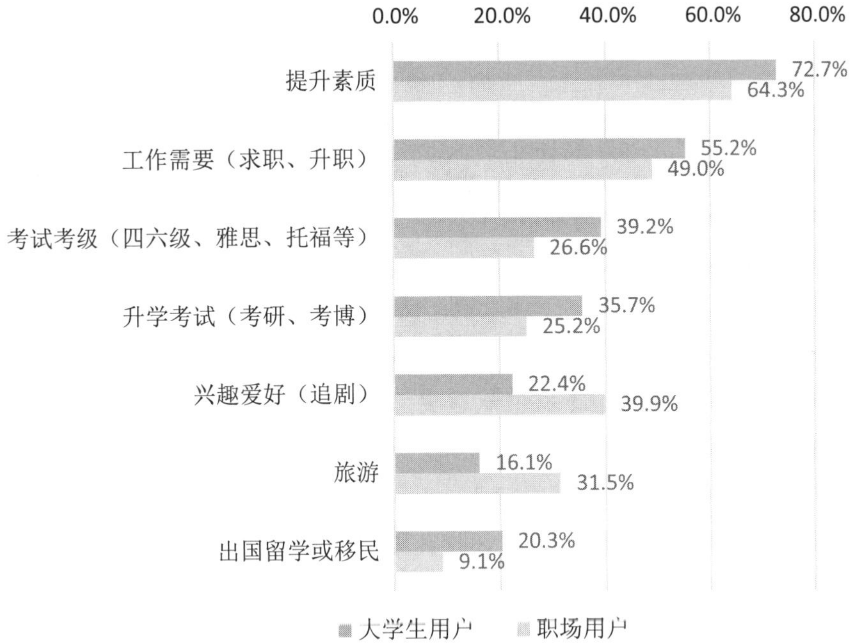

图 1 用户使用动机

我们把英语学习 APP 所提供的服务分为了词典、翻译、背单词、口语、阅读、听力、线上课程七类进行调查。九成受调查者在使用英语学习 APP 时会选择其中两项及以上内容，更有 39.2% 的调查者表示会学习其中五种及以上内容。上述七类服务内容的需求程度如图 2 所示：

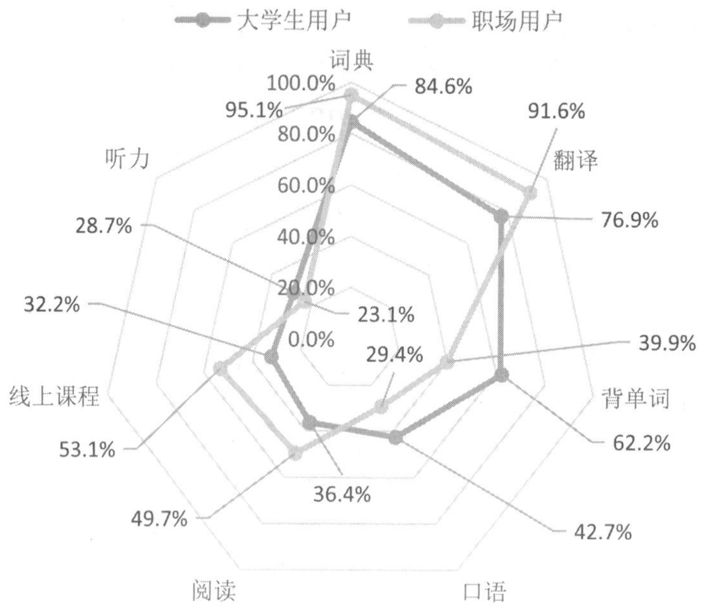

图 2 用户对各类服务的需求度

二　服务平台

在语言学习类 APP 搜索指数榜单的前 30 名中，英语辅助工具类 APP 有“网易有道词典”“百词斩”“金山词霸”“扇贝单词”“掌中英语”“星火英语”“沪江开心词场”“必应词典”8 款。我们选取了三款安卓平台的应用市场软件作为数据的来源。上述 8 款英语学习 APP 下载量见表 3：

表 3　最受欢迎的 8 款英语辅助学习工具 APP 下载量统计[①]　　单位 / 万次

排名	APP 名称	百度手机助手	应用宝下载	豌豆荚下载	总下载量
1	网易有道词典	8371	11 000	7504	26 875
2	金山词霸	3867	4688	1912	10 467
3	百词斩	1849	2636	2494	6979

① 由于苹果系统无法获得下载量等数据，因此苹果系统的下载量没有纳入统计。我们可以参考苹果应用商店（App Store）中相关应用的评价次数，其中网易有道词典 9.81 万次，金山词霸 23.0 万次，百词斩 2.3 万次，沪江开心词场 11.4 万次，扇贝单词 11.9 万次，掌中英语 43 次，星火英语 2680 次，必应词典 1090 次。

（续表）

排名	APP 名称	百度手机助手	应用宝下载	豌豆荚下载	总下载量
4	沪江开心词场	1764	1492	568	3824
5	扇贝单词	791	907	620	2318
6	掌中英语	689	667	678	2034
7	星火英语	189	231	120	540
8	必应词典	143	69	146	358

从用户数量来说，网易有道词典、金山词霸基本占据了英语类 APP 用户数量的半壁江山。这应该得益于这两款 APP 开发团队对高品质语言服务的不懈追求以及在各类平台上的大量投入。值得注意的是像百词斩这类应用程序尽管起步较晚，但是发展势头十分迅猛，后劲十足。

根据我们的调查，100% 受访者拥有智能手机和笔记本电脑，且可以通过 WiFi 或移动通信网络上网。我们调查了表 3 中 8 款英语学习 APP 在受访者中的使用情况，两类用户群体均有约 90% 的受访者会在移动设备上安装 1—3 个英语学习 APP（如图 3 所示）。更值得注意的是，有 2 名受访大学生和 6 名职场用户在智能穿戴设备（如苹果手表）上，也安装了 1—2 款相关 APP。

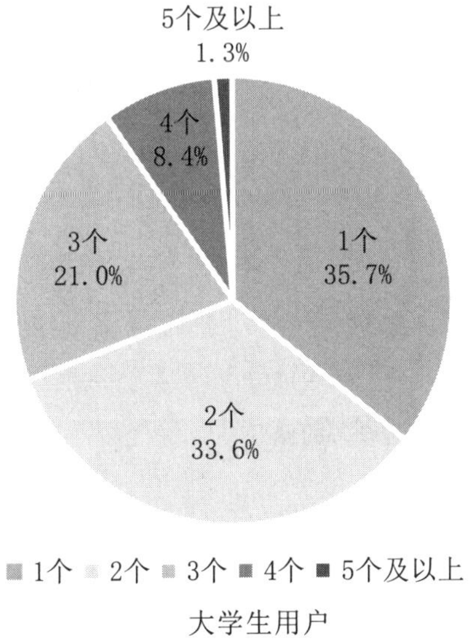

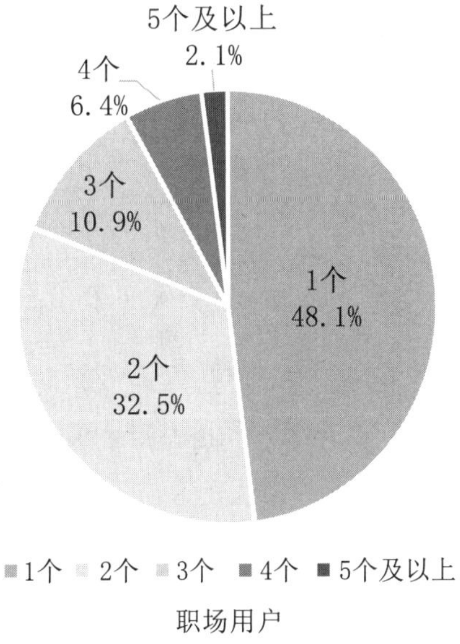

图 3 移动设备安装的英语类 APP 数量

我们把英语学习 APP 的服务功能大体分为三类，分别是学习工具（包括查词典、翻译等）、线上课程、学习社区（如阅读、口语内容推送等）。从我们的调查结果看，学习工具是两类用户最常用到的学习功能，而线上课程和学习社区这两类功能的使用率则大大低于学习工具功能。另外，职场用户的学习方式更加多样化，对线上课程和学习社区功能的使用率都高于大学生用户。值得注意的是，上述三类功能在学习设备的使用上存在一定的差异（如图 4 所示）。首先，在使用英语学习 APP 进行查词典、背单词等行为时，无论是大学生还是职场用户都更倾向于使用智能手机或平板电脑等设备，其中职场用户使用智能设备的频率为 65.2%，高于大学生用户的 55.1%，这可能是因为移动 APP 受时间、空间的限制比电脑小，操作也更方便的缘故。但在参与线上课程或学习社区时，使用 PC 端仍然占有较大优势，特别是在进行线上课程学习时，无论是大学生还是职场用户，都更倾向于使用电脑进行。这或许是因为在线视频的学习通常要求更集中的时间，对学习场景、视频质量和网速的要求都较高。而学习社区则在两类设备上均有使用，自由度较高，这与近年来即时通信技术的迅速发展相关。由此可见，英语学习 APP 在整合线上视频课程资源、提升用户使用率方面可以有更多的尝试。

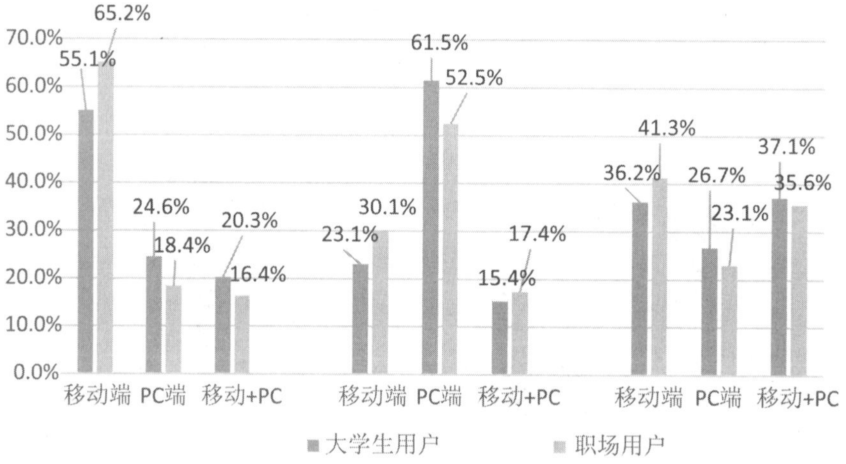

图 4 APP 用户使用三类功能时对设备的偏好

三　服务现状

根据艾媒咨询（iiMedia Research）[①] 的数据，移动教育 APP 中语言学习类 APP 的使用率最高，占比达 30.1%，而语言学习 APP 用户月使用率[②] 高达 29.1%，平均活跃度[③] 达 10.9 次。

从单个英语学习 APP 的使用时间看，大学生用户和职场用户都表现出了较强的用户黏性，分别有 70.7% 和 63.7% 的用户使用特定 APP 的时间都超过三个月，接近三分之一的用户安装某款 APP 已超过半年（如图 5 所示）。但相较而言，职场用户对英语学习 APP 的忠诚度则稍逊于大学生用户，超过三分之一的职场用户会在两个月内卸载相关应用。这可能是因为职场用户对英语学习 APP 的诉求不如大学生用户强烈，这类用户大多具有明确的短期学习目标，一旦短期目标完成或 APP 无法满足相关需求，则很有可能会卸载相关应用软件。

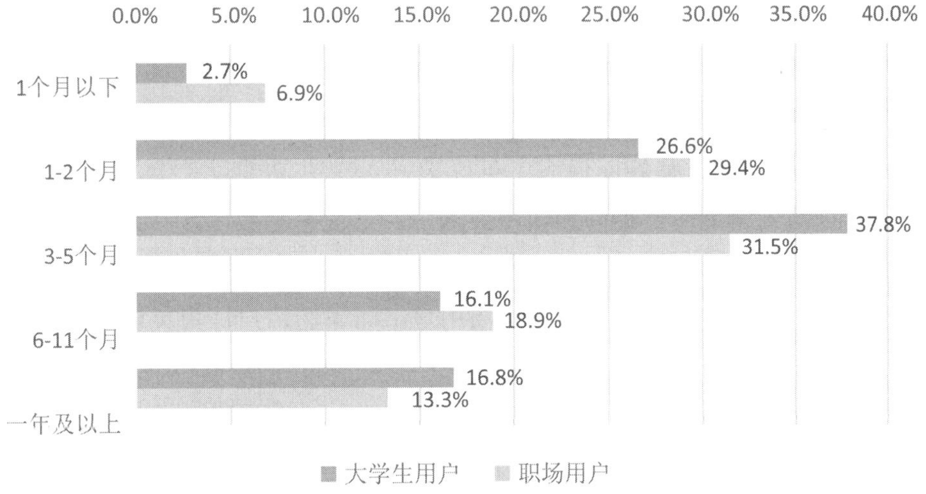

图 5　用户使用某款英语学习 APP 的时间

从单次学习时长来看，职场用户的表现略胜于大学生用户：每次学习时间超过 30 分钟的职场用户占比为 67.8%，而大学生用户占比为 63.7%（见图 6）。在调查中我们发现，职场用户通常有非常清晰的短期学习目标，由

① http://www.iimedia.com.cn/consult.jsp。

② 使用率 = 某应用的月活跃用户数 / 该应用月用户覆盖数 *100%。

③ 平均活跃次数 = 应用的月总使用次数 / 该应用当月的用户活跃总数量。

于他们可以自由支配的时间相对有限，因此为了尽快达成目标，他们非常重视学习效率，通常会投入更多的精力，在学习强度上也会强过大学生用户。

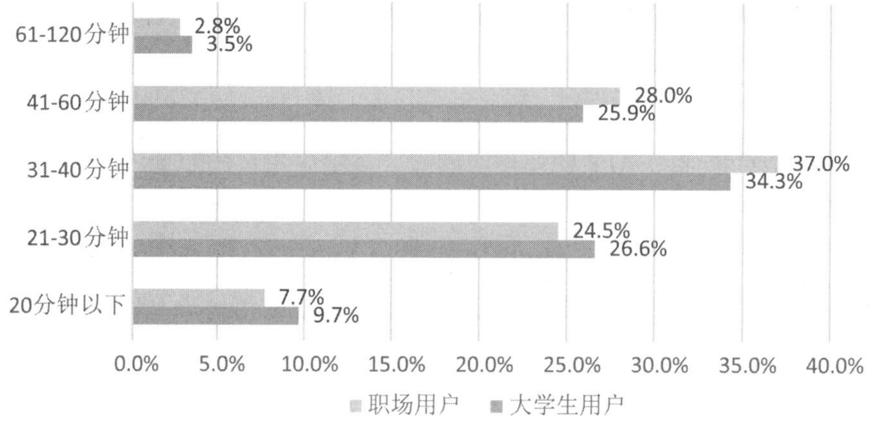

图 6 用户单次使用英语学习 APP 的时间

用户反映的英语学习 APP 的主要缺点有 9 类，具体调查情况如图 7 所示。其中“产品功能分散，需来回切换”“个性化定制服务有待提高”“学习过程缺少激励机制”“例句不经典，翻译无法理解”是用户反映最多的几个问题。选择“产品功能分散，需来回切换”的大学生用户和职场用户分别达 65.0% 和 56.6%。这从侧面说明了英语学习 APP 在功能设计上的不足。由于不能一站式满足用户查询和学习的需求，这使得多数用户在翻译、背单词、阅读时来回切换不同 APP，不胜其烦。以“功能”驱动的大学生用户自然对这个问题的反感度会高于职场用户。而职场用户认为英语学习 APP 的最大的问题是“个性化定制服务有待提高”，占比高达 67.1%，这一问题在大学生用户当中也十分突出，占比达到 64.3%。职场用户以“体验”为驱动，在“互联网 +”的大潮流下，用户个性化学习的需求明显增加，而大数据分析技术的快速发展也使得这种需求有了实现的可能。用户除了希望有更加丰富多样的学习方式之外，更期待在利用 APP 进行在线学习时，后台数据可以根据个人学习习惯、学习进度、学习兴趣定制出相应的学习内容，以提升个人的学习动力和效率。“例句不经典，翻译无法理解”以及“AI 技术有待提高”两个问题也被较多用户提及，在大学生用户和职场用户中上述问题占比分别为 55.9% 与 49.7%、52.4% 与 58.0%。近年来，随着人工智能技术的突飞猛进，人机交互在深度和广度上都有所提升。在语言服务领域，AI 技术主要被利用在智能翻译和智能识别上，比如用户可以直接说出中文句子，APP 通过分析翻译成对应的英文句子，也可以通过移动设备的摄像头进行实景翻译，但目前上述功能无论在翻译或识别的速度还是准确度上都还有很大提升空间。职场用户对于 AI 使用的需求高于大学生群体，因此，在职场用户群体中“例句不经典，翻译无法理解”以及“AI 技术有待提高”两个问题比较严重。另外，“学习过程缺少激励机制”问题也比较严重，大学生和职场用户占比分别为 54.5% 和 57.3%。两类用户均希望在线学习过程可以像线下学习一样，有比较完善的激励体制。

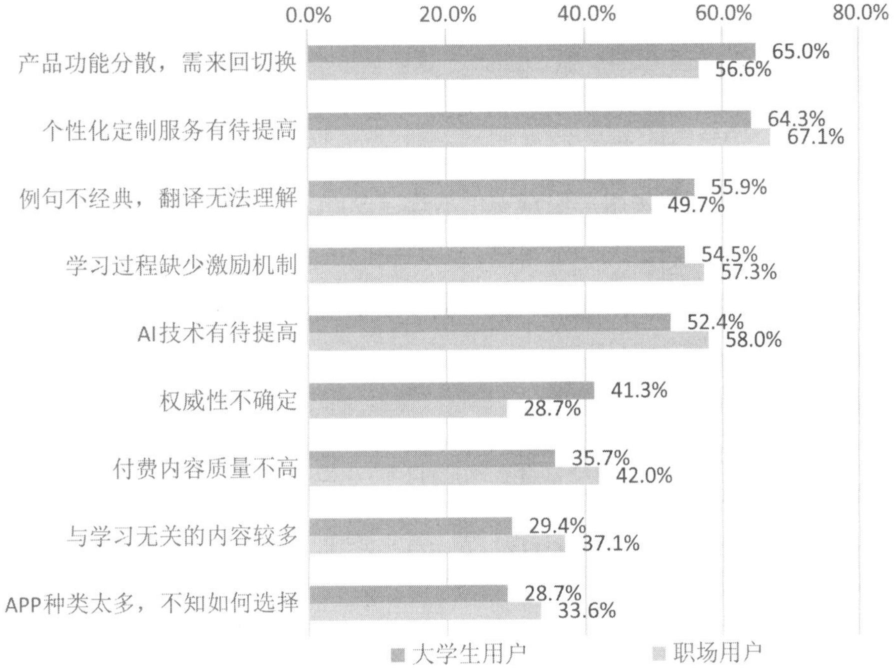

图 7 利用 APP 学习时遇到的主要问题

英语学习 APP 为大学生用户和职场用户提供了一种十分便捷的学习工具，但目前绝大多数 APP 所提供的服务都是免费的。可以预见，随着用户需求的增加，APP 运营公司的盈利方式也将逐渐发生变化，而其中一个收入增长点必然在用户付费服务上。我们调查了两类用户未来的付费意愿，具体情况如图 8 和图 9 所示。有 57.3% 的大学生用户表示愿意为英语学习 APP 所提供的服务付费。而这些愿意付费的大学生用户，愿意支付的金额集中在 10—100 元，占比 31.4%；100—500 元区间也有较多人选择，占比 16.1%。但超过 500 元，则很少有人选择。可见，大学生群体愿意为英语 APP 服务付费的金额并不高，这与他们每月可自由支配收入偏低有关。

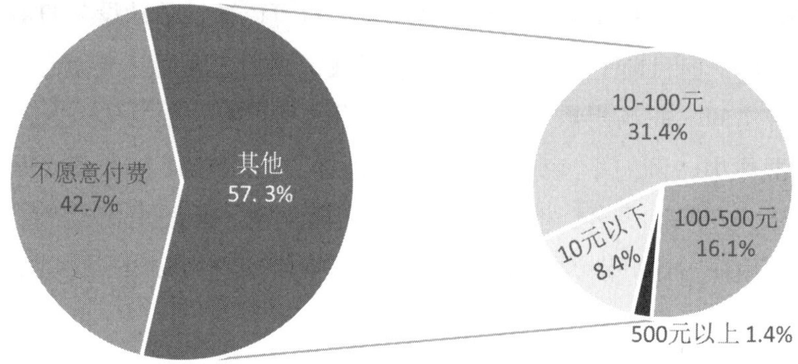

图 8 大学生用户的付费意愿

64.8% 的职场用户愿意为英语 APP 语言服务付费，多数人愿意支付的金额为 100—500 元，占比 28.0%；其次是 10—100 元，占比 25.9%。也就是说有超过一半的职场用户愿意支付不超过 500 元的费用。但职场用户本身每月可支配收入远高于大学生用户，因此我们认为尽管职场用户愿意付费的人数和金额都高于大学生用户，但其支付意愿可能并不如大学生用户强烈。

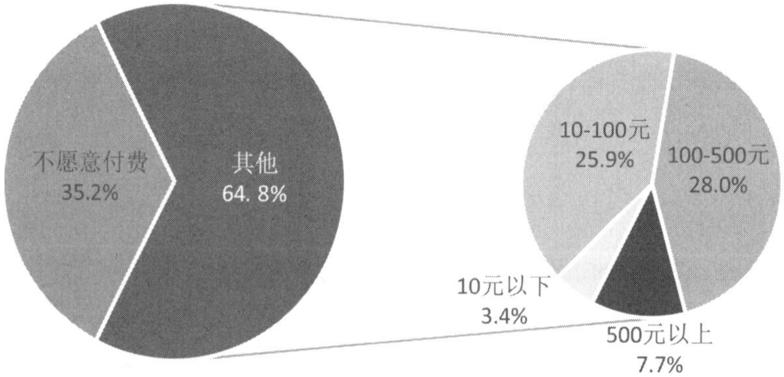

图 9 职场用户的付费意愿

四 服务满意度

本次调查的用户对英语学习 APP 大体还是持正向的态度，认为这类 APP 具有较多优点，具体如图 10 所示。随着科学的进步，英语学习 APP 逐渐取代了传统的英语学习方式，APP 集成了书本、MP3/MP4、电子词典的各种功能，能较为集中地满足用户的需求，也有利于教育资源的平均分配。

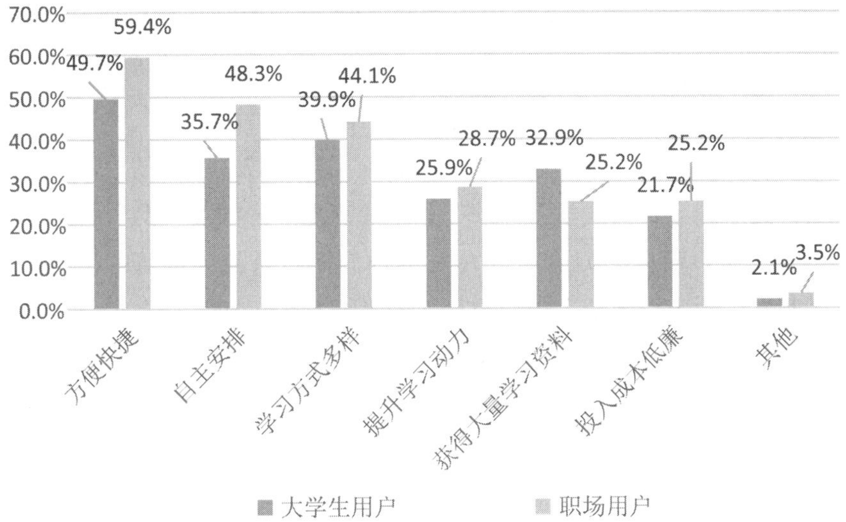

图 10 英语学习 APP 较传统学习方式的优势

尽管英语学习 APP 有不少优点，但绝大多数用户认为相关 APP 仍有很大的提升空间。仅有 10.5% 的大学生用户对英语学习 APP 表示“非常满意”，26.6% 表示“满意”，总体满意率为 37.1%。而职场用户对英语学习 APP 的满意度更低，表示“非常满意”的占 5.6%，“满意”的为 21.7%，总体满意率为 27.3%（具体情况见图 11）。

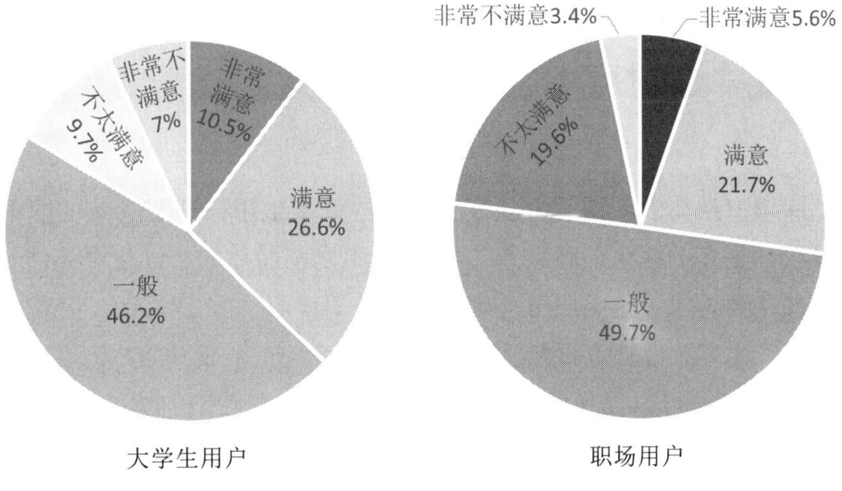

图 11 用户英语学习 APP 的总体满意度

我们主要从卸载主因调查了用户对 APP 不满意的原因。调查结果如图 12 所示，主要原因有 4 个。英语学习 APP 所提供的语言服务功能“无法满足查询或学习需求”是大学生用户卸载 APP 最主要的原因，占比 36.4%；其次是“用户体验不佳”和“产品占内存、耗费流量”，分别占比 28.0% 和 21.0%。职场用户与大学生用户情况有所不同：职场用户比大学生用户更加看重用户体验，因此“用户体验不佳”成为用户卸载最主要的原因，紧随其后的是“无法满足查询或学习需求”和“发现更好的同类产品”。由此可见，对于大学生用户而言，英语学习 APP 的内容质量是最为重要的；而职场用户更强调良好的用户体验，也更容易在同类产品中摇摆不定。

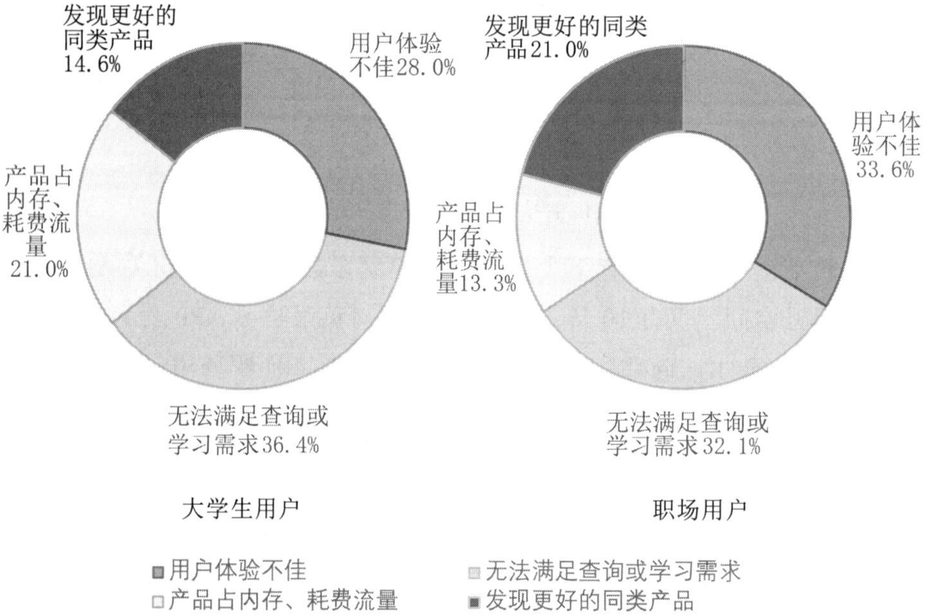

图 12 用户卸载英语学习 APP 的原因

从用户期待看（图 13），有 32.9% 的大学生用户和 28.0% 的职场用户选择了“更多个性化定制服务”。可见，追求高品质的个性化服务仍是两类用户的主要诉求。这类服务应该是未来英语学习 APP 产品的一个重要盈利点。以“内容”为驱动的大学生用户更关注学习的质量和效率，因此他们希望 APP 运营商可以提高语音识别和人机翻译的准确率，向用户提供更多高质量的学习材料。“提高人工智能识别”和“内容权威，质量高”两个选项也有较多大学生用户选择，分别占比 18.9% 和 17.5%。值得注意的是，有 15.4% 的职场用户选择了“健全的学习激励机制”，这表明职场用户更需要在学习时有更多正向的引导，以高效利用并不宽裕的碎片化学习时间，进而提升学习动力及效率。

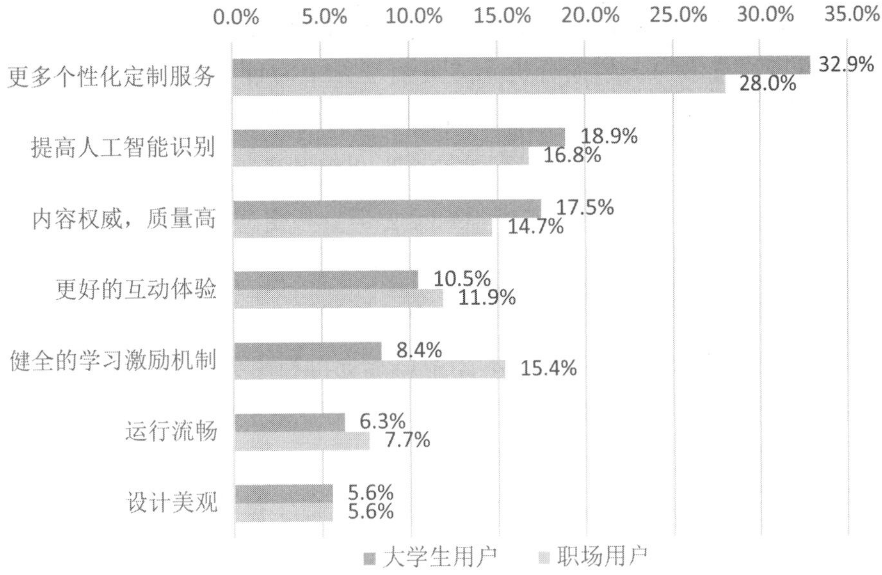

图 13 用户对英语学习 APP 发展的期待

五 启示与建议

1. 内容优先，形成线上线下结合的一站式英语学习服务体系

目前，大部分英语学习 APP 都应寻求突破和转型，从以往的词典工具产品逐渐转向为综合型语言服务产品，为语言学习者提供各种类型的服务。从我们本次调查的结果看，无论大学生用户还是职场用户对 APP 内置的各种学习资源的质量都十分看重。特别是大学生用户，大多是“内容”驱动的。但当前英语学习 APP 尽管都附带各种扩展功能，比如网易有道词典的“词典”“精品课”“发现”，金山词霸的“悦读”“每日一句”等，但有的内容与英语学习可能并无太多关联。以网易有道词典的“原创精选”栏目为例，其中的文章更多是与英语相关的中文趣闻、新闻，并非真正的学习内容。而在“精品课”栏目下的课程虽然非常丰富，但免费课程较少，收费课程价格不菲。不少用户购买了相关课程却普遍反映课程内容价值一般，性价比太低。而且，“精品课”还涉及高中语文、政治等课程，这跟主流用户群体的需求不太贴合。本次调查的两类用户均表示，希望未来英语学习 APP 在内容上能更加综合、专业，最好能开发出一种集词典、翻译、口语、听力、阅读等多种功能于一体的一站式英语学习工具。

2. 在大数据分析的基础上为用户提供个性化学习服务

依靠用户搜索的大数据分析，英语学习 APP 有能力也更应该为用户提供各种个性化的学习服务。因此，英语学习 APP 应该注重优化产品设计，通过用户自主选择，为用户提供精准的个性化服务。比如，可以根据用户的使用偏好、使用时间、使用场景、兴趣爱好等，指定适合用户的短期学习计划或推送更符合用户偏好的学习内容。

3. 整合线上线下资源，建立有效的激励机制

根据我们本次的调查访谈，不少用户都觉得利用英语学习 APP 容易分心，很难做到像线下课堂那样专心、投入。归根结底还是因为自主学习通常缺乏有效的激励机制，再加上用户多是利用碎片时间进行学习，因此很难持之以恒。有效的奖励机制对英语学习 APP 开发商来说也十分重要，因为这是提高用户黏性的重要环节。只有把用户留在 APP 上，公司才能实现盈利。因此，英语学习 APP 产品应该开发出一套机制，通过打卡、奖章等形式，从正面积极引导用户养成坚持学习的习惯。

4. 继续探索“AI+ 教育”模式

目前，以“能听会说”为核心的 AI 技术与教育领域的合作还处于探索阶段。大部分英语学习 APP 都集成了智能翻译和摄像头取词功能，但用户普遍反映，这类功能“华而不实”，不仅识别速度较慢，输出结果的准确性也很成问题。以“摄像头取词”功能为例，为了能使 APP 准确取词，用户往往要花上比手动输入更长的时间。语言的学习强调互动性，而人机互动可以大大提升学习效率和趣味性，在技术允许的情况下，APP 开发商应该进一步考虑如何将 AI 技术与教育进一步结合。

（王苗）

第四部分

语言文化资源传承传播服务

导语

语言是人类最重要的交际工具和思维工具，同时，语言也是资源，是文化最为重要的载体。

我国有 56 个民族，除了汉语、汉文外，还有 100 多种语言和近 30 种常用的文字。汉语是一个庞大、复杂的语言系统，包含众多的方言、土语。汉语使用人口近 13 亿，其中方言使用人口（母语者）约 11 亿。这些方言包括北方方言、吴方言、闽方言、客家方言、粤方言、湘方言、赣方言以及晋语、徽语、平话等，其中不能互相通话的达数百种。方言保存着丰富的中华文化，系联着方言区人民的感情，并不断为共同语输入有用成分。少数民族语言使用人口虽不足 1 亿，但其分布地区却占全国总面积的 64% 左右。各少数民族语言曾长期被各民族所使用，是民族生存和民族发展必不可少的语言工具。时至今日，各少数民族的大多数人仍然以自己的母语为主要的交际工具。各少数民族语言记录着本民族的历史和文化，共同构成了悠久的中国历史、灿烂的中华文化。多民族、多文化，是我国的一大特色，也是国家发展的重要动力；多语种、多文种，是我国的重要资源，也是中华民族的文化瑰宝。2011 年 10 月，中国共产党十七届六中全会通过了《中共中央关于深化文化体制改革、推动社会主义文化大发展大繁荣若干重大问题的决定》，明确指出要“大力推广和规范使用国家通用语言文字，科学保护各民族语言文字”。这是当前和今后一个时期内国家语言文字事业的大政方针。

教育部、国家语言文字工作委员会于 2012 年 12 月颁布的《国家中长期语言文字事业改革和发展规划纲要》就“科学保护各民族语言文字”提出了明确具体的任务：

正确处理各种语言文字关系。依法妥善处理好国家通用语言文字与汉语方言、繁体字、少数民族语言文字的关系及学习使用问题，努力营造守法、健康、和谐的社会语言文字环境。

增强全社会的语言资源观念和语言保护意识。积极开展树立语言资源观念和科学保护意识的各项公益性活动。

加强各民族语言文字的科学研究和资源开发利用。加强语言资源数字化建设，推动语言资源共享，充分挖掘、合理利用语言资源的文化价值和经济价值。建立和完善语言资源库，探索方言使用和保护的科学途径，用现代技术手段记录保存少数民族濒危语言。

语言文字事业的任务所在，就是语言服务的需求所在。科学保护的重点之一，是语言文化的有效传承传播。语言文化传承传播服务空间广阔，比如少数民族地区国家通用语言文字与少数民族语言文字的双语教育服务，少数民族语言文字、汉语方言在应有使用空间的传播服务，多语多方言环境的语言和谐服务，少数民族语言文字、汉语方言文化的传承服务，发挥语言文字载体作用传承和弘扬中华优秀文化的服务，等等。随着互联网和新媒体的发展，语言与技术交融结合，充分利用网络等现代媒介和数字化新媒体技术开展语言文化的传承传播服务，是必然的命题。

各民族语言文字和方言的使用状况各有不同，针对不同的语言文字实态，语言服务需求和供给也应各有侧重。李宇明曾就科学制定语言保护规划这一问题提出："对于即将消亡的语言，当务之急是'语言保存'，应尽快进行全方位的语言实态调查，建立永久保存的数据库，像保护非物质文化遗产那样确立'语言传承人'名录；对于濒危中的语言，要通过祖孙隔代传承、建立语言保护区、建设语言文字博物馆等措施，进行'语言抢救'；对于有衰落倾向的语言，主要是通过教育传承、鼓励应用等措施，增加其语言活力；对于具有活力的语言，主要是在政策、教育、使用等层面保持其语言活力。"[①] 移用以指导语言文化传承传播服务，也大体适合。

鉴于多民族、多语种、多文种、多文化的基本国情，以及不同民族语言文字实态的差异，只有进行深入扎实的调研才能因事制宜地施策。本部分系列报告即试图通过选取若干个案进行较为深入的调查，为政府和业界提供有参考价值的建议，为学界提供有参考价值的样本。

本部分系列报告涉及少数民族语言、汉语方言和传统文化等领域。《毛南族语言生活状况》关注人口较少民族的国家通用语言文字能力提升与民族语言文化保护传承的和谐共进。《客家话传承服务调查》《粤方言网络服

① 李宇明《科学保护各民族语言文字》,《语言文字应用》2012 年第 2 期。

务资源》分别聚焦南方两大方言——客家方言和粤方言，对其传播传承资源做了较为详细的调查分析。《少儿古诗词 APP》则考察了面向少儿的传统诗词学习软件的现状。四篇报告都以对现有相关服务资源的汇聚梳理为基础，提出了有价值的建议。

最后需要说明的是，语言文化传承传播服务实际牵涉到语言服务的不同领域和不同层面，一些问题在本报告的其他部分里也可能会有所涉及，这正体现了语言服务学科交叉融通的特点。

（禤健聪）

毛南族语言生活状况

毛南族总人口约 10 万人，母语是毛南语，属汉藏语系侗台语族侗水语支，没有文字。毛南族聚居地在广西壮族自治区环江毛南族自治县，是国家扶贫开发工作重点县，其上南、中南和下南三乡，是毛南族的世居地，共有毛南族人口 6.39 万人①。三乡中，尤以下南乡的民族语言、民族文化风貌保持完好。报告选取下南乡作为调查点，考察毛南族的语言生活状况。

一　调查概况

（一）调查方式及内容

调查采用一对一问卷调查和访谈的形式，2018 年 7 月 26 日—8 月 1 日，共完成有效问卷 113 份。②

调查问卷涉及四个方面内容：（1）基本情况：性别、年龄、受教育程度、职业和收入来源、收入水平等；（2）语言能力：会讲哪些语言，对国家通用语言文字的听、说、读、写能力的自我判定等；（3）语言使用：不同语境下的语言使用情况，包括家庭内同家人的交流、家庭外与朋友的交流以及学校、工作场所、集贸市场等场合的语言使用等；（4）语言态度：对不同语言在不同语境中的重要性的判断，涉及毛南语、普通话、桂柳话、壮语等，以及学习普通话的动机、态度和意愿。

---

* 本报告受广州市教育系统创新学术团队“语言生态与服务研究”（1201620012）支持。

① 信息来源：广西壮族自治区地方志编纂委员会办公室主办《广西年鉴》2017 年卷。

② 广州大学人文学院汉语言文学专业学生刘婧妤、魏翠玲、曾绮晴参与了问卷调查。本调查得到广西壮族自治区民语委和环江毛南族自治县下南乡政府的大力支持。

（二）调查对象

1. 性别

男性 59 人（52.2%），女性 54 人（47.8%），性别样本数量大致相当。

2. 年龄

14—25 岁 17 人（15.0%），26—35 岁 24 人（21.2%），36—45 岁 35 人（31.0%），46—55 岁 33 人（29.2%），56—65 岁 3 人（2.7%），66 岁及以上 1 人（0.9%）。调查对象主要为农村青壮年劳动力。

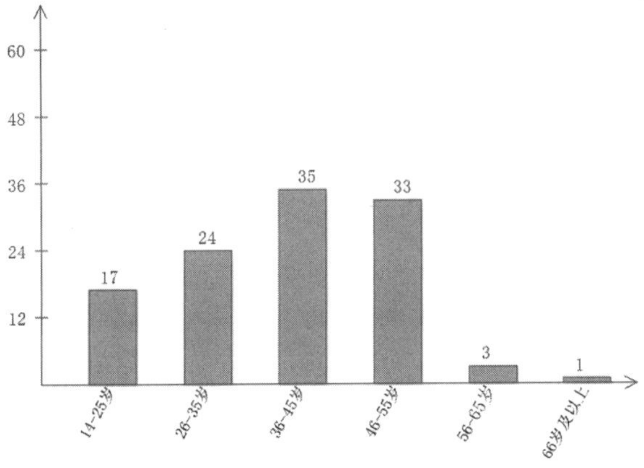

图 1 调查对象的年龄结构

3. 受教育程度

大学专科和本科 17 人（15.0%），高中和中专 19 人（16.8%），初中 52 人（46.0%），小学 16 人（14.2%），小学肄业 2 人（1.8%），未上过学 7 人（6.2%）。初中文化水平占比最高。

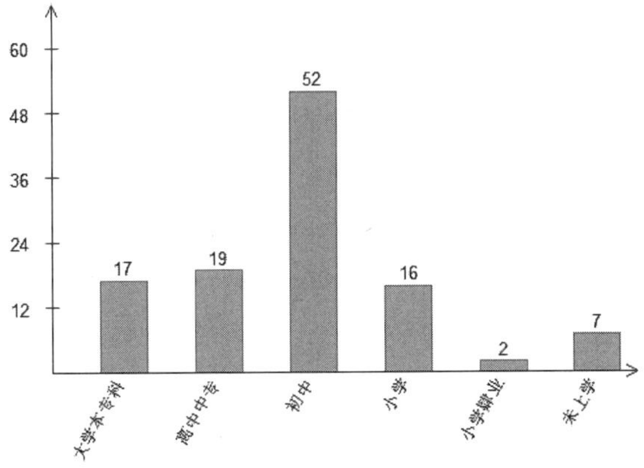

图 2 调查对象的受教育程度

4. 职业

在家务农 48 人（42.5%），进城务工 7 人（6.2%），自己创业 10 人（8.8%），公务员 3 人（2.7%），教师 10 人（8.8%），其他 24 人（21.2%），没有固定工作 11 人（9.7%）；其中，“其他”包括跑运输、泥水工、乡村医生、企事业单位临聘人员等。此次调查样本以在本地居住、工作的人群为主，外出务工人员未列入调查主要对象。

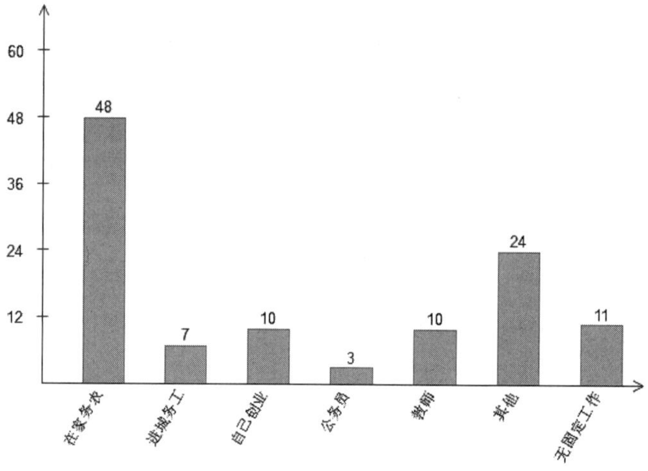

图 3　调查对象的职业分布

5. 收入状况

月收入在 500 元及以下的 27 人（23.9%），501—1000 元（含）的 27 人（23.9%），1001—3000 元（含）的 39 人（34.5%），3001—5000 元（含）的 4 人（3.5%），5000 元及以上的仅 1 人（0.9%），收入不固定的 4 人（3.5%），无收入的 11 人（9.8%）。根据实际调查访问掌握的情况，处于 1001—3000 元（含）区间的 39 人中，绝大部分收入在 1500 元左右。广西壮族自治区 2018 年最低工资标准分为 3 档：1680 元（南宁、柳州等市）、1450 元（贵港、河池等市）、1300 元（各县、县级市，自治县）。调查对象收入总体上处在较低水平。

样本中，属于登记在册贫困家庭的有 26 人，占比为 23.0%。

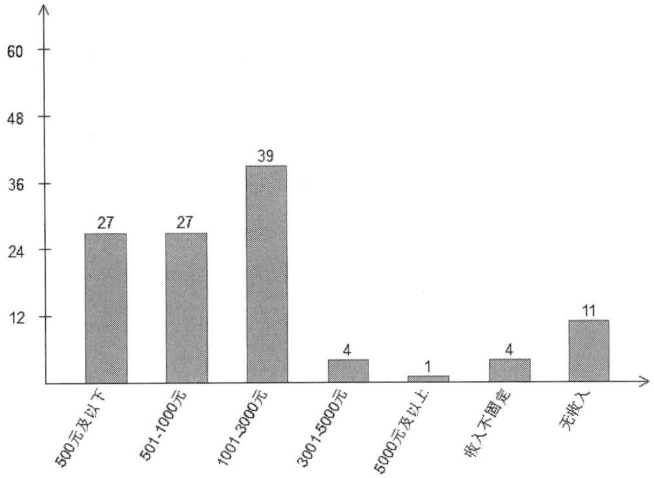

图4 调查对象的收入状况

二 结果分析

（一）语言能力

1. 普遍具备双语或多语能力

毛南族在长期的历史发展过程中，与周边的汉族、壮族密切接触，形成了以毛南语为主要语言，兼用汉语、壮语的语言状况。因此，毛南族大部分是双语或多语人。其中在汉语使用上，又主要可分为普通话和西南官话的次方言桂柳话。具体情况见表1。

表1 毛南族双语、多语掌握情况

掌握类型	语言					人数	占比/%
	毛南语	普通话	桂柳话	壮语	其他		
1	√	√	√	—	—	52	46.0
2	√	√	√	√	—	47	41.5
3	√	√	—	—	—	6	5.3
4	√	√	—	√	—	2	1.8
5	√	√	—	—	√	2	1.8

（续表）

掌握类型	语言					人数	占比 / %
	毛南语	普通话	桂柳话	壮语	其他		
6	√	√	√	—	√	1	0.9
7	√	√	√	√	√	1	0.9
8	√	—	√	—	—	1	0.9
9	√	—	—	—	—	1	0.9
人数	113	111	102	50	4	113	100.0
占比 / %	100.0	98.2	90.3	44.2	3.5		

数据显示，能同时使用毛南语、普通话和桂柳话的有 52 人（46%），能同时使用毛南语、壮语、普通话和桂柳话的有 47 人（41.5%），两项合计总占比达 87.5%。除 1 人为毛南语单语人外，其余均为双语或三语人，至少掌握汉语普通话或方言桂柳话其中之一。从单个语种的掌握情况看，所有调查对象均掌握毛南语，普遍具有使用普通话的能力，掌握普通话或桂柳话的人数均达总人数的 90% 以上。掌握壮语的人数相对较少，占比为 44.2%。

历史上毛南语与壮语接触密切，毛南语中壮语借词较多。随着经济社会的发展，毛南族社区开放程度加大，原本相对封闭的壮族、毛南族杂居状态，被越来越多的汉族文明打破，掌握汉语方言和普通话的人越来越多，兼用壮语的人逐渐减少。调查发现，掌握壮语的 50 人年龄普遍偏大，毛南族青少年群体已趋于以“毛南语 + 汉语”的双语人为主。

2. 普通话能力以听、读较强，说、写偏弱

问卷分别针对“听”“说”“读”“写”设置了层级表，调查受访者对普通话能力的自我评定。总体情况看，调查对象对普通话语言能力的自我评价排序为：“听” > “读” > “说” > “写”。具体情况见表 2。

表 2　毛南族普通话能力自我评价

评价项目	掌握程度	人数	占比 / %
听	1. 完全能听懂	81	71.7
	2. 大部分能听懂	24	21.2
	3. 基本能听懂	7	6.2

（续表）

评价项目	掌握程度	人数	占比 / %
听	4. 能听懂一些日常用语	1	0.9
说	1. 能流利准确地交谈	16	14.2
	2. 能熟练地交谈但有的发音不准	20	17.7
	3. 能熟练地交谈但发音不准	63	55.7
	4. 基本能交谈但不太熟练	12	10.6
	5. 会说一些日常用语	2	1.8
读	1. 能读书看报	70	61.9
	2. 能看懂家信或简单文章	17	15.0
	3. 能看懂便条或留言条	11	9.7
	4. 只能看懂个别词语	10	8.8
	5. 完全看不懂	5	4.4
写	1. 能写文章或其他作品	33	29.2
	2. 能写家信或其他文章	34	30.1
	3. 能写便条或留言条	20	17.7
	4. 只会写个别字词	19	16.8
	5. 完全不会写	7	6.2

（1）听

本调查将普通话听力合格的标准设置为“基本能听懂”，达到此标准以上的比例超过 99%，仅有 1 人表示只能听懂日常用语。同时，超过 70% 的人自我评定为“完全能听懂”。因此，毛南族的普通话听力水平普遍较高。

（2）说

本调查将“能流利准确地交谈”界定为普通话发音和表达均较为标准的交谈，数据显示，能达到这一标准的仅有 16 人，主要为公务员、教师、在读大学生等。他们或接受过专门的普通话培训，或所从事职业有一定普通话能力准入要求。超过 70% 的调查对象选择“能熟练地交谈”但“发音不准”或“有的发音不准”，达到这些标准以上的可视为达到普通话口语合格水平，共占 87.6%。有 10.6% 的调查对象自评“基本能交谈但不太熟练”，从面对面访谈情况来看，这部分人群也已具备基本的普通话沟通交流能力。

（3）读

有 70 名调查对象能达到“读书看报”这一最高级别，比例达到 61.9%。结合调查对象的受教育程度看，初中及以上文化程度的人数占总调查人数的 77.8%，因此，大部分毛南族人通过学校教育获得普通话阅读能力。尚有 13.2% 的人未达到较好的阅读水平，其中 5 人表示“完全看不懂”，这一结果与 7 名调查对象未上过学的情况对应。

（4）写

本调查将“能写便条或留言条”视为掌握书写表达能力，77% 的调查对象达到这一标准。其余的 23% 基本不具备汉字书写能力，即“只会写个别字词”或“完全不会写”。

综合调查对象年龄、受教育程度等因素考察，总体上学历较高者普通话能力相应较高，年龄偏大者普通话准确发音能力相对偏弱，大部分人普通话语音不标准。这与南方农村汉族人群的情况基本一致。

（二）语言使用

问卷采用多选题的形式，分别考察了“家庭”“学校”“工作”“社区”4 大语境下毛南族不同语言的使用情况，同时又针对“族群”单独做了语言使用调查。具体数据见表 3。

表 3 毛南族不同语境语言使用情况

语境		语言									
		毛南语		普通话		桂柳话		壮语		其他或无此情况	
		人数	占比/%	人数	占比/%	人数	占比/%	人数	占比/%	人数	占比/%
家庭		90/107*	94.7**	1/14	12.4	1/8	7.1	3/7	6.2	0/1	0.9
学校	与同学	64/77	68.1	20/30	26.5	8/19	16.8	0/5	4.4	5/6	5.3
	与教师	50/61	54.0	28/43	38.1	15/23	20.4	0	—	5/5	4.4
工作	政府部门	19/27	23.9	30/54	47.8	36/59	52.2	0/1	0.9	2/3	2.7
	驻村干部	37/59	52.2	11/34	30.1	32/58	51.3	0/3	2.7	2/2	1.8
社区	集贸市场	60/91	80.5	9/27	23.9	6/34	30.1	3/10	8.8	0/3	2.7

（续表）

语境		语言									
		毛南语		普通话		桂柳话		壮语		其他或无此情况	
		人数	占比/%	人数	占比/%	人数	占比/%	人数	占比/%	人数	占比/%
族群	同族	93/100	88.5	8/12	10.6	3/8	7.1	0/3	2.7	1/1	0.9
	外族	4/34	30.1	40/84	74.3	11/69	61.1	0/24	21.2	0/1	0.9

* “/”前数据表示单用此语种的人数，“/”后数据表示单用和兼用此语种的总人数。
** 百分比统计单用和兼用此语种的总人数占调查人数的比例。

表 3 可以看出毛南族在不同语境中的语言使用特点。

1. 毛南语在非工作语境中占优势

毛南语是毛南族家庭内部、同族人之间乃至社区（集贸市场）交流的主要语言，单用和兼用均占绝对优势。在学校的非课堂交流中，无论是与同学交流还是与教师交流，毛南语均占较大优势。与驻村干部交流过程中也是毛南语使用最多。调查所知，当地政府会根据驻村干部的民族、地缘远近、工作属性、对当地的熟悉程度等情况将其派遣到各村、屯、户。驻村干部大多为毛南族人或熟悉毛南语，易于与毛南族群众交流，有利于工作的开展。此外，毛南语在与外族人交流和到政府部门办事等情境下也仍有相当大的使用比率。

2. 普通话在与外族交流语境中使用较多

普通话是毛南族与外族交流中使用最多的语言。此外，在政府部门交流中普通话也使用较多，仅略低于桂柳话。值得注意的是，普通话在学校的非课堂交流语言中所占比例明显偏低，这与表 2 显示受访者对个人普通话“说”的能力评价较低是对应的。

3. 桂柳话与普通话的使用比率互有高低

历史上毛南族习得的汉语主要是西南官话中的桂柳话。近几十年来，普通话普及工作大力推进，毛南族普通话的普及率已大为提升（见表 1），但在与外族交流以外的其他场合，普通话的使用率并不占优势。表 3 数据显示，桂柳话在政府部门、驻村干部、集贸市场的使用比例均高于普通话，这固然与周边多为讲桂柳话的汉族群众有关，但也说明当地无论是汉族还是毛南族，普通话能力水平都还有待进一步提升。

4. 各语言的语境分工较明确

虽然毛南族绝大多数是双语或多语人，但在具体语境中，每个个体以单用某一种语言为主，兼用多语的情况较少。大部分语境下，单用毛南语、普通话或桂柳话其中之一的总比例达到 70%—80%；仅“外族”“社区（集贸市场）”两种语境下，因实际接触的对象多元而多语兼用的比例较大。

壮语的使用只在与外族（壮族）交流中有一定比例。历史上曾长期影响毛南族的壮语，在如今的开放性语言生态环境中不再占主导地位，取而代之的是普通话和汉语方言。

政府部门办事时，使用最多的语言是桂柳话和普通话，比例分别达到 52.2% 和 47.8%。使用毛南语的人数较少，仅有 27 人；在这当中，有 8 人除使用毛南语外，还兼用普通话和桂柳话。据调查了解，单纯使用毛南语的 19 名调查对象多为年龄较大者，他们仅到过下南乡政府部门。下南乡政府工作人员大多数为毛南族，熟练使用毛南语。

（三）语言态度

1. 毛南语在本地工作时最重要，普通话在外出务工时最重要

本调查设置了工作中“哪种语言最重要”的问题，分别针对目前工作、本地工作、外出务工 3 种情况设置选项。具体情况见表 4。

表 4　毛南族对工作语言的态度

语言	类型					
	目前工作		本地工作		外出务工	
	人数	占比 / %	人数	占比 / %	人数	占比 / %
毛南语	55	48.7	70	61.9	5	4.4
普通话	50	44.2	37	32.7	104	92.0
桂柳话	6	5.3	5	4.4	2	1.8
壮语	1	0.9	0	0.0	0	0.0
其他语言或方言	0	0.0	0	0.0	1	0.9
都不重要	1	0.9	1	0.9	1	0.9

表 4 显示，受访者意识到语言能力与工作就业有较重要的关联。就目前的工作而言，48.7% 的人认为毛南语最重要，普通话次之；认为这两种语言的重

要性排在第一位的人数共占比 90% 以上。就本地工作而言，超过 60% 的受访者认为本民族语最重要。这表明，在本地工作环境中，毛南语是稳定的使用语言，排在第二位的依旧是普通话。因为本调查的受访者主要为在当地居住就业者，所以两项调查结果相对一致。

针对外出务工情况，绝大多数受访者意识到普通话占据重要性首位。普通话作为国家通用语言，是毛南族对外交际的主要媒介手段。

结合前面的调查，汉语方言桂柳话虽然较多地使用于工作语言中，但从语言态度上看，绝大多数调查对象认为桂柳话对工作而言并不重要。语言的实际运用并不等同于对其实用性的评价。

2. 对学习普通话态度积极者居多，但持消极态度者也有一定比例

对学习普通话的态度，调查分 5 个层级认同度设计了一组问题。具体情况见表 5。

表 5 毛南族对学习普通话的态度

对学习普通话的态度	完全同意		同意		不太清楚		不同意		非常不同意	
	人数	占比/%	人数	占比/%	人数	占比/%	人数	占比/%	人数	占比/%
1. 我很想学普通话	42	37.2	23	20.4	14	12.4	34	30.1	0	0.0
2. 参加普通话培训，对我很重要	36	31.9	20	17.7	20	17.7	36	31.9	1	0.9
3. 如果有普通话培训，我很愿意参加	32	28.3	21	18.6	21	18.6	39	34.5	0	0.0
4. 普通话对我找工作很有帮助	61	54.0	35	31.0	9	8.0	8	7.1	0	0.0
5. 普通话可以帮助我了解更多外面的信息	75	66.4	28	24.8	6	5.3	4	3.5	0	0.0
6. 普通话可以让我在工作中更受尊重	56	49.6	26	23.0	19	16.8	12	10.6	0	0.0
7. 普通话可以使我获得更高的收入	14	12.4	21	18.6	46	40.7	32	28.3	0	0.0
8. 因为不懂普通话，我会失去一些工作机会	24	21.2	26	23.0	33	29.2	30	26.5	0	0.0

从表 5 可知，在普通话学习意愿调查中，“完全同意”和“同意”两项积极态度指标合计，有 57.6% 的调查对象表示“很想学普通话”；持消极否定态度的有 34 人，占 30.1%；同时有 12.4% 的调查对象对普通话学习的意愿认识不清。

在对普通话培训的重要性及培训意愿的态度认知中，持积极肯定态度的调查对象比例均稍高于持消极否定态度的比例。态度认知模糊不清的调查对象数量大体相当。

在普通话对个人的实用性帮助认知中，我们分别从“找工作、帮助了解外界信息、在工作中更受尊重、获得更高收入”4 个方面进行调查。结果显示，普通话为调查对象带来的实际帮助程度由高到低依次为：帮助了解外界信息 > 找工作 > 在工作中更受尊重 > 获得更高收入。

在“普通话可以使我获得更高收入”这一调查项目中，超过 40% 的人对这一认知感到迷茫、不确定，有近 30% 的人持否定态度，认为普通话并未使他们的收入增加。调查过程中，有多名调查对象表示，普通话的语言能力高低并不能影响他们的实际收入，真正影响收入的是文化程度。文化程度高的人，在工作中职位更稳定，更容易获得高收入；文化程度低的人，通常只能靠周期性的打零工维持生活，工作状况不稳定，工资水平很低。

结合普通话对工作的重要性，调查还设置了“因为不懂普通话，我会失去一些工作机会”这一选项。调查结果显示，有 44.2% 的人肯定了普通话与工作机会的正相关性，有 26.5% 的人持否定态度，认为普通话与工作机会之间没有什么必然联系，同时有近 30% 的人对这一观点态度模糊。

综合以上分析，大部分调查对象认同普通话的重要性，但学习意愿并不强烈。很多调查对象认为自己已经熟练掌握普通话，不需要继续学习。也有人表示“普通话难学”“学了普通话没有什么用”或“学普通话会耽误很多时间”。此外，调查中还有 4 人“担心学普通话对我的母语有影响”。一名调查对象表示，经常说普通话或桂柳话，时间久了会忘记毛南语的一些词汇或表达方式，尤其是青少年，仅在家庭交流中与父母说毛南语，其余时候都用普通话与别人交流，“他们的毛南话已经越来越糟糕了”。

三 建议

（一）进一步强化学校的推普功能

调查显示，普通话在毛南族地区学校的非课堂交流语言中所占比例明显偏低，说明学校在普通话教育方面发挥的作用还不够。与此相应，受访者虽然绝大部分已基本掌握普通话，但对个人的普通话能力评价较低，实际使用普通话的范围有限，说明其普通话能力还有待提高。

此外，调查发现部分毛南族成年人通过向家中在读儿童学习的方式学会了普通话，这种“小手牵大手”的模式，让成年人习得普通话有了新的途径。少数民族地区少年儿童成为普通话推广的力量之一。

学校不仅应在校内做好学生的普通话教学，还应承担起普通话的社会推广工作。应增强少数民族地区师资力量，提升教师普通话水平，发挥推普攻坚“内生力量”的作用。要达到毛南族青少年经过义务教育阶段的学习均能较熟练掌握普通话的目标。

（二）与职业技能培训相结合深化推普

调查显示，毛南族已经基本实现了普通话的普及，绝大部分青壮年具备基本的普通话“听”“说”“读”“写”能力，推普的第一阶段任务已经完成。也正因为如此，相当一部分的受访者认为不需要再学普通话，或存在“学普通话没有用”的认知。

面向毛南族群体的推普工作，应该进入更高层次的“精准推普 2.0”阶段。这一阶段的推普任务，应着力提升毛南族青壮年的普通话“读”“写”能力，并将推普与提升文化水平、知识结构和素质能力相结合。组织青壮年劳动力开展诸如职业语言、技术语言等专题的专项培训，实现语言能力和就业技能提升同步推进。要真正让普通话培训做到“学以致用，立竿见影”，增强毛南族进一步学习普通话的动力。

（三）借助新媒介将推普融入日常生活

随着互联网和新媒体的发展，语言与技术交融结合，新媒体阅读指数不断上升，毛南族群体越来越多地使用网络、手机等媒介与外界交流沟通。一方面，应借助网络、手机媒体，让毛南族群体更好地利用新闻阅读 APP、微博、微信等软件学习普通话；另一方面，可通过这些社交软件和网络新媒体的普通话语境自然而然地进行普通话推广，引导毛南族青壮年提升普通话“读”“写”的能力。

（四）重视双语教育，提升双语能力

调查结果显示，毛南族群体总体上处于母语为本、多语并存、互有分工的语言生态中，普通话已基本普及且使用率持续提高，但国家通用语言文字

能力仍需进一步提升。在毛南族地区，政府、中小学等机构应同时承担保护民族语言文化和推广普通话的双重任务。毛南族青少年在校应全部使用普通话，走出校门回到家里可尽量使用毛南语。应通过有计划、有步骤地加强双语教育的规划和实施，提升毛南族青壮年的双语语言能力。

（魏琳、禤健聪）

客家话传承服务调查

客家话是我国十大方言之一，分布于广东省、广西壮族自治区、福建省、台湾省、海南省、江西省、湖南省、四川省、香港特别行政区等9个省区，200多个县市。其中广东省东部、中部地区，福建省西部地区和江西省南部地区的客家人聚居最为集中。客家人有“宁丢祖宗田，不丢祖宗言”的传统，但随着现代人口流动加快，强势经济地区的粤方言影响以及卓有成效的普通话推广，客家话使用范围逐渐缩小，一些客家年轻人已不会说客家话。客家话传承情况到底如何？报告将从客家话乡土教材与字词典、传统媒体广播电台 / 电视台（包括电视剧和电影）、新兴媒体PC网络与移动手机端这三个方面来考察客家话的传承情况，以期为政府和相关部门制定更好的语言资源保护政策提供参考。

一　乡土教材与字词典

（一）乡土教材

不少客家地区有客家乡土教材。我们通过问卷和网络检索的方式调查了这类教材的编写和使用情况。报告只展示对客家语言和客家歌谣有相关描写的教材，共28种（见表1）。

表1　客家话乡土教材统计

地区	使用学校	教材名称	主编	出版社	出版年	主要内容
广东梅州	梅州中小学	客都梅州	曾桓恩	新世纪出版社	2009	分小学版和初中版，三到六年级各1本，初中1本不分年级，全套共5本。有梅州客家儿歌、谚语、歇后语、笑话和民间故事等内容

（续表）

地区	使用学校	教材名称	主编	出版社	出版年	主要内容
广东梅州	梅州中小学	客家文化之都——梅州	曾桓恩	广东科技出版社	2004	分小学和初中版，三到六年级各1本，初中1本不分年级，全套共5本。介绍梅州客家的历史、风俗、文化等，收集了客家童谣
	大埔县大麻中学	客家山歌				介绍梅州客家山歌及文化
广东深圳	龙岗区千林山小学	客家山歌				介绍深圳客家山歌
		客家诗文选读				介绍深圳客家诗文
广东东莞	清溪镇中小学	清溪客家风情	清溪镇宣传教育办			介绍清溪客家风情，包括客家山歌和客家麒麟舞
广东韶关	韶关市中小学	善美和谐的家乡——韶关	韶关乡土文化教材编写组	广州教育出版社	2010	介绍韶关的历史、地方文化等
	新丰县中小学	新丰乡情		现代教育出版社	2015	介绍客家歌谣《月光光》等
	翁源县中小学	“妈妈教我一句话”汇编	赖汉周		2017	介绍当地家教名言，体现客家家风传承
广东中山	五桂山中学	中山民歌	周庆基等			介绍客家山歌、咸水歌、高棠歌
福建省	福建省各小学	福建小学乡土教材	福建小学乡土教材编写组	福建少年儿童出版社	1998	按年级编排，介绍福建七市风土人情，其中的龙岩篇、三明篇分别介绍了龙岩客家和三明客家的文化
福建龙岩	上杭县各小学	客家乡土文化图文书	何英	福建少年儿童出版社	2016	分为《客家风情》《欢乐的乡间童趣》《客家民间文化》《客家美食》4本
	上杭县城东小学	多彩山歌	谢飚英			介绍闽西上杭山歌
	上杭县下都中学	唱响童谣，健康成长				介绍客家童谣
	龙岩永定区高头中心小学	客家风俗风情读本				主要介绍客家土楼风俗风情，其中有永定客家山歌章节
	长汀县实验小学	廉洁文化进校园				讲述廉洁故事，其中有长汀客家廉洁歌谣、谚语、警句、童谣等
	武平附属小学	我是客家人	武平附小课程研发小组		2006	介绍了客家歇后语
	武平实验小学	武平客家文化				介绍客家习俗文化
	永定县各中小学、幼儿园	“世遗”乡土教材	永定县宣传教育部门			主要介绍福建土楼的特点、价值和保护，以及客家山歌
福建三明	宁化县中小学	我是宁化人				介绍宁化县历史故事（如客家公祠事件）及风俗、文化等
	宁化县各小学	客家童谣			2015	介绍客家地区广泛流传的童谣、谚语等

（续表）

地区	使用学校	教材名称	主编	出版社	出版年	主要内容
福建三明	宁化县各小学	客家祖地				从风土人情、客家人物、风景名胜、特产风味、传说故事、文化艺术6个方面做介绍
江西赣州	全南县中小学	可爱的全南				介绍全南县客家文化、风俗等
	上犹县营前中心小学	客家风和乐颂				介绍客家文化，涉及家风家训故事，有客家少年四字歌谣等
	兴国县中小学	中小学生乡土教材	兴国县教育局			主要介绍兴国县客家山歌
江西吉安	万安县中小学	可爱的万安	肖人翔	江西人民出版社	1992	介绍万安历史文化、风土人情
广西玉林	陆川县中小学	乡村文明	陆川县教育局	广西师大出版社	2016	介绍陆川客家传统美德
	博白县博白镇第五小学	博白客家神韵				介绍博白客家的历史、文化、风俗等

图1 广东梅州乡土教材《客都梅州》

图2 福建客家乡土文化图文书系列之一《客家民间文化》

以上28种教材包括广东10种、福建12种、江西4种、广西2种，其中大多是单本。此外还有二十几本乡土教材不涉及客家话，这里不再列举。上述教材中有些没有正式出版，多半由本市或本县教育局组织相关人员编写，当地教育局印刷，只限于本市县中小学使用，具体编辑人员和发行时间均未标注。许多客家话地区目前还没有客家乡土教材，或正在研发中，如广东省河源市。

客家市县地域分布最广的是广东，其次是江西和福建。客家乡土教材也是这三个省最多。从数量上看，福建龙岩市最多，体现了龙岩对客家文化的重视。从质量上看，广东梅州编制的教材最为正规，发行量也最大，梅州各地中小学都要求学习。

台湾也有相当多的客家话文化乡土教材，我们没有列入表中。在台湾的小学中，有成套的教材学习客家话。“台湾客家语常用词辞典”网站①里收录了《台北县母语教学教材系列——客语读本》（1—3）、《新竹县乡土教材语言篇——客语读本》（1—3）、《台北县乡土语言补充教材》（莺歌版 + 淡水版）、《幼稚园客语教材绘本》（潾蛞、细兔仔、细燕仔、细毛蟹、膨尾鼠，共 5 册）等客家话教材。

（二）字词典

客家话字词典多数为纸质版，其中一些附有录音带或光盘，此外还有少量网络词典。具体数据见表 2。

表 2 客家话字词典统计

字词典名称	编著者	出版社或网址	出版年
客家话北方话对照辞典	谢栋元	辽宁大学出版社	1994
客家话字典	侯复生	广州旅游出版社	1995
客家方言	罗美珍、邓晓华	福建教育出版社	1995
客家话词典	张维耿	广东人民出版社	1995
客家话常用词词典	魏东海	香港大马图书有限公司	2000
客家音词典	饶秉才	广东人民出版社	2000
客家话一月通	张维耿	广东海燕电子音像出版社	2001
客家话词典	陈庆忠	银河出版社	2002
21 世纪初学者客家话速成	温忠政	广东人民出版社	2002
客家话通用词典	罗美珍、林立芳、饶长溶	中山大学出版社	2004
客家方言字典	黄耀宝	天马出版有限公司	2005
客家方言	温昌衍	华南理工大学出版社	2006

① 台湾客家语常用词辞典，http://hakka.dict.edu.tw/hakkadict/index.htm。

（续表）

字词典名称	编著者	出版社或网址	出版年
客家方言字典	何耿镛	新加坡文艺协会	2012
广州话、客家话、潮汕话与普通话对照词典	欧阳觉亚、饶秉才、周耀文、周无忌	广东人民出版社	2013
客家方言	温昌衍、王秋珺	暨南大学出版社	2015
薪典		http://www.syndict.com/	
汉语方言发音字典		http://cn.voicedic.com/m/	

图 3《客家话通用词典》封面

《客家话通用词典》收录了福建长汀、武平、武平坪畲、连城、宁化石壁 5 个点，广东梅县、兴宁、惠东、曲江马坝、连山小三江 5 个点，江西瑞金、石城、上犹 3 个点，共 13 个点的 1300 多条常用词和 300 多条谚语、歇后语。该词典以长汀和梅县为收词依据，尽量收各代表点一致的词语。

《客家话一月通》是普通话、客家话对照录音教材，将日常交际的 20 个话题编成会话体式的课文，并用拼音标注梅县话发音。该教材书一册，配录音带两盒，选用梅州市梅江区城区话口音录制，另有光盘版。

“薪典”是一个客家话网站，其域名 syndict 由英文单词 synchronic（共时的）和 dictionary（辞典）缩略合成。该网站于 2008 年 5 月 4 日由热心客家话传承的网友共同创建，以客家话作为标准功能语言，采用开放资源获取方式，即由网友提交词条信息，经过公开讨论之后，再正式发布到网站上。目前该网站已收录梅县、惠阳、五华、松口、英德等地的客家话单字音近 3

万条，收集只见于客家话、不见于普通话的词条达1万条以上。网站分“辞典”“教材”“词条收集”“客普翻译”“线上注音”“语言地区”“网址导航”和“输入法”8个板块。其中“辞典”板块相当于线上客家话辞典，只要输入字或词便会显示其客家话拼音注音、释义和用例，同一个词还会注有梅县、诏安、惠阳、五华等不同地区的发音。

《汉语方言发音字典》是网络字典，有手机安卓版和苹果版，目前有广韵、普通话、客家话、广州话等11种发音供选择。用户只要选择客家话，输入想要查询的字，即可获取其客家话国际音标，试听其客家话发音。

各地方言研究专书如果收录了同音字、方言词、方言例句三者中的一种，我们也算作方言纸质版词典。广东客方言研究中，以梅州市梅县方言为研究对象的最多，分别为陈修《梅县客方言研究》（1993）、谢永昌《梅县客家方言志》（1994）、黄雪贞《梅县方言词典》（1995）和张维耿《客方言标准音词典》（2012）。《客方言标准音词典》共收录4975条词语，主要是20世纪30年代至该世纪末的梅县话日常口头用语，包括一部分习语、俗语、歇后语和谚语。凡词形与普通话不同或词形与普通话相同但词义上有差异的方言词语，均收入该词典。此外，研究梅州五华县的有朱炳玉《五华客家话研究》（2010），广东河源方言的有练春招、侯小英、刘立恒《客家古邑方言》（2010），韶关市的有周日健《新丰方言志》（1990），中山市的有甘甲才《中山客家话研究》（2003），湛江市的有赵越《雷州半岛客家方言字音》（2015）。

福建有蓝小玲的长汀县方言研究《闽西客家方言》（1999），饶长溶《长汀客家话初记》（2016），邱锡凤《上杭客家话研究》（2012），严修鸿、邱庆生《中国语言文化典藏·连城》（2017），项梦冰《连城客家话语法研究》（1997）和李小华《闽西永定客家方言虚词研究》（2014）等。长汀、上杭、连城、永定县均属于龙岩市。

江西有刘纶鑫《江西客家方言概况》（2001）。该书描写了30多个方言点的声韵调系统，并调查整理了南康市蓉江镇、安远县欣山镇、上犹县社溪乡江头、修水县黄沙桥乡、全南县城厢镇5个点的同音字汇。此外还有谢留文的《于都方言词典》（1998）等。

广西有陈晓锦《广西玉林市客家方言调查研究》（2004）等。

香港有庄初升、黄婷婷《19世纪香港新界的客家方言》（2014），刘义章《香港客家》(2007)等。

四川有董同龢《华阳凉水客家话记音》(1956),郄远春《成都客家话研究》(2012),徐翀《仪陇客家话语音研究》(2007),周骥良《隆昌客家话语音研究》(2008),兰玉英《汉语方言接触视角下的四川客家方言研究》(2015)等。

湖南有陈立中《湖南客家方言的源流与演变》(2003),曾献飞《汝城方言研究》(2007)等。

台湾纸质版客家话辞典和语言类书籍非常多,我们在上文提到的"台湾客家语常用词辞典"网站中查到的就有上百种,限于篇幅,不一一列举。

二 传统媒体的客家话传播

传统媒体包括电视、广播、报纸、周刊(杂志)等。考虑到方言重口语传播,我们着重对客家话在广播、电视以及影视剧中的使用情况进行了调查。

(一)广播电台、电视台

《中华人民共和国国家通用语言文字法》第二章第十二条规定:广播电台、电视台以普通话为基本的播音用语。第十六条补充说明,认为有下列情形的,可以使用方言:一是经国务院广播电视部门或省级广播电视部门批准的播音用语;二是戏曲、影视等艺术形式中需要使用的。我们粗略统计了使用客家话播音的电台、电视台的频道和栏目,具体数据见表3、表4。

表3 广播电台客家话频道、栏目统计

单位	频道或栏目	播出时间	主要内容
中央人民广播电台第六套节目	福州、马祖:FM106.2 厦门、金门:FM107.9 《神州之声》	每日 15:00—20:50	15:00—15:50 客家乡亲:新闻大视野 16:00—16:50 客家乡亲:海峡乡亲桥 17:00—17:50 客家乡亲:浓情客家歌 18:00—18:50 客家天地:原乡天空 19:00—19:50 客家天地:原乡人家 20:00—20:50 客家天地:原乡大地
福建龙岩人民广播电台	FM92.5 《我们客家人》	周六 22:00—23:00	对台新闻交流合作的平台和窗口,专门为台湾客家听众制作
龙岩旅游之声	FM94.6 《我们客家人》	周一 9:00—10:00	转播龙岩人民广播电台《我们客家人》栏目

表 4　电视台客家话频道、栏目统计

单位	频道或栏目	播出时间	主要内容
广东梅州广播电视台	客家公共频道有影响力的栏目：《这里是客家》《讲牙舍》	全天	整个频道都用客家话播出。1994 年开播，当时称梅州有线一频道、梅州电视台经济生活频道，2006 年更名为梅州电视台客家公共频道（梅州-2）
广东梅州兴宁市电视台	《城乡一线》	首播：每晚 21:00—21:30 重播：次日 12:30—13:00	在兴宁时政综合、兴宁影视文艺两个频道播出。兴宁市人民政府网的视频新闻也分为《兴宁新闻》和《城乡一线》两个栏目，前者用普通话播报，后者用客家话播报，二者同一天的播报内容不完全一样
广东梅州蕉岭广播电视台	《民生视点》（客家话版）、《蕉岭新闻》（客家话版）	每日 18:30—19:00	与普通话版同步播出。蕉岭县人民政府网也有两档栏目的客家话和普通话播报版本视频
广东惠州电视台一套	《客家》（原《农村天地》客家话版）	首播：每周五晚 19:33—20:00；重播：次日 13:00—13:27	该栏目为落实2009年市人大一号议案于当年开播，以乡土、乡音、乡情为定位，注重亲和力，以视角平行和参与性强来贴近大众。开播以来，《客家情》《探寻客家民俗》《寻访客家民居》《客家小吃全攻略》等系列节目深受观众喜爱
广东汕尾陆河电视台	《陆河新闻》（客家话版）	首播：每日 12:00—12:15；重播：每日 15:00—15:15/18:00—18:15	于 2017 年 3 月 29 日首播，此前播报一直都用普通话
广东手机电视台	《客家频道》	全天可看，但更新时间不定	http://tieba.baidu.com/p/3115311686，需下载 APP，转播其他地方电视台客家话节目，非原创
福建龙岩电视台	《客家风》	每周周日、周二、周四 12:10—12:30	2016 年 8 月 21 日开播第 1 期。每周三期，介绍风土人情。主持人用客家话，采访有时用普通话
福建龙岩上杭广播电视台	《上杭方言故事汇》	首播：每周日 8:00—8:12 重播：下周日 12:00—12:12	2016 年开播，以“传播客家语言，传承客家文化”为宗旨，以熟悉的乡音来讲述上杭故事

福建龙岩人民广播电台非常注重海峡两岸客家文化的交流与协作，充分利用两地客家具有的“五缘”[①]优势，以用客家话播出的《我们客家人》栏目为载体，精心打造了对台新闻交流合作的平台和窗口。《我们客家人》专门为台湾客家听众制作，2008 年 4 月首播，每周六晚 22：00 播出 1 期，是大陆广播界最早在台湾落地播出的客家话节目。目前，该栏目已从一家电台扩展到在宝岛客家电台、苗栗正义广播电台、云林姐妹电台、高屏溪广播电台、花莲客家电台等五家台湾电台播出。《我们客家人》栏目坚持深入采访，挖掘客家文化深厚内涵；寻找两岸客家人的精神共鸣，以此增进两岸人民感

① 2006 年，时任福建省省委书记的卢展工用“五缘”概括福建与台湾的关系：地缘近、血缘亲、文缘深、商缘广、法缘深。参见《福建省委书记会见连战以五缘六求概括闽台关系》，新浪网，2006-04-18，http://news.sina.com.cn/c/2006-04-18/07058723005s.shtml。

情；努力提升闽西客家祖地的吸引力和影响力，增强客家文化连接两岸同胞感情的文化纽带作用。2009 年，《我们客家人》栏目制作了《客家姓氏族谱演艺》10 集系列节目及《浓浓海峡缘，悠悠客家情》《生态游好去处——武平梁野仙山》《闽西客家人的年夜饭》《“画仙”李灿的传说故事》《深山里的客家村》《“客家陶渊明”——清初举人林宝树》《公祭客家母亲河》《台湾茶农漳平创业　官田铁冠声名鹊起》《上杭古田，台湾花农》《血脉情浓穿海水，群贤勠力筑骚坛》等深受台湾听众喜爱的节目。2009 年年底，台中市客家公共事务协会宝岛调频联播网提供了《我们客家人》栏目 2009 年第二季、第三季的收听率调查报告。在受调查的人群中，表示收听过该栏目的达到 80.3%；在没有收听过的听众中，表示愿意尝试收听的达到 90% 左右。这表明《我们客家人》在台湾听众中影响力之高。另外，调查结果显示，在收听过节目的听众中，认为节目整体很好、较好的达到 57% 以上。

《这里是客家》和《讲牙舍》是梅州电视台用客家话播出的两档很有影响力的栏目。《这里是客家》介绍梅州各地风土人情，有时还会介绍其他的客家地区，如惠州等。该栏目于 2012 年 1 月 3 日开播第一集，2016 年 11 月 26 日播出最后一集，共播出 420 集。《讲牙舍》是一档以娱乐性、趣味性、互动性、服务性为特点，以社会热点、客家文化为内容的客家话脱口秀栏目。特聘节目主持人阿骏（黎骏）以亦庄亦谐的风格述评是非曲直，戏说客家典故。该栏目于 2015 年 6 月 3 日开播第一集，至今仍在持续播出，到 2018 年 7 月 19 日为止已播出 647 集。

电视片《客韵》由福建龙岩电视台和台湾龙阁文化传播有限公司联合摄制，共 100 集。该片把客家文化分解成客家信仰、礼俗、建筑、美食等 6 大主题，然后再分成 100 个专题，用客家话和普通话两种语言进行放送。每集由台湾一位和龙岩市两位专家学者参与访谈拍摄，台湾和龙岩市各一位节目主持人主持访谈。两岸摄制人员均近 30 人。该片以专家访谈、实景现场录像和历史资料等相结合的方式，全方位、多角度反映闽西客家祖地博大精深的民间传统文化以及两岸客家文化的异同及其渊源关系。《客韵》于 2013 年年初开始筹备，当年 11 月正式开机，到 2017 年 2 月在龙岩和台湾两地顺利播完。

梅州市广播电视台联合广东省音乐家协会、广东省流行音乐协会及台湾、香港、大陆十几个客属地区和东南亚的广播电视台，创立了“客家流行音乐金曲榜”，共收到海内外2000多首曲目来稿。同时，梅州广电与最早进入数字音乐领域的滚石移动公司达成彩铃合作协议，构建具有领先地位的客家数字音乐服务及销售平台。

广东梅州地区和福建龙岩地区的客家话电视、电台栏目做得比较好，这与政府重视程度高、投资力度大以及客家人占当地人口比例较大等有密切关系。其他地区也推出了一系列客家话栏目。江西赣州人民广播电台和赣州电视台为迎接2004年的“世界客属第十九届恳亲大会”，进一步弘扬和发掘客家文化，于2003年8月20日起尝试用客家话播出《今晚播报》栏目，该栏目现已停播。广东河源电视台《民生一线》栏目曾经用客家话播新闻，现已改为普通话播报，最后用客家话播报的时间是2013年12月7日。广西玉林博白县电视台和广播电台以文化为主的《白州和韵》栏目有普通话和客家话两种版本，共播出108期，现已停播。广西贺州电视台于2011年大年三十播出《客家》栏目，两周一期，每期时长15分钟，主持人和受访者均用客家话，后也因一些困难停办。深圳市龙岗区曾有过客家话新闻栏目，但随着城镇化速度加快，深圳客家人被快速同化，客家话栏目已不复存在。

每个地区电台、电视台播报的客家话口音有一定区别，但客家人大致都能听懂。

（二）电视剧、电影

用客家话拍摄电视剧和电影最多的要数梅州地区，其中最有名的电视剧要数《围屋人家》。该剧由梅州市广播电视台、广东客都文化发展有限公司影视制作中心联合打造，以客家民俗、民居、典故、旅游、饮食、人物、时事等为素材进行全新演绎，以情景喜剧的形式拍摄制作，反映客家风情、弘扬客家文化，融风土人情、时事政治、娱乐评论为一体。剧作风格力求高雅、幽默，让观众观赏娱乐之余，更多地了解客家文化、社会现象。该剧于2011年6月1日在梅州市广播电视台开播，目前已经出品了七季，第八季正在拍摄当中。

梅县电视台与梅州市树德文化传媒有限公司联合推出的电视剧《相亲相爱》于2017年7月17日开播，剧情以梅州一个午托班内发生的各种故事为主线，讲述午托老板夫妻二人的经营情怀以及孩子们在成长过程中遇到和解决的各种问题，折射出“小家大家都是家，相亲相爱一家人”的理念。

图 4《围屋人家》剧照

中国大陆第一部客家话电影是 1994 年由珠江电影制片公司在广东梅州拍摄的《啼笑姻缘》(又名《啼笑冤家》)。影片根据同名客家山歌剧改编，主要讲述了改革开放时期的广东某客家山村里刘十三和黄二嫂争着承包村口风采酒楼的故事。全片均为客家话对白，其中穿插许多客家山歌。此片曾在广东的电视台播出，深受大家喜爱。

电影《阿妹》是客家题材影片，于 2010 年 10 月公映。它整合了河源地域的客家山歌、客家民俗、客家古邑、客家饮食等文化元素，体现当地客家族群的人文与民俗风情。影片同期录音为普通话，后期以客家话配音制作了一个客家话版本。普通话版面向非客家地区的全球院线和电视台，客家话版面向客家地区院线及海外市场。

2000 年拍摄的香港电影《爱情白面包》中的对白采用了粤方言和客家话。2002 年由香港和新加坡联合拍摄上映的《见鬼》一剧中使用了粤方言、泰语、普通话、英语、客家话等多种语言和方言。

台湾客家话电影非常多，如侯孝贤导演的《童年往事》《冬冬的假期》，周晏子导演的《青春无悔》，张作翼导演的《美丽时光》，戴立忍导演的《不能没有你》，洪智育导演的《1895》。这些电影主要使用客家话，也有些兼用普通话、闽方言等。客家话电视剧有《大将徐傍兴》《月满水沙莲》《牵纸鹞的手》《酱园生》等。

近几年出现的微电影使客家话电影创作呈现出发展增长的态势。出生在广东梅州的李旅安，被誉为客家地区最优秀的微电影导演，也是首个让客家话微电影出现在国际电影节上的客家本土草根导演。他的微电影《念旧》

《阿婆》《后巷》《三好与玮雯》均用客家话拍摄。《念旧》曾获得首届大学生微电影节“最佳摄影”及“最佳原创剧本”两项大奖，入围悉尼金考拉国际华语电影节微电影长片环节，代表首部客家微电影登上优酷原创首页，创下50万次的点击量。此外，《客家好爱你》《发妻香》《青哥》《客家阿哥》等微电影对白均为客家话。2012年11月24日，广东省梅州市政府主办了全球客家微电影大赛[1]。本次大赛中，获得金奖的作品为《给爸爸的歌》，银奖为《阿福汉》《代号：汀州行动》，铜奖为《后巷》《一秒》《阿公》。

图5　全球客家微电影大赛金奖作品《给爸爸的歌》剧照

三　新媒体的客家话传播

相对于传统媒体，新媒体是利用数字技术、网络技术、移动技术，通过互联网、无线通信网、有线网络等渠道以及电脑、手机、数字电视等终端，向用户提供信息和娱乐的传播形态和媒体形态。新媒体涵盖了所有数字化的媒体形式，包括数字化的传统媒体、网络媒体、移动端媒体、数字电视等。随着竞争的加剧，传统媒体主动积极利用网络优势来改进自身，报纸杂志纷纷上网，电视新闻、节目，以及电影的网络化如今已成为常态。

客家话在新媒体时代的传播显得更加灵活主动，如普通百姓用手机拍摄的客家话短视频均可以放到抖音等社交软件上观看。下面我们主要从网站和微博、APP软件和公众号两大方面来考察客家话的新媒体传播情况。

① 全球客家微电影大赛官网，http://topics.kankan.com/kjwdy/index.html。

（一）主要网站和微博

表 5 影响力较大的与客家话有关的网站

网站名	主要内容	网址
客家话学习网	包含音频教学、视频教学（可以将客家话用汉字表示出来），以日常生活为专题进行	http://www.fyan8.com/kjh.htm
客家风情网	包含论坛、广播、新闻、民俗、美食、语言、影音、建筑、文化交流等内容	http://www.hakkaonline.com/
客家网	综合客家国际国内新闻、文化、人物、生活、视频音乐等资料，较全面地集合了与客家相关的物质与非物质文化内容	http://www.hakka.com
客家音乐网	较全面地收集展示客家音乐、微电影（部分影片无法加载）、汉乐汉剧（可观看）等非物质文化资源	http://www.kejiayinyue.com/
北京客家网	新增的网站。开设“客家文化”专题，下设“风情、俗语、方言、研究、人物、探源、姓氏、美食、体育、山水”小专题，介绍客家文化	http://www.bjhakka.com/

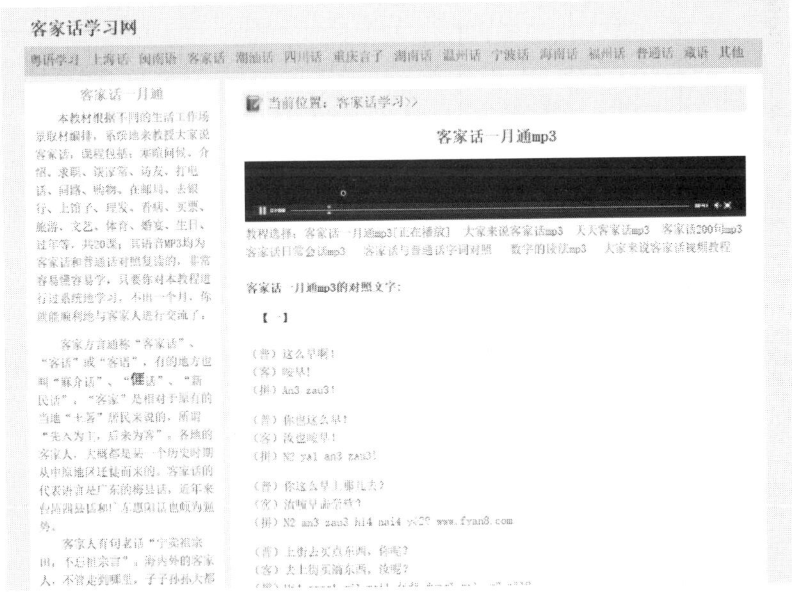

图 6 客家话学习网首页

我们以客家话学习网为例。该网站提供了各类音视频教程，如《客家话一月通》《大家来说客家话》《天天客家话》《客家话 200 句》《客家话日常会话》《客家话与普通话字词对照》《数字的读法》等音频教程和《大家来说客家话》《薇笑讲客语》《薇笑生活》等视频教程。每种音频和视频都可以打开一部分让网友观看，如果愿意进一步学习则需要付费。

客家音乐网是纯公益网站，分为“客家流行音乐”“客家山歌”“汉乐汉剧”“客家微电影”“其他客家文艺”“客家音乐人”“客家音乐资讯”7个板块。“其他客家文艺”里包括客家民谣、小品、客家大锣鼓等。这些音乐和剧目绝大多数用客家话演唱和表演，对客家话的生动传承起了很大作用，是年轻人喜爱的方言推广和创新方式。

微博有微博话题与微博账号之分。微博话题类似于论坛主题，每个用户都能创建且参与阅读与讨论。话题的阅读量和讨论人数达到一定程度就会进入微博热搜榜。微博账号是指一个用户或ID，可以是个人用户、机构用户、企业用户。

表6 与客家话相关的微博话题

话题	阅读量	讨论人数	内容
客家文化	57.6万	2465	客家建筑、谚语、剪纸等物质或非物质文化
客家音乐	50.4万	1085	以音频、视频推广传统客家山歌及现代流行客家音乐
客家话	56.3万	724	以视频介绍客家话为主，以文字、图片为辅
客家（超级话题）	56.9万	2233	涉及客家的各个方面，如音乐、文化、建筑、习俗、美食、语言教学，形式有视频、音乐、图片、文字

表7 与客家话相关的微博账号

用户名	粉丝数	内容
客家微博馆	14 831	发布一切有关客家的消息，以文化传播为主，如音乐、视频
客家人文	24 748	已停更
陈善宝	11 451	分享客家文化、客家音乐
曾辉彬	10 167	账号主人是客家音乐创作歌手，分享客家音乐

翻看客家话、客家音乐的微博话题，上面很多都是网友秒拍的一些客家话和客家音乐视频，比如“客家音乐”话题中陈小春的秒拍客家话歌曲视频作品《涯系客家人》，有吉他、贝司伴奏，画面中除了有年轻人边歌边舞，还有客家爷爷、奶奶也随着歌曲起舞，客家生活画面感很强，非常有利于客家话的现代传播。

微博账号如客家音乐创作歌手曾辉彬的个人账号，其中就发布了很多客家话最新歌曲和相关评论。

（二）主要 APP 软件、公众号

表 8 音频类、学习类、工具类 APP 软件

名字	更新版本	性质	主要内容	安装系统
客家歌曲	2014-03-09	音频类	介绍客家歌曲和音频	安卓版
客家山歌	2017-05-17	音频类	介绍客家歌曲和音频	安卓版
安顺山歌视频	2016-11-08	音频类	介绍各种山歌和视频	安卓版
方言秀	2016-12-23	音频类	各地方言以及配音	安卓版
方言通	2017-12-04	音频类		安卓版
方言说	2018-05-10	音频类	以词条和配音形式说方言	安卓版
方言 Chat	2014-06-19	音频类	通过语音词条形式展示方言	安卓版
八哥说方言	2017-04-04	音频类		安卓版
疯狂猜方言	2019-03-30	学习类	结合游戏以闯关模式学习各地方言（包括客家话）	安卓版
疯狂方言	2019-03-26	学习类	语言学习平台，以词条和语音方式学习方言（包含客家话），并包含一些客家视频和语音等内容	安卓版
各地方言学习	2013-06-25	学习类	对各方言文化的学习	安卓版
Speaking Hakka	2018	学习类	客家话学习语音库	苹果版
萌典	2015-04-23	工具类	客家话和其他话相互转换的工具	安卓版 苹果版
咕咕方言	2016-07-11	工具类		安卓版
讯飞输入法	2018-08-01	工具类	输入法语言可以转换成客家话	安卓版 苹果版
方言保护计划	2018-07-09	工具类	把客户用的方言收集成资料保护起来	安卓版

音频类 APP 有较强的趣味性。以“方言秀”为例，每个用户都可以在该 APP 上秀自己的家乡方言，在激发自身传播家乡方言热情的同时，也感受到不同方言的魅力，无形中促进了各种方言的交流和客家方言的传播，而且音频方式也使客家话传播更形象生动。

学习类 APP 以“疯狂猜方言”为例。该 APP 里有一套客家话系统，以闯关模式引导方言学习，有一定的创新性。

工具类 APP 更具实用性，大多用来搜索客家话字词句的发音。

除上文列举的与客家话直接相关的 APP，实际上很多下载量大的其他类型软件 APP 也成为客家话、客家文化传播的有力工具。

优酷等影视类 APP，其贡献主要体现在客家影视作品、电影、纪录片、综艺节目的传播上。此外还包括用户随手拍的关于客家的小短片或是一些客家比赛、节目的播放现场。

抖音等短视频类 APP 将客家文化生活以短视频形式呈现，以各用户运营号为主，如客家俱乐部（抖音号：kejiaclub）等。内容主要为客家山歌、客家话等方面的介绍及客家搞笑日常等。相对于影视类 APP，短视频没有那么专业和正式，但在客家文化的流动传播方面却更强大。

映客直播等直播类 APP 方兴未艾。与上述两类 APP 不同的是，它能够让用户与主播进行互动，主要涉及客家美食、景点、搞笑日常等内容。

酷狗音乐等音乐类 APP 的流动性和互动性没那么强，其内容涉及客家歌曲、MV 等。

这些 APP 功能多元、创新，版本更新速度快，用户多，盈利性好，可以搜寻大量客家的相关资源，体现了网络时代背景下客家话传播途径的多元化。

客家公众号大致可以分为三种：综合型、专题型和地域型。

综合型客家公众号有传统文化客家人、印象客家人、客家人客乡情、客家人在他乡、客家人、世界客家、大美客家、客家大家族、客家儿女、客家圈、客家文化、客家新故事、全球客家人、全球客家网、遇见客家、兴国客家、客家精英手机报、微客家人、天下客家村、鹤堂下等 254 个。

以“客家新故事”为例，它分为“视界”“百家”“方圆”“赏味”“听见”“短史”“祖训”“手记”“台湾”等栏目。“视界”介绍客家美好事物或文化现象，“百家”为客家名人简介或作品展示，“方圆”介绍客家特色地理与旅游景点，“赏味”介绍客家特色美食，“听见”为客家影视音频，“短史”讲述客家历史，“祖训”讲客家祖训与家风，“手记”为读者来稿选登，“台湾”以特约撰稿为主，讲述台湾客家情况。

图7“客家新故事”首页图

图8“客家新故事”内容分类

“鹤堂下”公众号分为“了解客家”“特别推荐”“往期精彩”3大板块。“了解客家”分为“客家音乐”“客家影视”“图说乡愁”“文学艺术”“客家概况”。“客家音乐”有民歌山歌、民谣童谣、通俗流行、采花古文等几类独具客家特色的专属音乐，其中采花古文里收的是采茶戏、采花戏，还有客家古文这种说唱艺术。客家古文于2014年经国务院批准列入第四批国家级非物质文化遗产代表性项目名录，是一种用客家话演唱的传统戏剧。“客家影视”部分有电影电视（客家微电影、纪录片等）和搞笑视频（客语相声、小品）两类内容。“图说乡愁”用图片记录快被遗忘的客家物品等。“文学艺术”中的“文学”为一些关于客家的散文文章，“艺术”为以客家为主题的油画、山居图、水彩画。“客家概况”包括历史概况、人口语言、民居建筑、风土人文、客家美食。“特别推荐”里有简心和郭健两位客家籍作家的美文，值得一提的是简心的部分文章还请了专人用客家话配乐朗读，别有一番风味。

综合型公众号里，“客家新故事”里的“听见”栏目，“鹤堂下”里的“客家音乐”“客家影视”和“特别推荐”板块均涉及客家话。

专题型客家公众号可分为文学、美食、山歌、影视、字典类等，其中跟客家话直接相关的主要是山歌、影视和字典类。

山歌类公众号有客家人山歌、客家山歌剧、客家山歌频道、山歌联盟、客家山歌集锦等36个，影视类公众号有客家微电影、客家影视传媒、揭西影视传媒、全红双客家文化传媒、客聚传媒、客家影视、客家视频、客家剧乐部等 15 个。

山歌公众号以“客家山歌剧”为例。该公众号与其他一些公众号合作，每日更新客家山歌六七首，包括搞笑山歌、经典山歌、客家山歌、民间小调。

影视类公众号中的“客家微电影”上传了赣南客家、客家婚嫁等短视频，其中有一些微电影的对白也是客家话。

字典类公众号有“薪典”，即除了网页版，“薪典”也有了自己的公众号。该公众号包括“语言、娱乐、民俗、薪典、生活”几个板块，具有网络查词、发音采集、客语教程、普客翻译的功能，还包括客家话的一些生动有趣的小知识。

地域型客家公众号有梅州乡讯、江华客家、厓系客家人、我系梅县客家人、兴宁客家人、高潭客家人、梅州古氏文化、围龙客家、客家大观园、客家人在上海、客家人在佛山、客家人在厦门、客家人在大深圳、客家人在深圳等 23 个。

“梅州乡讯”公众号主要记录梅州的人与事，分“10 万 +”“历史消息”和“梅州文史”3 个板块。“10 万 +”板块介绍了一些粤籍国家部委、省部级官员；“历史消息”主要包括梅州地区的文字新闻和视频新闻；“梅州文史”分为梅州名人、梅州新闻、梅州特产、梅州文史、梅州旅游几个子栏目。

四　客家话传承问卷调查分析

我们采用在线调查网站问卷星，就客家话传承问题进行了问卷调查。从 2018 年 7 月 20 日到 8 月 9 日，共收集了 630 份问卷。

调查对象中，男性 216 人，占比 34.3%；女性 414 人，占比 65.7%。30 岁及以下 375 人，占比 59.5%；31—50 岁 192 人，占比 30.5%；51 岁及以上 63 人，占比 10.0%。年龄较大的人很多不会使用微信 APP，因此收集 51 岁以上人群的问卷偏少。不同年龄段的群体中，年长者对客家文化归属感更强。我们单独提取了“您是否会说客家话”一题的结果，其中“不会说客家话”的抽样数据显示，10 个人中有 8 个是 30 岁以下的年轻人，可见青少年中不会说客家话的人数增多，这不利于客家话的代际传承。

学历方面，大专 / 本科 498 人，占比 79.0%；初中及以下、高中 / 中专、研究生学历仅占少数，分别占 5.9%、11.9%、3.2%。

职业分布方面，298 份问卷由学生填写，234 份由机关单位 / 事业单位人员填写，分别占 47.3% 和 37.1%；其余由农民、离退休人员、企业职工、服务业人员等不同职业人员填写。不同职业者对客家文化活动有不同的要求。“哪种类型的客家语言文化活动更能吸引你”这一问题的结果显示，歌唱类、媒体类活动对学生有更强的吸引力，而机关单位 / 事业单位人员则对歌唱类、交流类活动比较感兴趣。部分人员就选项设置提出了不同看法及建设性意见，认为可以举行客家谚语、小故事、演讲比赛，开辟客家语言和文化专栏等。

绝大多数调查对象出生地和现居住地不变，极少部分调查对象跨市或跨省流动，所以大部分调查对象仍居住在纯客县市。客县市当地居民以说客家话为主，共有 427 份问卷提到当地居民交流会使用客家话，占 67.8%。除了讲客家话，有 51.6% 的调查对象也会用普通话交流，可见在客家话地区，普通话也成为了一种主要交流工具。此外，使用客家话的同时，还使用粤方言、赣方言、闽方言及其他语言 / 方言的分别占 23.0%、1.8%、6.8%、12.5%。

在问及“平时什么时候会使用客家话进行交流”时，71.3% 的人表示会和家人聊天时使用，62.5% 的人表示在遇见老乡时会使用，63.0% 表示在回到老家时才会使用，在上班和上学时用客家话交流的仅分别占 10.5% 和 6.0%。这说明客家话慢慢成为一种受限语码，人们在工作和学习中已不习惯用客家话来表达和交流。

在回答“您认为现在的客家孩子是否需要继承和弘扬客家话”时，高达 90.3% 的调查对象表示赞同，仅 1.6% 的人表示不赞同，8.1% 的人表示无所谓。在“认为哪些是客家话传承重要因素”的多选题中，80.6% 的人认为家庭环境起主导作用，其次是社会因素，占 75.9%。学校教育和政府倡导分别占 47.0% 和 46.4%。人们认为家庭环境在语言教育上有与生俱来的优势，家庭对母语教育的重视是客家话传承最重要的土壤。

在问及“您的家乡是否有有特色的客家语言文化活动”时，177 人表示有，占总数的 28.1%。这说明客家活动传播面不够广，特别是年轻一代，对客家活动所知甚少，且极少参与。特色活动以山歌比赛、恳亲大会、客家戏等为主，频率多为一年一次。在调查中，60.3% 的人对歌唱类活动更感兴趣，

60.8% 的人对媒体类活动感兴趣，仅 40.5% 的人对恳亲大会感兴趣。对恳亲大会感兴趣的人年龄大部分在 30 岁以上，并以事业单位的工作人员居多。媒体类和歌唱类对年轻一代更有吸引力。在回答“客家话要以何种形式传播更易推广”这道多选题时，64.6% 的调查对象认为学校开设客家话课外课程和活动更容易推广，客家山歌创新和普及、客家影视剧和客家文化长廊建设紧随其后，分别占 54.1%、53.7%、55.2%。

五　建议

如上文所示，我们对客家话相关书籍、媒体做了统计分析，并利用问卷星进行了客家话传承问卷调查。当前，多媒体表现手段、不同媒介形态的业务融合、传播渠道的三网融合、传播终端的三屏合一使客家话传承传播呈现出更方便快捷的特点，这无疑是件大好事。但人的观念改变最重要，需要加强人们对“方言是一种资源，能够保护和促进语言的多样性”这一理念的认识。我们可以从以下几方面进一步推进客家话的传承传播工作。

（一）拓宽方言节目传播渠道

中国政府会同联合国教科文组织于 2018 年 9 月在湖南长沙成功举办首届世界语言资源保护大会。会议以“语言多样性对于构建人类命运共同体的作用”为主题，通过了《岳麓宣言（草案）》，并于 2019 年 2 月 21 日（第 20 个“国际母语日”）在北京正式发布《岳麓宣言》。《宣言》中提到，语言多样性是独特而古老的文化代代相传的基础。中共中央办公厅、国务院办公厅印发的《关于实施中华优秀传统文化传承发展工程的意见》中提出“大力推广和规范使用国家通用语言文字，保护传承方言文化”。据我们以上的调查，客家地区电台、电视台用客家话播出的节目并不多，部分电台、电视台还因种种原因停播了客家话栏目。在保证媒体以普通话为主导的前提下，我们要从政策、资金等各方面给予扶持，适当增加客家话节目，既可以满足人们对乡音乡情的需求，又可以达到保留客家语言文化遗产的目的。

（二）加强客家文化宣传

在很多纯客县的政府网站上，我们都看不到关于客家语言文化的任何内容，这需要政府在网站中增加相关栏目，突出文化特色。这一点梅州市及其所属市县做得比较好。梅州市人民政府网在首页“走进梅州”板块里设有客家文化专栏，梅州市下属的兴宁市和蕉岭县人民政府网都有最新的客家话新闻视频。客家市县政府和相关部门应重视客家语言和文化的传承和推广，主动利用 APP、公众号、微电影等媒介传播客家地区的独特文化，营造本土文化的良好氛围。相关部门可以举办一些活动并录制成节目，如客家恳亲大会、采茶戏表演比赛、客家山歌比赛、客家话原创歌曲大赛、客家话朗诵比赛等，让客家文化的传承者以适应时代的方式出现在公众视野，让更多人了解客家文化。在教育和传媒高度发展的今天，我们需要的是建立语言文化自信。影视是年轻人最喜欢的娱乐形式之一，我们可以拍摄不同类型的客家影视，如类似于《舌尖上的美食》的客家美食纪录片、客家真人秀综艺节目等。歌曲也是年轻人喜闻乐见的形式，我们可以创新客家山歌词曲形式，结合多媒体手段进行客家山歌再创造。现在出现了不少用客家话演唱，大胆加入现代流行音乐元素，曲调像现代民谣风的客家话歌曲，很符合年轻人的审美趣味，有助于客家话传承。

（三）注重客家教材编写

教育为兴邦之本，客家市县政府应重视编写客家乡土教材并且督促中小学使用，安排相关课程，在教育上保证客家文化传承的延续性。梅州市在这方面做得很好，出版了整套中小学乡土教材，并且在梅州各中小学使用。文化传承从娃娃抓起，编制教材的同时可以创作更多的客家童谣、客家小故事，潜移默化地增强孩子们的文化自觉与自信。在这方面福建的何英做得很好，她出版了一套 4 本《客家乡土文化图文书》，适合小学生阅读，书中还有她自编的客家童谣。

在学校课外活动中可以请一些相关专家给孩子讲解客家文化，教授客家曲艺。给孩子在课间、课外提供客家话交流的空间，让孩子们用客家话朗诵作品，唱客家歌曲，表演并制作一些有趣的客家话视频，达到寓教于乐的目的。青少年是传承方言的关键人群，语言越使用越有活力，不用就会面临濒危的状况。

（四）重视家庭母语传承

在问卷调查“您是否会说客家话”一题中，我们在选择“不会说客家话”这一选项的调查对象中随机抽取了 10 人，其中有 8 人是 30 岁以下的年轻人，可见青少年中不会说客家话的人数偏多，这不利于客家话的代际传承。深圳坪山区和龙岗区是客家话分布地区，现在学生在课间和课外交流都使用普通话，还有一部分客家学生在家里也讲普通话，客家话只会听，不会说。多位学者以心理学实验证明，多语多言环境不但不会妨碍普通话学习，而且还有助于孩子的智力发展。母语从生下来即自然习得，儿童学起来毫不费力，家长们千万不要浪费这宝贵的学习资源，而一味地要孩子从小就说普通话。进入学校后，孩子能很好地学习普通话和外语，多语多言的成长环境能培养出更加聪明、更有交际能力的孩子，甚至在年老之后能延缓大脑衰老的时间。家庭在母语教育上有与生俱来的优势，是客家话传承最重要的土壤。

客家话既是交际工具，也是客家文化的载体，它是一种宝贵的、不可再生的社会文化资源。保护和传承客家话是促进语言多样性的有力举措。让政府、社会、学校、家庭都行动起来，为客家话的传承做出应有的贡献。

（邓永红、刘书琴、巫丽君、温馨、刘慧婷）

粤方言网络服务资源

广东是最早实行“改革开放”的地区，又是“一带一路”中“21世纪海上丝绸之路”的重要枢纽，还紧邻同样使用粤方言的港澳地区，多种语言/方言和多元文化在这里融通交汇。粤方言在广东有非常大的影响力，是粤文化的重要载体，也是考察粤文化传承的重要指标。近些年来，外地流动人员的大量流入，在提高了粤方言区人民共同语使用能力的同时，也对粤方言相关服务产生了大量需求。在通信服务非常发达的时代，网络推广和服务成为语言服务的一个非常方便的手段，语言翻译、语言教育等服务都可以通过网络来获得。网络平台的语言服务资源大致可以分成两大类：教育型和工具型。教育型语言服务资源主要是指各类语言学习网站、学习软件和APP等；工具型语言服务资源主要用于查询语言与文化的相关资料。本报告拟从这两方面来考察网络粤方言语言服务资源。

一　教育型粤方言服务资源

目前，粤方言在线教育资源可以从两个平台来考察，一类基于PC（个人计算机）客户端，一类基于移动客户端。

（一）基于PC客户端的粤方言教育资源

基于PC端的粤方言学习系统又可以分两大类：一类是学习网站，学习者可以购买该网站的学习材料自主学习，也可以通过该网站组织的学习班在线一对多上课；一类是学习软件，用户需通过电脑下载安装，进入专门学习系统进行学习。比较而言，前者更为智能化，可以通过语言游戏、自录音等多种方式进行互动学习。随着手机智能化时代的来临，2015年以后，基于PC客户端的粤方言学习资源日益减少，以前常用的一些软件目前也不再更新。以下是我们通过使用关键词“粤语学习”“粤方言学习”“广东话”“广州话”等进行百度搜索，经过筛选和归类而得到的部分网络粤方言教育服务资源。

1. 学习网站

这类学习网站大多以中介形式存在，采取部分免费的方式。学员通过网络搜索进入网站，了解该网站的运作模式和特点，选择学习类型，报名参与学习。随着学习粤方言的APP日渐流行，这类学习网站在日渐减少。目前还在运行中、影响相对较大的粤方言学习网站主要有以下几种：

表1　PC客户端粤方言学习网站

网站名称	课程特点	网址
粤讲粤好	分初、中、高三级，建微信群，有配套教材，语境教学，主要教授词语和日常口语	http://www.yuejiangyuehao.com
港我行粤语	零基础起步，通过建微信群实时教学＋课程视频＋课后听读等方式进行发音、词语、句子和语法训练	http://www.gangwoxing.com
港你知（沪江网校）	在线课程，购买之后听课学习，主要是入门到初级阶段网络答疑	https://class.hujiang.com 主页，选择粤语
万语网粤语	在线粤方言学习，课程不多，主要是针对日常用语	http://gd.360wyw.com
粤语学习网	从单字拼音教起，将课程内容放入网站内部，通过链接打开学习，相当于教材电子版	http://www.fyan8.com/yueyu.htm
粤语发音词典	包括教程、发音、词汇、语法等传统语料，还有朗诵材料，粤方言发音查询等。还设了一些专题，如歇后语、粤剧、儿歌、影视材料等	http://www.yueyv.com
海词广东话	粤方言翻译网，输入词语学习粤方言中相关表达。包括日常对话、生活杂事、交际应酬和常识应用几类	https://gdh.dict.cn
粤语在线翻译	提供普通话-粤方言在线翻译	https://yue.micblo.com
粤语学习网•学广东话	粤方言基础入门教程，内容很少，网页点击直接自学	http://www.yueyu114.com

目前，这类网站使用者渐少，主要原因是对电脑依赖性强，不如手机APP方便，但优势在于容量较大，很多内容可以直接放在网站上，增加对学习者的吸引力，有一定广告作用。例如粤语学习网网站，内容十分丰富（见图1）。

图1 粤语学习网网站截图示例①

① 粤语学习网，http://www.fyan8.com/yueyu.htm。

2. 学习软件

粤方言学习软件早期主要安装在电脑上，随着智能手机的日益普及，这些学习软件大都开发了相对应的手机 APP，基于 PC 端的学习软件很多已经停止更新。但是 PC 端也有其优点，如电脑屏幕较大，有些学习者更习惯于鼠标操作等。所以 PC 端粤方言学习软件也还有一些市场。以下是目前还能下载安装的 PC 版粤方言学习软件，按照最后更新时间排列。

表 2 PC 客户端粤方言学习软件

软件名称	特点	更新时间	大小
粤语 U 学院（PC 版）	粤方言拼音及学习；日常对话；词语；粤普对译；粤方言歌；港剧	2018-03-18	24.82M
学粤语	输入汉字，输出粤方言读音，简单易操作	2016-12-10	10M
爱粤语	粤普互译	2016-06-08	1M
牛牛粤语（PC 版）	真人录音；卡拉 OK 式逐字跟读；支持整句翻译；包括常用词、生活场景、熟语教学	2016-04-19	36.5M
粤语通（PC 版）	粤普互译	2016-01-25	11.4M
粤语流利说（PC 版）	零基础起步，学习粤方言声韵调、词汇、歌曲等	2015-09-06	11.5M
速打粤语拼音输入法	用粤方言拼音输入词汇	2015-03-14	6.3M
粤语翻译器	粤普文字互译	2014-05-25	699K
粤语普通话互译发音工具	粤普互译，及其合成发音	2013-09-10	1.2M
粤语发音器	可查询汉字的粤方言读音	2012-11-13	8.7M
粤语发音字典	粤方言发音查询、语音朗读、声音合成	2012-09-13	6M

（二）基于移动客户端的粤方言教育资源

1. 手机软件

随着智能手机和平板电脑的普及，各种语言学习 APP 层出不穷。在国内的方言之中，有能力、有需求开发 APP 的主要是上海话（吴方言）和广州话（粤方言），其中粤方言教育 APP 数量较多。下文以安卓系统和苹果系统为代表，对粤方言教育类 APP 资源进行梳理。

（1）安卓系统

表 3 安卓系统移动客户端粤方言学习软件

名称	特点	大小	最新更新时间
粤语 U 学院 - 广东话	通过听歌、看剧、看电影学粤方言	26M	2018-07-30
学粤语	实时翻译，粤普对照，重粤方言发音	12.5M	2018-02-02
粤语说	粤普互译，真人发音，跟读评分	9.3M	2018-08-16
粤韵汉典	用于查词，适合想要系统学习粤方言的人	34.2M	2018-09-07
粤语 e 课堂	情景对话，内容涉及生活、旅游、购物等	15.8M	2018-01-02
学说广东话	基础对话，练习资源丰富，可录音并与标准音对比参考	1.55M	2018-10-30
马上开口说粤语	15 个日常真实场景粤方言对话，支持搜索	15.2M	2018-02-26
粤语速成	粤方言歌曲、生活会话	24M	2018-01-26
粤语发音字典	粤方言字 19 928 个，粤方言常用词 7345 个	26.5M	2017-07-26
粤语学习 • 广东话广州话	粤方言日常用语、生活杂事、交际应酬、常识应用等	118.8M	2017-07-27
粤语自己学	粤普互译，真人发音（基于讯飞语音库）	4.8M	2017-07-27
随身应急情景粤语	随时搜索粤方言对话	19.7M	2018-07-02
粤讲通	应急粤方言对话	6.3M	2017-07-28
牛牛粤语	真人逐字发音，逐字跟读	36.3M	2016-04-19
唱歌学粤语	粤方言歌曲逐句教唱，边唱边录	27.2M	2016-01-29
粤语流利说	从学粤方言拼音开始，日常粤方言对话，粤普对照，粤方言歌，港剧	16M	2016-02-05
粤语说	粤普对译，词语和常用句子跟读评分	9K	2016-05-23
粤语通	粤普对译	2.8M	2016-05-31
巴巴熊粤语儿歌动画	100 首粤方言儿歌、小故事	2M	2016-06-13
轻松学粤语	粤普字词对译，解释	1M	2016-06-27
广东话三百句	300 句日常用语，真人发音	655K	2016-07-07
广东话学习	粤方言基本对话，简单问题对答	3M	2016-07-07
广东常用语手册	粤方言问候、数字、住宿、饮食、购物等日常短语	7.2M	2016-07-07

（续表）

名称	特点	大小	最新更新时间
仓颉广东话学习软件	粤方言输入法	717K	2016-07-08
学讲粤语	粤方言词汇、拼音查询	10M	2016-07-12
学唱粤语歌	粤方言歌曲学习	14M	2016-07-12
新概念粤语	真人逐字发音，逐字跟读	33M	2016-07-12
易学粤语	粤方言发音和翻译	7M	2016-07-12
随身学粤语	从基础发音开始，词汇语法讲解，情景对话等	7M	2016-07-12
粤语轻松学	输入话语，转换为粤方言发音，日常对话学习	15M	2016-07-12
动听的粤语歌	学歌学粤方言	7M	2016-07-13
粤语发音词典	输入文字，即刻翻译成粤方言发音	5M	2016-07-13
粤语学习必备	配有语音库，粤方言读音，常用语句，16 首粤语歌	819K	2016-07-13
粤语儿歌	粤方言儿歌童谣学唱	1.4M	2016-07-13
粤语学习助手	采用科大讯飞语音输入和语音合成，简单快捷	3M	2016-07-13
儿歌学粤语	粤方言儿歌教学	21M	2016-07-13
掌中粤语	粤普互译，真人发音	3M	2016-07-13
粤语女声	听歌学粤方言	8M	2016-07-13
粤语男声	听歌学粤方言	7M	2016-07-13
谷歌粤语输入法	用拉丁字母拼写粤方言	16.8M	2016-09-07

以上粤方言教育软件大致可分为系统学习、应急表达和粤方言词典三类，按照软件更新的大致时间排序，这一定程度上也反映了该软件的受欢迎程度，即一直在系统维护更新的软件多是比较受欢迎的。其实，很多软件的功能大同小异。

（2）苹果系统

苹果系统的粤方言学习 APP 与安卓系统大同小异，但是因为国内以安卓机为主，所以基于苹果系统的粤方言学习软件种类较少，各种 APP 之间区分度也不是特别大，主要差异体现在细致度方面。（部分软件发行时间无法确定）

表 4 苹果系统移动客户端粤方言学习软件

名称	特点	大小	发行时间
学粤语 Pro	23 个生活场景，3000 多条真人对话，粤普对照	7.4M	2018-01-09
粤语 U 学院－广东话	情景对话，闯关模式娱乐学习粤方言	26M	2018-10-01
粤语帮	粤方言发音查询，常用字词句、对话学习，粤方言歌，电台	6.9M	
粤语翻译神器	粤普词汇对译，精选粤方言基础视频教程，粤方言故事评书等	5.5M	2018-07-09
粤语学习	通过日常对话场景学习粤方言	140.6M	
Nemo 粤语	母语者发音的常用短语和单词，设有语音辅助室纠正发音	34.7M	2018-01-01
粤语屋	粤方言在线学习	3.3M	
粤语学习	通过听歌、看剧看电影学粤方言	31.9M	2016-10-20
粤语通	从发音开始练习，重日常用语	6.7M	2017-01-03
粤语学习通	日常用语，多种场景	148.9M	
学习香港广东话	闯关模式，图片学习	39.7M	2017
粤语轻松学	视频教学，内容为日常生活用语	33.5M	2017
粤语圣经	针对信教学习者，内容为圣经粤方言版	74.1M	2017-09-12
学粤语	真人发音，普通话粤方言对照，还包含日常用语、交际用语、常识应用等，带有搜索功能	11.6M	2017-11-13
粤语学习宝	情景粤方言学习	22.8M	2016
粤语字典手机版	粤方言发音和字形查询	36.3M	2016-09-23
粤语流利说	词汇、句子、段落学习	14.1M	2017-01-03
轻松学粤语	内置词汇、朗读教学视频，日常用语视频	10.8M	2016-01-20
一些事一些情	通过听电台节目学粤方言	24.8M	2017-11-13
学广东话	简单易操作，包括日常用语学习和发音纠正	3.7M	2015-10-13
粤语输入法	提供手机粤方言输入	13.8M	2015-10-13

2. 微信平台

基于微信平台的粤方言教育模式有两类：公众号和小程序。这是一个比较新的领域，这两类粤方言教育资源不多。

（1）公众号

粤方言公众号目前不多，一般采用“加关注、买课程（或免费）”的模式运行，其中影响较大的有：教你学粤语、粤语大师、粤语同行等。

（2）小程序

粤方言学习小程序有：粤语学习宝典、粤语学习词典、粤语学习帮手、千语街语言学习平台（粤语）、粤讲粤好港式粤语学习中心等。

这些微信小程序学习方式比较灵活，可以通过一对一微信聊天、自学、群聊等多种方式进行，形式设计也比较新颖，如闯关游戏等。但是由于是新开发领域，目前使用人数不多。

3. 粤方言自主学习系统

这是由刘方洲提出的一套智能学习系统，全称为"基于科大讯飞 MSP 的粤语自主学习系统"。科大讯飞 MSP（Mobile Speech Platform）是一个功能非常强大的平台，支持多种方言的语音识别与合成。依托于这个平台，可以开发出一套将学习者语音信息转换为相应文本信息，再通过文本语音转换，将识别结果以粤方言发音输出的自主学习系统。目前该系统仅在试验阶段，尚未投入使用。

二　工具型粤方言服务资源

工具型粤方言服务资源主要用于查询。教育型粤方言服务资源中的粤语发音字典和粤语发音词典也同时属于工具型粤方言资源，既有查询功能又有学习功能。目前，政府部门在推广普通话的同时，也在进行方言资源保护和开发，粤方言的传承也引起了地方政府的重视。民间需求与政府投入，给工具性粤方言服务资源的开发提供了机会。政府、媒体、学校、家庭一起努力，目前已经取得了不少成果，报告从以下三个方面来考察。

（一）语言资源库

2016 年，由国家语委策划，中国语言资源保护研究中心（简称"语保中心"）牵头，各省语委组织进行的方言和少数民族语言调查工作在全国范围内大面积铺开，广东省方言调查是其中的一个重要组成部分。迄今为止，广东省内各地方言调查工作已经持续了三年，选取的调查点覆盖了省内所有县市，完成了包括粤、闽、客三种方言在内的 70 个点的语言调查和初步整理工作。

本次方言调查主要有三个步骤：选择方言点—寻找调查对象—录音录

像。每一个步骤都要求标准化：方言点的选择需要经过方言专家论证；调查对象主要有四位，老年男性、老年女性、青年男性、青年女性各一位，老年调查对象年龄在55—65岁之间，青年调查对象在25—35岁之间，必须来自当地土生土长的单一方言家庭；录制材料统一指定，录音录像设备及文件参数有规定。调查资料将进入国家语保中心建立的网络语言资源库，不仅可以长久保存，还可以随时被市民查阅。

目前有两方面工作可以做：一方面是整理调查资料和开发相关资源，当务之急是对收集到的音像资料进行归类整理，将文字资料编纂成册；另一方面就是利用新媒体宣传和推广方言资源，进行信息交流。

2019年上半年，广东省已经组建了专门整理语保资料的团队，相关工作正在紧锣密鼓地进行。同时，学者们也注意到搭建传播平台对方言推广的巨大作用。早在2016年，暨南大学就建立了专门的语言资源保护暨协同研创中心，寻求用新手段和新方法来呈现方言和地方文化。研创中心有两个微信公众号：一是早期的“粤学堂”，用于传播岭南方言和文化，已经推送了90多篇相关原创文章；二是配合语保工程建立的“语言资源快讯”，用于交流广东省语言资源保护信息、沟通相关学术信息，目前已推送了1400多篇原创文章，其中与粤方言资源保护和传承相关的内容是推送的一个重点。这些微信公众号的建立，对粤方言传承和研究产生了良好影响，为人们提供了了解粤方言和粤文化的平台。

（二）粤方言非遗文化资源平台

1. 综合性非遗资源

广东有多种民间艺术形式，很多与粤方言有关，如中山咸水歌、顺德龙舟说唱等，影响很广。早期由于从事这类艺术工作的人员固定，人数不多，传承形式单一，很多艺术形式都濒临灭绝。近年来，在政府相关部门的推动下，这些有地方特色的文化艺术形式重新在民间活跃起来。为了将这些宝贵的非物质文化遗产传承下去，政府和民间机构都做了不少工作。网络传播是一个比较好的手段，查阅和保存都很方便。目前，广东省内有两个影响较大的非物质文化遗产资源网站：一个是由广东省文化厅非遗处主办的广东非物质文化遗产数字博物馆[①]（图 2、图 3），另一个是由民间文化公司主办的广东非遗网[②]（图 4、图 5）。

图 2　广东非物质文化遗产数字博物馆首页

图 3　广东非物质文化遗产数字博物馆资源类别

图 4　广东非遗网首页

这两个网站的非遗资源类型大致相同，经典传承项目方面有一些重合的资源，但总体上各有各的优势，都很方便资源查找。目前来看，民间机构主

① 广东非物质文化遗产数字博物馆官网，http://www.gdwh.com.cn/wsfyg/index.html。

② 广东非遗网，http://feiyigw.yaheen.com。

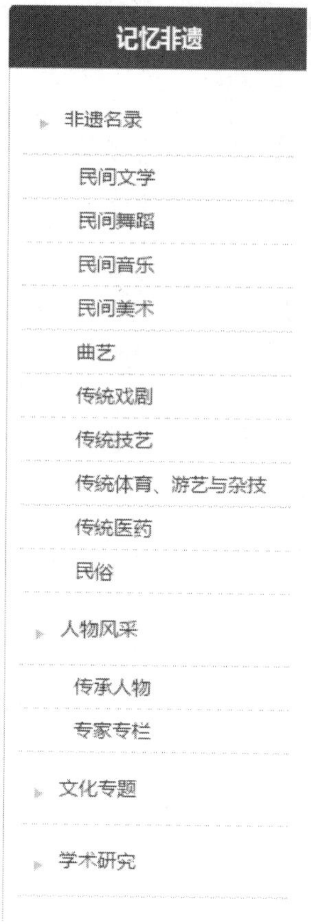

图 5 广东非遗网非遗名录导航

办的广东非遗网运营时间较长，资源更加完备一些，而政府主办的非遗数字博物馆还在建设之中。总体而言，两个网站的资源都还欠完备，更新较慢。

除了以上这两个综合性网站，还有一些专项非遗资源，由于资源丰富，就开办了专门的非遗网站，客观上也起到了宣传粤方言和传承粤文化的作用。其中，办得相对较完善的是粤剧相关网站。

2. 专项非遗资源

（1）中国粤剧网①

中国粤剧网由广州文学艺术创作研究院、广州市振兴粤剧基金会主办。

这是一个粤剧电子资源库。网站分为“粤剧非遗”“名家荟萃”“剧目介绍”“团体机构”“专题栏目”“社区粤韵”“数据库”“信息与述评”等栏目，涵盖粤剧历史、人物、音乐、表演、舞台、剧本、剧目、团体等诸多方面。这也是一个粤剧文化传播平台。

通过计算机和多媒体技术，借用互联网这一新的载体，中国粤剧网突破时间和空间的局限，以在线播放等多种形式，向全球的粤剧爱好者直观而生动地展示粤剧的魅力，促进粤剧文化的传播。

（2）戏剧网②——粤剧

戏剧网是一个整合多种戏剧资源的综合性、公益性网站，包括京剧、评剧、越剧、川剧、汉剧等。其中的粤剧网主要发布一些与粤剧相关的活动和新闻，也组织一些戏剧宣传和观戏活动，免费帮粤剧票友、演员和剧团进行推广，客观上为粤剧事业提供了宣传服务，对粤剧这个非遗项目的传承做出了贡献。

3. 其他非遗类型网络服务情况

除粤剧之外，广东还有很多非遗类型与方言有关，比如：民歌、咸水歌

① 中国粤剧网，http://www.yuejuopera.org.cn。

② 戏剧网，http://www.xijucn.com/。

（中山、顺德）、龙舟说唱（顺德）、粤语讲古（广州）、木鱼歌（东莞）、南音（香港、澳门）等。这些非遗形式比较小众，因此没有设立专门的网站。在广东非遗网和广东非遗数字博物馆网站上可散见相关词条，但内容不多。通过百度搜索引擎也可以发现一些相关视频，但大都非常零散，没有经过整理，且这类视频多是民间艺术活动中的表演视频，非专业录制，效果也不太好。

（三）在线工具书

粤方言很早就编撰有字词典。在线粤方言工具书一般有两种做法：一种是将文字版粤方言词典的电子版上传到网络上；另一种是请标准粤方言发音人将字典内容转录为语音，再上传到相关网站。其实，粤方言教育资源中就有一部分同时也属于工具书类。粤方言在线工具书主要有以下几种：

表 5 粤方言在线工具书名目

工具书名称	特点	大小	上线日期
粤语发音字典	粤方言发音查询、语音朗读、声音合成	6M	2012-09-13
粤语输入法	提供手机粤方言输入	13.8M	2015-10-13
粤语字典手机版	粤方言发音和字形查询	36.3M	2016-09-23
谷歌粤语输入法	用拉丁字母拼写粤方言	16.8M	2016-09-07
粤语发音词典	输入文字，即刻翻译成粤方言发音	5M	2016-07-13

三　建议

通过对网络平台的粤方言资源服务进行梳理，我们发现，与其他方言相比，粤方言在网络平台因需求稳定而颇具规模，这给粤方言服务资源的良性发展提供了可能。

（一）教育型粤方言网络服务资源现状和建议

1. 资源种类繁多，学习方便

网络平台提供的粤方言教育资源很多，方便用户随时查找和撷取，充分利用时间和资源，收到良好的学习效果。基于移动客户端的粤方言教育资源因其可随身携带、方便快捷等特点，目前普及率非常高。用户可以利用碎片时间随时进行语言学习和工具查阅，这种方式很适合忙碌的上班族，他们没有大块的时间专门学习粤方言，而移动客户端刚好弥补了这一点，所以该类资源在上班族中很受欢迎。目前网络平台提供的教育服务基本能够满足各种类型粤方言学习者的需求，如果能把 PC 端和移动端结合在一起，将可以给学习者提供更方便的学习途径。当然，这一方面也存在一些可以改进的地方。目前，教育型粤方言服务资源很多，但大同小异，学习者经常会出现选择困难，很多学习软件没有能突出自身的优势特点，还有可以进一步优化的空间。

2. 灵活的服务方式

微信公众号和微信群的发展给教育型服务资源的发展带来了新的契机，越来越多的软件开发商开始利用微信群来进行线上教学。这类教学形式在保护个人隐私的前提下让学习者既可以享受老师面对面教学的便利，又节省了时间；此外，线上教学也使传统的辅导班形式变得更灵活，足不出户就可以完成教学任务和学习任务，师生双方都满意。因此，这种学习方式越来越受到欢迎。

3. 资源丰富，产研结合

粤方言网络服务资源丰富，可选择余地大，同时也给各种各样的 APP 提出了新的挑战。网络平台上的各类 APP 非常多，如果不突出自身优点和特点，将很难脱颖而出。怎样做到不与别人雷同，这是一个难题。目前教育型粤方言服务 APP 处在开发初期，难免会有这样那样的问题。未来粤方言网络服务资源将会越来越丰富，开发者之间的竞争会让众多 APP 逐渐整合。目前已经可以看出，各 APP 越来越重视产研结合，未来粤方言网络服务资源将会更加重视专业的研究成果。

（二）工具型粤方言网络服务资源现状和建议

1. 对语保资源物尽其用

在工具性粤方言服务资源方面，语保工程的前期工作已经逐步完成，下一步是看怎样将这些资源利用起来。我们认为，各省的档案馆应该参与到语言资源保护工作中来。首先应该在各级档案馆里建立对应的多媒体方言资源库。语保工程一方面将正在日益消失的方言资源保存下来；另一方面，将这些收集到的粤方言材料录入到特定的展示平台，作为一种文化产品向公众展示。此外，还可以建语料库，供方言学者和地方文化学者进一步深入研究。

2. 非遗资源的整理

从我们收集的情况来看，目前，粤方言非遗资源网络服务还有不少工作可以做。除了粤剧，其他各种类型的非遗资源网络资源少、零散、查询不便。粤方言相关非遗项目共有 18 项，其中国家级 7 项，省级 11 项（截至 2018 年 11 月）：

表 6 粤方言非物质文化遗产名录

级别	批次	项目类型	项目名称	批准年份	申报地区和单位
国家	1	民间音乐	中山咸水歌	2006	中山市
国家	1	传统戏剧	粤剧	2006	广州市
国家	1	曲艺	龙舟说唱	2006	佛山市顺德区
国家	3	传统音乐	石塘月姐歌	2011	韶关市
国家	3	曲艺	粤曲	2011	广州市
国家	3	曲艺	东坑木鱼歌	2011	东莞市东坑镇
国家	3	传统戏剧	木偶戏	2011	广州市
省级	1	民间音乐	中山咸水歌	2006	中山市
省级	1	民间音乐	沙田民歌	2006	珠海市
省级	1	戏曲	粤剧	2006	广州市、佛山市
省级	1	曲艺	龙舟说唱	2006	佛山市顺德区
省级	2	曲艺	贵儿戏	2007	肇庆市
省级	3	曲艺	粤语讲古	2009	广州市越秀区
省级	4	传统音乐	龙船歌	2012	韶关市
省级	5	传统戏剧	粤曲	2013	佛山市
省级	5	传统音乐	开平民歌	2013	开平市
省级	5	传统音乐	阳江咸水歌	2013	阳江市
省级	7	传统音乐	封开山歌	2018	封开市

这些非遗项目目前都没有专门网站，音像资料散见于网络，没有整理，录制也很不专业。目前看来，在非遗资源整理方面还有不少工作可以做。例如开

办专门的网站、寻找传承人和专业采录人员进行采录并上传网络等，以备群众查询。让非遗资料的整理工作更加规范，能够使非遗资源长期保留，为子孙后代造福。另外，从目前的情况来看，普罗大众对这些非遗项目了解程度不够。相关部门在建立相关网站的同时也需要加强宣传，利用网络平台的优势对非遗资源大力推广。

（三）密切关注需求情况的变化

粤方言语言资源服务在趣味性方面需要加强。我们可以从外语教育领域取经，因为需求较大，外语教育资源的市场比较大，从事外语教育资源网络服务的机构也比较专业，能够开发出更多、更有趣味性的服务资源。而粤方言作为一种地域方言，其网络教育服务对象主要是外地来穗人员。方言使用人数不多，学习需求量也有限，因而从事网络粤方言资源服务的人数也有限。另外，随着普通话的推广，广东本地人会说普通话的也越来越多，交流方面不存在太大障碍，这种情况也使粤方言网络服务的需求减少。其实，我们也应该注意到，近年来一些有关粤方言、粤文化的趣味性网络资源受到很多粤方言学习者甚至是本地年轻人的喜欢，丰富了本地人的文化生活，也让外地来穗人员产生了学粤方言和粤文化的热情，如微信公众号“趣味粤语学堂”“TVB 粤语电视剧电影”“粤语配音秀”“怀旧粤语歌”等。可见，方言网络资源服务并不是没有市场，而是应该更多地挖掘服务空间和领域，找到合适的角度。粤方言网络服务资源可以迈上一个新的台阶。

（谢小丽）

少儿古诗词APP

语言优美、内涵丰富、意蕴绵长的中华古诗词，是中华民族灿烂的文化瑰宝。孩童时期记诵古诗词，既可以锻炼孩子口齿，让孩子吐音准确流畅，又能让孩子品味诗的优美意境，启迪智慧。随着网络的发展和移动终端的普及，在线教育以其灵活便利的特性和丰富的教学资源越来越受到人们的青睐，因此网络上出现了各类形式多样的针对少儿学习的古诗词教育软件。本报告在调查基础上对该类软件的类型、内容、特点进行梳理，并提出优化建议。

一 调查对象及方式

报告的调查对象是适用于学龄前儿童（2—7岁）的古诗词APP，具体的调查方式有二：

（1）在华为应用市场和苹果系统的APP Store中，利用“儿童古诗词”“诗”“词”“国学”“经典”等关键词搜罗相关APP，辅以手工检索主流的少儿学习软件；

（2）结合百度、必应等网站，通过“少儿古诗词APP”“儿童古诗词APP”“国学APP”等关键词搜索少儿古诗词APP，再于手机应用商城搜索验证，避免遗漏。

二 总体情况

1. 总数量和分布

本次调查共搜集到163个少儿古诗词APP，两个系统搜索结果相差无几，具体情况见表1：

表1 少儿古诗词APP

	华为安卓系统	苹果系统	二者相同	总数
APP软件数量	130	105	72	163

从表1可知，华为安卓系统中少儿古诗词APP数量略超苹果系统。相较而言，对于这类反映中国传统文化的APP，华为安卓系统的搜索功能更为强大。

2. 服务方式

少儿古诗词APP的服务方式有单向供给式服务和双向互动式服务两种方式。单向供给式服务，指APP根据自身的定位及市场的需求提供古诗词学习的资源，学习者只能按APP提供的资源进行学习。双向互动式服务，指APP除了提供古诗词学习资源外，还可以和用户进行互动，如通过上传用户的原创作品、书法、朗诵、视频、配画、配乐等进行古诗词共享和点评，促进用户之间的交流。

据我们的调查，85%的古诗词APP是单向供给式服务，仅有15%能做到双向互动式服务。

3. 服务类型

各类APP提供的在线古诗词学习可分为无偿服务和有偿服务两种类型。据调查，大部分APP属于混合型，既有收费部分也有免费部分，收费形式主要是收取会员费。

三 服务内容及服务特点

根据相关度和用户使用情况，排除掉基本无人或极少人使用的，我们共筛选出80个与少儿古诗词教育相关度较高的APP做抽样调查分析。经过筛选的80个APP，按照其内容大致可以分为三类：一是早教类，其中包含少儿古诗词教育板块，有35个；二是纯少儿古诗词教育类，有15个；三是综合类，其中包含少儿古诗词教育板块，有30个。

（一）早教类APP

这类APP数量较多，占所调查APP的43.7%。它们的用户人群固定，多为学龄前儿童，下载使用量较高。下面从“2017年中国年度教育APP金榜”中选取5种APP举例说明，分别为：小伴龙、口袋故事、凯叔讲故事、常青藤爸爸、儿歌多多。

1. 小伴龙APP

小伴龙APP是由深圳市有伴科技有限公司开发并提供应用内购买项目的针对学龄前儿童的早教软件。其中包括生活习惯养成、儿歌、英语学习、经典唐诗、算术、认知等早教内容，孩子可以充当故事主角与小伴龙一起学习、探险、完成任务，享受求知和探索的乐趣。该APP中有“唐诗诵读”板块，共收录30首唐诗。小伴龙带领孩子“穿越”时光，通过讲故事、诵读、带读、抄录等新颖有趣的形式教习唐诗，比较适合少儿学习。据华为应用统计，小伴龙APP共有7908万次安装，5969条评论，非常受欢迎。

图1 小伴龙APP“唐诗诵读”板块界面

2. 口袋故事APP

口袋故事APP是由上海童锐网络科技有限公司开发并提供应用内购买项目的儿童有声听书软件，包括故事、儿歌、英语、音乐、国学、科普、名著、历史、绘本等内容。其中的“婷婷诗教”板块，包括80首“婷婷唱古文”以及诗教课程、诗人综合课程和诗词常识大百科，通过配乐、唱歌、朗诵、讲故事等方式教少儿学习古诗词，声音优美，形式多样，内容丰富，颇受用户欢迎。该APP中和诗词相关的内容还包括“奶泡泡学古诗”“呼噜博士讲古诗”“唱读古诗词”“唐诗乐无穷”“唐诗三百首”“幼儿学古诗”“小学生必背古诗”等。据华为应用统计，该APP共有1142万次安装，2463条评论。

图2 口袋故事APP“婷婷诗教”板块界面

图3 口袋故事APP“奶泡泡学古诗”板块界面

3. 凯叔讲故事 APP

凯叔讲故事 APP 是由北京凯声文化传媒有限责任公司开发并提供应用内购买项目，收集了优质绘本、民间传说、奇幻冒险、国学经典等内容的听故事 APP。该 APP 专门为孩子定制，对故事进行精雕细琢地改编，并根据不同年龄、场景、题材进行分类。其中的“诗词来了”板块，根据教育部课改要求并比对全国统一小学语文课本，共收录 150 首小学生必读古诗词。该板块又细分为“诗词大剧院”“诗词音乐厅”“诗词脱口秀”和“诗词冒险岛”四个部分。“诗词大剧院”包括 150 部诗词戏剧，让孩子“穿越”到古代诗人的时代，与李白、杜甫等上百位诗人展开诗词漫游和冒险；“诗词音乐厅”将 150 首诗词谱曲成歌，让孩子通过唱诵学习古诗词；“诗词脱口秀”包括 150 集知识大串烧、大知识小百科、说学逗唱等内容；“诗词冒险岛”包含 150 关快乐答题。据华为应用统计，该 APP 共有 23 万次安装。

图 4“凯叔·诗词来了”APP 界面

4. 常青藤爸爸 APP

常青藤爸爸 APP 是一款由常青藤爸爸（北京）教育科技有限公司开发并提供应用内购买项目的针对学前儿童的早教软件，主要内容包括英文绘本、英文儿歌、中文童话、国学、儿歌等。“诗人故事”收录 30 个故事，介绍 16 位有名的诗人。“古诗词”系列包括“古诗词伴奏”89 首，“古诗词儿歌”89 首，“古诗词朗读”45 首，“古诗词讲解”65 首，“古诗词故事”64 首。据华为应用统计，该 APP 共有 23 万次安装。

5. 儿歌多多 APP

儿歌多多 APP 是一款由北京多宝灵动科技有限公司开发并提供应用内购买项目的儿童早教启蒙软件，主要内容包括百万儿歌故事、动画绘本、儿童游戏、早教童谣、亲子游戏等。“学诗歌”以动画形式收录 144 首诗歌，有诵读有解释。“兔小贝古诗”以动画形式收录 64 首诗歌，有诵读有释义。“甜筒古诗词”以演唱、动画形式收录 43 首古诗词。据华为应用统计，该 APP 共有 8995 万次安装，1078 条评论。

早教类 APP 大多包括动画游戏、绘本故事、儿歌英语、国学经典等，内容丰富多彩，少儿古诗词的学习常常只占其中较少的一部分，往往着力不多，与早教的其他内容相比，对少儿的吸引力不强。但口袋故事 APP 中的“婷婷诗教”和凯叔讲故事 APP 正在重磅推出的“凯叔·诗词来了”板块，在形式上有创新，在内容上有特色，颇受用户青睐，值得其他古诗词 APP 开发者学习。

（二）纯少儿古诗词 APP

纯少儿古诗词 APP 数量较少，占所调查 APP 的 18.7%。这类 APP 内容固定，使用对象固定。因为内容单一，所以用户数量相对较少。下面选取三种用户人数相对较多的 APP 加以介绍。

1. 宝宝学唐诗 APP（巴宾兔）

宝宝学唐诗 APP 是一款由湖南巴宾兔网络科技有限公司开发的免费学唐诗软件，根据宝宝的年龄与阅读特点，收录上百首唐诗。该 APP 通过专业朗读、宝宝跟读、小游戏的方式，帮助少儿学习唐诗，形式多样，内容丰富。据华为应用统计，该 APP 共有 18 万次安装。

2. 宝宝学唐诗 APP（爱识字）

宝宝学唐诗 APP 是一款由成都爱识字信息科技有限公司开发的免费学唐诗软件，收录古诗一百余首，分“唐诗”“动画”“诗人”“游戏”“考试”五大板块。该 APP 专为学龄前儿童设计，通过朗诵、赏析、翻译、游戏等方式教少儿记诵唐诗，并配有动画。据华为应用统计，该 APP 共有 10 万次安装。

图 5 宝宝学唐诗 APP 主界面

3. 宝宝唐诗三百首 APP

宝宝唐诗三百首 APP 是由广州拓辰信息技术有限公司开发的免费学唐诗软件，选取有趣易懂的经典唐诗，通过动画、图片和朗诵的形式展现唐诗表达的意境。据华为应用统计，该 APP 共有 57 万次安装。

图 6 宝宝唐诗三百首 APP 界面

纯少儿古诗词 APP，多选取语言平易、篇幅短小、内涵丰富的古诗词，符合学龄前儿童的认知特点，便于儿童诵读。该类 APP

多采用注音、解释、赏析的形式，配有专业朗读或童声朗读以及彩色插图或动画，生动有趣，寓教于乐。但其中部分APP有粗制滥造之嫌，因其内容单一，用户数量少，在市场中受欢迎程度较低，其开发者维护及提升APP的动力也相应不足。

总的来说，少儿古诗词APP良莠不齐，有质量较好的，也有鱼目混珠、质量低下的。具体表现在：

内容上，有些APP同质化比较严重，同一个关键词搜索出的十几个应用，内容版式差别不大，几乎是照搬。

数量上，有些APP收录诗词偏少，往往只有几首或十几首诗词；有些APP收录数量多却难度偏大，没有考虑到学龄前儿童的认知特点。

形式上，有些APP的配图、动画或过于简单，或和诗歌的内涵贴合度不高；有些APP没有注音和朗读，不符合学龄前儿童的学习特点。此外，个别APP中广告和游戏植入过多，容易使儿童注意力分散，甚至沉迷其中。

因此，在目前少儿古诗词APP良莠不齐的情况下，家长需严格把关，帮孩子筛选高质量的古诗词APP并与孩子共同学习。同时，应把古诗词APP作为孩子学习古诗词的辅助手段，不可过分依赖。

（三）综合类APP

这类APP以国学教育为主，数量较多，占我们抽样调查APP总数的37.5%。它们总的用户人数很多，综合评价和评分较高。下文以入选“中国教育报和教评网联合发布的2017年中国年度教育APP金榜”的“西窗烛”和“小孩子点读”两款APP为例做具体说明。

1. 西窗烛APP

西窗烛APP是由北京西窗文化传媒有限公司开发并提供应用内购买项目

图7　西窗烛APP主界面

图8　西窗烛APP少儿板块

的古诗词和古典文化教育学习类软件。该 APP 建立了收录 100 万诗词的文库，以朝代、作者、作品分类，按照选集、主题、节日、节气、写景、词牌、课本等进行分类赏析，支持全文检索。其中专设“给孩子的诗”板块，分作品（包含评析、注释、译文和赏析，部分还有辑评）、摘录和创作三类。该 APP 因其具有服务互动性、服务多样性、趣味性等优点而广受用户欢迎，据华为应用统计共有 309 万次安装，279 条评论。

2. 小孩子点读 APP

小孩子点读 APP 由北京小孩子科技有限公司开发并提供应用内购买项目，属于儿童教育类软件。该款 APP 以点读为特色，内容包括幼儿阶段和小学阶段的中英文绘本点读、英语教材点读、语文教材点读、数学教材点读等超过 20 万册的资源。其中“听国学”的“古代诗词”部分，通过音频朗读的形式让少儿可以听见古诗词，包括“小学生必背古诗词”“笠翁对韵”“五言绝句”“七言乐府”“五言律诗”“五言乐府”等内容。据华为应用统计，该 APP 共有 140 万次安装，1444 条评论。

图 9 小孩子点读 APP“听国学”界面

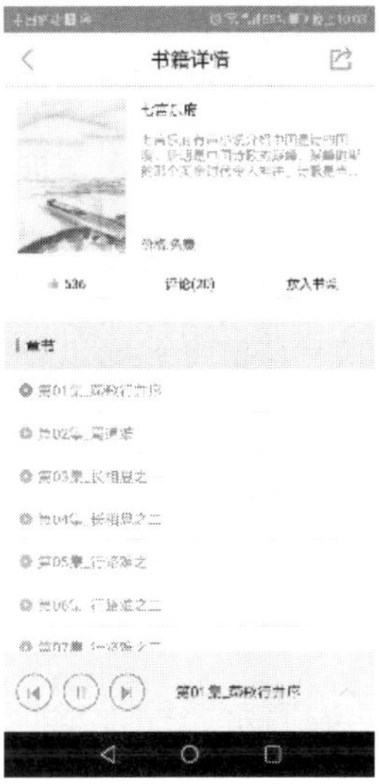

图 10 小孩子点读 APP 音频界面

综合类（含少儿古诗词教育）的 APP，内容丰富，分类明晰，功能齐全，权威性强，用户使用和评价双高。由于使用人群较为宽泛，有的不太适合少儿单独学习。但是对于古诗词学习有较高要求的少儿家长来说，这些综合类的 APP 可以提供更多学习内容供亲子共读。

四 建议

孩童时期是记忆力最好的时期，最适合诵读。古诗词对仗工整、意蕴绵长、朗朗上口，这种独特的声律美，对儿童的感染力是天生的、自然的，在学习语言的过程中是最容易被接受的。相较于少儿英语学习、绘本故事、儿歌童谣、动画游戏等儿童教育类APP，少儿古诗词APP还有很长的路要走。高品质的少儿古诗词教育APP的制作，需要有专业背景的教育团队携手信息化团队一起打造。

第一，在内容上，根据学龄前儿童的认知特点，少儿古诗词APP应重点收录语言平易、篇幅短小、内涵丰富的古诗词，便于儿童诵读。

第二，在形式上，少儿古诗词APP收录的古诗词原文应配有标准的注音、精确的释义和深入浅出的赏析，便于儿童理解。同时，在配乐、插图或动画制作方面，不能千篇一律，应贴合诗词的内涵，生动形象，有创意，有趣味，能够培养儿童的想象力和审美感受力，提高儿童对古诗词的领悟力。

第三，在诵读上，少儿古诗词APP应开发出多种形式的反复诵读方法，可以是名家范读领读，也可以是童声诵读跟读，或快或慢，或吟或唱，或配乐朗读，或亲子共读等。在反复的诵读中，经典的智慧将刻入孩子的记忆，让孩子从古人的智慧和情怀中汲取营养，陶冶情操，涵养心灵。

（王毅力、徐曼曼）

第五部分

语言技术服务

导语

采用计算机技术来研究和处理自然语言是20世纪40年代末才开始的，经过多年的发展，这项技术已取得了长足的进步。我们生活在信息时代，从信息检索到机器翻译等，都离不开语言技术的支持。对汉语来说，语言技术包括分词、词性标注、句法分析、语义分析和语用分析等方面。

词是最小的能够独立运用的语言单位。汉语文本按字连写，因此在进行汉语信息处理之前需要明确语句中词语的界限，把没有明显分界标志的字串自动切分为词串。为了进一步的句法分析，需要确定每个词语在给定句子中的语法范畴，即词类。

为了判定输入的单词序列能不能构成合乎语法的句子，同时抽取合乎语法的句子的句法结构，需要对输入的单词序列进行句法分析，即应用句法规则和其他知识，将输入句子中单词的线性序列，根据词语之间的关系变成一个非线性的数据结构。

句法相同的句子，它们的语义有时也会有着很大的不同。语义分析的主要任务是产生语言文本的词汇语义单元，并表示它们之间的依赖关系。语用学是对语言与使用环境之间的关系的研究，包括狭义的上下文和广义的上下文。前者指的是句子的上下文、篇章关系的研究，后者指的是交际环境、交际目的等信息。这些上下文对生成合适的话语以及正确地理解话语都起着关键性的作用。

语言技术有基于理性主义的方法和基于经验主义的方法。前者希望通过手工编码大量的先验知识和推理规则，复制人类大脑中的语言能力。后者致力于从实际的语言数据中获得语言知识，来研究句子经常使用的形式。

随着语言技术的发展和进步，以之为基础的应用系统，如信息检索和机器翻译等，已经成为了人们日常生活中不可或缺的一部分，尤其是在移动互联网时代。

信息检索是用户进行信息查询和获取的主要方式，是查找信息的方法和手段。信息检索包括“信息存储与检索”，是指将信息按照一定的方式组织和存储起来，并根据用户的需要找出相关信息的过程。绝大多数信息检索系统都要给它们的主要数据建立倒排索引。倒排索引列出了每个单词所在的文档，以及在每一篇文档中出现的频次。建立倒排索引可以大大方便查询字段的查找，查询系统只需要在索引中找到该单词，就可以确认它所在的文档。正确率较高的分词和词类标注算法可以提高信息检索的正确率。目前国内常用的互联网搜索引擎有“百度”和“搜狗”等，与“谷歌”相比，学术搜索等还有很大的进步空间。

自动文摘即用一些精练的语句来概括整篇文章的大意，用户通过阅读文摘就可以大致了解原文要表达的意思。自动文摘在新闻领域应用最为广泛，该技术能够帮助人们在最短的时间内了解更多对自己有价值的新闻。

同时，语言技术还推动着语言本身的研究。人们为了研究某种语言现象，需要大量语言数据的支持。有了语言技术的帮助，人们可以快速准确地从大规模语料库中获得相应语言数据来支持对语言现象的认识和解释。同时，统计方法、文本挖掘等机器学习的方法也可以使得人们对语言现象的研究更加客观和真实，从而摆脱内省研究的某些缺点，如主观性较强等。

舆情自动检测，是指运用自然语言处理技术，对可采集的互联网热点话题文本进行自动分析，以起到实时监测、预警和报送等作用的技术行为。而作为社会生活有机组成部分的语言生活，语言文字舆情监测也是舆情监测的一个重要内容。近年来，语言热点、语言问题不断，从繁简字之争、保卫汉语，到“撑粤语”、双语教学之争，都说明语言问题不仅日益被人们关注，而且如果不能及时处理或者处理不好，还会引发社会矛盾，直接影响国家和地区的安定。

人民日报社网络中心舆情监测室是国内最早从事互联网舆情监测和研究的专业机构之一。中国科学院计算所也推出了相关应用系统。中国社会科学院语用所舆情监测研究中心开展了语言文字舆情监测工作，定期发布《语言文字舆情与动态》《语言文字舆情月月读》；武汉大学中国语情监测与研究中心也在进行相关方面的工作，《语情信息》按月发布。教育部语言文字信息管理司成立了国家语言资源监测与研究中心，包括平面媒体分中心、有声媒体分中心和网络媒体分中心等，每年发布中国语言生活状况报告，关注国家的语言生活和人们关注的语言生活热点等问题。

语言技术的其他应用领域还包括计算机（辅助）词典编纂，即使用索引软件，建立词语的索引记录，从而对词语进行更准确的解释。此外还包括基于文本挖掘、统计分析等方法对作者的写作风格进行自动分析，对一些文学领域的争议作品进行作者判定。目前这方面已经做了大量的尝试，如《红楼梦》前八十回和后四十回的写作风格差别分析等。

在本部分，我们将介绍国内在语言智能方面工作相对比较突出的几个企业及其相关技术，如科大讯飞、捷通华声等。我们还将讨论语言智能如何应用于移动设备、车载系统和智能家居领域。针对语言智能测评，我们将详细介绍英语批改和汉语批改的发展情况。语言智能测评相对于人工批改，具有提高效率、及时回馈、效度可信的明显优势。目前英语智能测评应用相对更为广泛，汉语智能测评虽已取得重要进展，但仍需努力。再者，我们介绍了机器翻译的相关内容，机器翻译目前在社会上的应用，国内机器翻译产品的现状，机器翻译服务中存在的问题以及相应的建议。

（侯仁魁）

语言技术服务的发展与应用

所谓语言技术服务，是指为民众在语言文字方面提供技术支持，使其趋向智能、便捷、高效。语言技术服务主要有三种：通信和媒体技术，互联网和云计算技术，自然语言处理技术。

首先，语言技术可以让语言服务由繁化简。语音客服、一键预约、语音助手等服务改变了人们的生活方式，通过语音技术可以简化许多烦琐的操作，极大提升用户体验，让用户感觉更加真实、舒适。

第二，语言技术让语言服务更加自动化。许多语言文字类操作都带有重复性，而语言技术服务通过强大的数据挖掘、整合、运算，可以帮助用户处理这些重复性操作，为其节省大量时间。

第三，语言技术让语言服务更加智能化。语言技术服务通过大数据，可以掌握用户喜好，明白用户意图，然后根据这些数据智能推送各种资讯或应用。语言技术的智能化可以优化用户体验，提供更加个性化的服务。用户还可以定制各种服务，比如“帮我查询今日天气”“帮我清除所有闹钟”等，这些定制化需求，可以让语言技术服务变得更为灵活。

一　语言技术服务发展现状

语言技术的不断成熟，使其可以应用于各个领域，并形成相关产业链，呈现出不断拓展的态势。人们对于语言服务的需求不断增多，未来面向物联网的语言技术服务产业链的形成，将引起语言服务的巨大变革。最近几年，深度学习技术的突破、大数据技术以及自然语言理解能力的提升，带动了一波产业热潮。国内继科大讯飞、捷通华声之后，阿里、百度、腾讯等巨头都在智能语音领域发力。同时，行业内也涌现出新的佼佼者，比如思必驰、云知声、出门问问等。它们在教育、客服、电信等传统行业之外，开辟出了车载、家居、医疗、智能硬件等语音技术应用的新天地。

（一）科大讯飞：打造全方位语言技术服务

科大讯飞股份有限公司是一家专业从事智能语音技术研究、软件及芯片产品开发、语音信息服务的国家级骨干软件企业，长期专注于教育、政府便民工程、呼叫中心和客服领域，并走在市场的前沿。据该公司 2019 年 2 月 26 日发布的业绩快报显示，2018 年科大讯飞营收 80.7 亿元，同比增长 48.2%，归属公司股东的净利润为 5.3 亿元，同比增长 21.6%。讯飞开放平台合作伙伴达 92 万，同比增长 77.6%。

近几年来，科大讯飞的注意力开始向移动互联网和物联网转移。比如在智能家居领域，科大讯飞联合京东发布叮咚音箱，推出讯飞电视助手，打造智能家居领域的入口级应用。在智能车载领域，科大讯飞重点推出了汽车互联系统“飞鱼助理”，将和奇瑞等汽车制造商合作，推进车联网进程。同时，科大讯飞通过源源不断的垂直场景数据训练“讯飞超脑”，推进人工智能发展。在提供语言技术服务的方式上，科大讯飞有别于其他互联网公司，它们仍然采取的是传统的“平台嵌入”式服务，即将自身语音技术植入相关合作伙伴的产品中，以拓展语言技术的服务领域。

（二）捷通华声：技术服务大众的理念

北京捷通华声科技股份有限公司是一家专注于智能语音、智能图像、生物特征识别、智能语义等全方位人工智能技术研究与应用，全面发展人工智能云服务的高新技术企业。该公司的多种智能语言服务技术已经成功嵌入相关合作伙伴的产品当中，尤其是语音合成技术。捷通华声所拥有的自主知识产权的中文语音合成、手写识别技术的市场占有率达到 50%，这使之成为国内第一家实现同时提供语音合成、语音识别、手写识别、文字识别等技术的全方位人工智能技术提供商。

同时，捷通华声还不断践行技术应用落地服务大众的理念，与学术界、产业界合作，共同打造了全方位人工智能技术与产品服务生态圈，包含灵云公有云服务平台（AIcloud）、灵云智能物联网解决方案（AIoT）、灵云全方位人工智能能力平台（AICP）、灵云全智能客户服务解决方案（AICC）、人工智能行业解决方案（AIIS）等五大产品体系，将人工智能技术与各行各业深度融合。此外，捷通华声的语言技术服务也涉及多个领域，如客服、金融、教育、医疗、家居、车载、可穿戴设备、移动应用、机器人、政府便民工程等，较好地推动了语言技术智能服务的便民化和生活化。

（三）阿里巴巴：人性化语言技术服务

2016 年成立的阿里巴巴人工智能实验室，其定位是研究消费级产品，主要打造下一代的人机交互平台，并将在三个方面带来人性化的机器：一是感知和推理能力，主要依赖语音识别、语言理解和计算机视觉技术；二是知识数据库，包括知识图谱和用户配置文件；三是按需行为，主要基于服务和流动性。阿里的语言技术服务主要基于其开发的 YunOS 操作系统，融合了阿里巴巴在云数据存储、云计算服务以及智能设备操作系统等多领域的技术成果，可搭载于智能手机、智能穿戴、互联网汽车、智能家居等多种智能终端设备。

目前，YunOS 已经成为第三大移动操作系统。赛诺数据显示，截至 2016 年 5 月，YunOS 智能手机累计激活量超过 7000 万部，累计智能终端已突破 1 亿。YunOS 操作系统的语音识别技术是把语音转换成文本，也称为自动语音识别。语音识别是人工智能领域极为重要的前沿技术，阿里数据科学与技术研究院的语音团队还把智能语音交互技术赋能给 YunOS，联合海尔 U+ 实验室实现智能行业内全新的便捷操作模式。该技术能够使所有智能电视产品实现快速、高效、准确的语音识别及控制。同时，阿里还从翻译领域转向智能家居、车载语音领域。如阿里联合智能家电厂商推出天猫魔盒，联合上海汽车集团股份有限公司研发车载操作系统等。此外，阿里还专注于智能助理领域，推出了“阿里小蜜虚拟助手”。

（四）百度：基于百度大脑的产品拓展

百度是国内较早开放语音云平台的巨头之一，对外主要采取开放自身语音生态系统的方式将语音技术输出，主要分为三个层次：第一，开放最底层的语音识别技术应用程序编程接口，开发者可以调用这个接口实现语音识别功能；第二，向开发者提供开发工具包，对语音识别标准化服务进行封装，以便于最终对接服务和应用；第三，与硬件厂商合作，将语音技术植入硬件。百度希望通过这种产业内合作的方式逐步渗透到家居、车载等领域。对内，基于百度大脑，将百度在语音、图像、自然语言处理和深度学习等方面的能力渗入到产品线中，并贯穿百度各项业务部署。例如，手机百度依托深度学习算法根据不同用户的搜索偏好进行用户画像，以进行精准推荐。此外，百度在地图和输入法中也植入百度语音助手，将“度秘”机器人植入各类硬件，进一步提升用户体验。

（五）腾讯：用户服务方式的变革

腾讯云发布的手机银行智能语音产品，除了为普通用户提供便捷的金融办理服务，还能通过语音交互，为视障人群提供便捷的掌上金融服务，进一步促进社会信息无障碍目标的实现。该产品汇集了腾讯云语音识别、语音合成以及语义理解三大技术，充分利用互联网和人工智能新技术实现金融交易多场景应用，通过语音指令直达所需服务，并根据语音操作提示，完成转账、查询、理财等日常金融交易，快速提升用户体验。在腾讯云人工智能技术的支持下，有别于以往刻板复杂的按键操作，智能语音服务针对客户不同的语音需求，提供千人千面的业务办理和友好趣味互动。打开手机银行APP，一键即可进入语音服务模式，根据客户不同的语音口令开启不同的业务模式，大大提高了业务办理效率，让金融更智慧。

（六）图灵机器人：语义和认知计算平台服务

图灵机器人是国内一家从中文语义起家的人工智能技术服务提供商。智能对话、知识库、技能服务是图灵机器人的三大核心功能。据该公司发布的数据显示，图灵机器人已为超过60万家企业和开发者提供服务，累计响应请求量超1462亿次。目前的产品服务主要包括机器人开放平台、机器人操作系统Turing OS和场景方案。Turing OS能够支持上下文对话、问答，以及SaaS服务。在人工智能技术落地方面，图灵通过提供不同技术实施方案，为开发者提供多种场景化内容及AI能力，助力合作伙伴更快打造软硬件智能产品。

（七）思必驰：垂直领域智能硬件的开拓

思必驰是国内一家专注于垂直领域智能硬件的语音交互解决方案服务商，其核心技术包括：人机对话技术、自然语言理解技术、语音识别技术、语音合成技术、声纹识别技术。思必驰的系列语音技术已经广泛地应用到了垂直搜索、智能设备控制等行业，大幅提升产品人机交互体验，也让控制、搜索等各类智能化的数字生活成为了现实。与此同时，聚焦于B2B领域的车载、家居和机器人等业务，思必驰推出了智能人机对话系统，广泛应用于车载和家居场景。该公司发布的数据显示，思必驰在智能语音关键领域市场占有率排在第一位：在车联网后装上，后视镜占有率大于80%，车机大于60%，平视显示器大于90%；智能音箱累计终端设备激活超过1500万；儿童平板、故事机累计终端设备激活超过700万。

（八）云知声：聚焦物联网的“云端芯”产品战略

云知声是一家专注物联网人工智能技术的服务商，其核心技术包括：语音识别技术、语义理解技术、语音合成技术、声纹识别技术、离线操控技术。借助云计算平台和移动互联网技术，云知声在智能家电、移动互联网、可穿戴设备、车载导航、医疗、教育、呼叫中心等领域，实现了用户与设备、设备与设备之间的互联、互通、互动，将传统行业互联网化。尤其在教育领域，云知声提供智能口语检测系统、早教机器人、应用程序编程接口，现日均调用量已达3亿次，居行业领先地位。

云知声的商业化路径是典型的通过商家走向顾客（B2B2C）的模式。该公司通过与美的、格力等家电巨头合作，将语音技术及AI芯片融入到相关产品中，借助巨头的渠道资源触达终端消费者，并将数据源源不断地汇集到自身云平台中，迭代优化产品，提升用户体验。同时，该公司发力车载后装市场，未来可能基于声纹等特征将车和家居的用户ID打通，以此挖掘更大的数据价值，提供个性化增值服务。

（九）出门问问：智能可穿戴设备的切入

出门问问致力于以人工智能为中心，通过软硬结合产品落地到生活场景，来打造下一代的人机交互方式。该公司拥有自主研发的语音识别、语义分析、垂直搜索、基于视觉的高级驾驶辅助系统（ADAS）和机器人定位与制图（SLAM）等核心技术。与多数初创厂商不同的是，出门问问走了一条面向顾客（B2C）的路线，以可穿戴设备为切入点，走以AI为中心的软硬结合路线。出门问问先后发布了一、二代智能手表，并进军车载后装领域，推出车载后视镜，未来会将场景拓展到家居领域，进一步打造移动终端、可穿戴设备、车和家居的物联网多屏联动生态。目前，在全球 30 多个国家和地区的线下零售商店，均有出门问问系列产品销售。在网络销售方面，出门问问荣获 2018 年亚马逊中国新卖家销售额第一名，并获得亚马逊颁发的 2018 年度亚马逊全球拓展奖。

二 语言技术服务在生活领域中的应用

语言技术服务终究要落实到居民日常生活中来，各家智能科技公司也以产品落地、服务大众为基本理念。目前来看，跟语言技术服务密切相关的智能产品在日常生活中的应用，主要体现在移动设备、车载系统和智能家居三个领域。

（一）移动设备

智能手机中的各类应用软件基本都配备了语音功能，但使用率并不高，大多数用户还是倾向于使用触摸和文字交互，甚至很多人连使用语音的意识都没有。究其原因，主要是语音交互在效果和效率上都不够理想，而触摸式文字交互则给人更加可信和踏实的感觉。从技术层面来看，语音在开放场景下的识别准确率并不高，产生错误后用户纠错成本很高，所以很多人宁愿选择更费时间的打字方式。再者，用户对于在手机端打字和触摸已经非常习惯，因此缺乏改变习惯的意识和动力。从效率上看，语音在智能手机和各类软件上的应用主要以输入、搜索和调取服务为主，输入信息量并不大，且原有交互方式本身已经非常便捷，而语音交互又容易出错，并不能很好地提升效率。与智能手机不同，可穿戴设备没有足够显著的屏幕，更适合语音操控，因此智能语音的应用率大大提升。像智能手表、手环等，功能相对集中和简单，交互需求也较少，因此成为智能语音的绝佳载体。普通民众对语音功能的使用多是在无法打字，或不便触摸屏幕的情况下进行的，像走路、跑步、骑行、开车等，需求并不是特别频繁和硬性，这也限制了移动端语音使用的普及。不过，随着语音识别技术和交互体验的不断提升，移动端的语音使用会越来越普遍。

（二）车载系统

在汽车的密闭空间中，驾驶员的双手和双眼均被占用，而导航、电话等需求又必不可少，因此智能语音便成为这一场景下最合适的交互方式。目前智能语音在车内的应用主要以车载导航为主，查询为辅，而业界热炒的“以语音为入口连接各种服务，从而构建车联网生态”的畅想，目前来看还远未达成，主要困难在于整个行业尚未找到车内场景下用户的刚性、高频需求，不足以搭建车内服务生态。目前应用的声控车载导航，在一些特殊空间，比如高速行驶、机场、车站等来往车辆较多的公共交通区域，噪音会对其语音识别的准确率产生很大影响，这对声控系统的语音识别技术及语音降噪技术是个很大的挑战。同时，语义理解、生僻字、同音字识别等也是影响语音识别准确率的重要因素，特别是汉字存在大量的同音字和生僻字，如何对其加以准确识别，也是对语音识别技术的重大考验。

（三）智能家居

在家居场景下，智能语音技术主要应用于智能电视、音箱、家用机器人等，解决的需求包括搜索、听歌、提醒、简单交互、应用调取等。家居环境的特殊性使得语音成为最合适的交互方式。比如亚马逊推出的一款智能控制设备 Echo，加上一位名叫 Alexa 的语音助理，便可以操控各类智能家居。类似于 Echo + Alexa 这样的平台将吸引大量的应用，从而使智能家居生态环境越来越完善。随着用户习惯的不断养成，此类“智能家居控制中心”和“流量入口”会快速普及，得到广泛应用。需要注意的是，语音作为一种全新的交互方式，目前发展尚不成熟，除了技术所需的提升外，各类应用在开发设计时还将面临用户体验和价值考量等全新挑战。此外，一些传统家电也开始配备语音交互功能，如洗衣机、空调、冰箱、抽油烟机等，但实际效果并不理想。可见，想要在全部家电终端普及智能声控，还有很长一段路要走。

（四）智能早教机器人

随着人工智能的发展，早教领域的产品也开始融入 AI 概念，从早期的儿童点读机，到儿童智能手表，再到当下最受青睐的智能早教机器人，早教与AI的距离越来越近。特别是2017年以来，早教机器人行业迎来了非常明显的发展，市场上出现了各种各样的相关产品。这些智能早教机器人一般都具有海量存储空间，可以轻松应对义务教育课程、诗词歌赋、故事音乐、知识百科等，更吸引人的是它可以跟儿童随时随地自由对话，有问必答，很快便成为儿童最好的小伙伴。早教机器人因其学识渊博，又善于聆听和陪伴儿童，一定程度上减轻了家长陪护儿童的压力，深得家长们的喜爱。比如市场销量较好的科大讯飞阿尔法小蛋智能机器人，依托其本公司的智能科技，在深度自我学习、智能语音交互、海量云端资源、中英文互译、生活信息查询、表情情绪灯光等方面具有显著优势。

（五）扫描翻译APP

随着语言处理技术的发展，阅读外文需要的词典工具也发生了巨大的变化。最初电子词典的便携性使其获得了广泛应用，但电子词典的传统键盘输入耗时耗力，目前已无法满足民众对快捷翻译的需求。在字符输入技术的革新下，一种新的翻译工具——扫描翻译笔应运而生。扫描翻译笔通过红外线扫描技术将印刷字体扫描到笔里，再由里面的光学字符识别（OCR）技术进行识别，最后通过内置的软件实现翻译功能。除了翻译功能外，扫描翻译笔一般还具有摘录功能。与传统键盘输入、手写板手写输入、触屏输入相比较，直接扫描输入最为便捷和高效，在未来的应用会越来越多。目前扫描翻译笔做得比较成熟的是汉王E典笔，功能涵盖快速扫描取词、手写识别、随意摘抄、背单词、练听力、录音等，是很多消费者的首选产品。

三　建议

（一）充分挖掘国内语言技术产品市场

目前我国以语言技术开发为核心的科技公司数量很多，相关产品也不胜枚举，但市场销量并不是很理想。以智能音箱为例，近两年国内各种品牌的智能音箱层出不穷，但是对比国外谷歌发布的Google Home和亚马逊推出的Echo，国内智能音箱的销量惨淡。究其原因，主要是国内企业一味地学习国外的技术，却忽视了基本国情和国内用户的使用习惯。智能音箱的使用者大多数是音乐爱好者，在欧美超过 85% 的家庭拥有音箱，但国内音箱的普及率不足 20%。可见，市场潜力虽然巨大，但如何激发普通民众对智能音箱的使用兴趣，如何让智能音箱巧妙地介入民众日常生活，值得好好探索。

（二）减轻用户对 APP 的依赖度

虽然语言技术发展迅猛，语音识别准确率越来越高，但是用户在使用的过程中依然感到不顺畅。比如很多语言技术产品都单独做成一个 APP 且功能各不相同，这就导致了用户要下载许多 APP，很多操作依然非常繁琐，用户体验较差。如何直接用语音进入一个应用，避免下载各种各样的 APP，减少触碰式操作，这一方面有很大的改善空间。

（三）进一步提高语音识别准确度

虽然现在语音识别的准确率已经达到 97%，但是要从 97% 提升到 100% 是一个很大的难关。在现实生活中，在使用语言技术的过程中环境更为复杂，而且麦克风离声源有一段距离，这些客观情况都会影响语音的识别。目前在嘈杂环境中或者距离较远的情况下，语音的识别依然有局限性，如果这一方面的准确性有所提高，在使用上会有更好的体验。多语言混合识别方面和无限词汇识别方面的准确率也需要改善。如果一句话混杂着中文和英文，得到的结果会有出入。偶尔使用了一些不常用的专业术语，也可能会得到奇怪的结果。这不仅因为模型具有局限性，还有硬件跟不上的原因。除此之外，现实中的语音类型是多种多样的，很多人的发音同标准发音有很大的差距，这就需要进行口音和方言的处理。即使同一个人，如果处在不同的环境中，或者不一样的语境中，要表达的意思也可能不同。这就需要改善语音模型，让语音识别能适应大多数人的口音。

（四）有效整治市场乱象

随着人工智能的火热，各行各业都试图抢占 AI 这一概念，从移动设备、车载系统、智能家居到早教领域等，琳琅满目的产品涌入市场。这些产品处理一些简单的指令和语义尚可以应付，但离真正的人工智能还有很长的路要走。特别是在市场监管不严格的情况下，很多打着人工智能旗号的产品，并无人工智能的实质，但在广告语的夸张宣传下诱骗了不少客户上当。特别是早教机器人领域，利用“早教”“智能”“陪伴”“百科全书”等关键词，吸引了大批家长的关注。然而这些机器人产品良莠不齐，甚至有些只是使用了简单的语音识别软件，再套上批量生产的塑料外壳后便包装售卖，成本只有几十元，却凭借虚假溢美之词标价高达上千元。政府相关部门应该对这种市场乱象加以整治和监管，同时广大消费者也不能轻信其广告宣传。

（郭杰、陈凌）

语言的智能测评

“语言智能”是语言信息的智能化，是运用计算机信息技术模仿人类的智能、分析和处理人类语言的科学。[①] 语言智能测评是指利用各种计算机信息处理手段，对各种语言成品（包括书面或口语材料）进行批改，根据需要还可自动评分，及时反馈批改信息，也被称为机器批改作文（机改作文）或自动批改。语言测评的技术手段主要有：（1）识别技术，包括语音识别技术（ASR）和光学字符识别技术（OCR）；（2）语料库技术；（3）自然语言处理。每个系统的核心技术均不完全相同，比如科大讯飞的智能测评系统主要围绕专家评分标准，基于数据挖掘、主题模型、自然语言处理、机器学习等多项技术。

语言智能测评起源于20世纪60年代的美国，目前国外主要有三个作文自动评分系统：PEG（Project Essay Grader），IEA（Intelligent Essay Assessor）和E-rater（Electronic Essay Rater），其中E-rater被认为最为全面。[②] 近年来国内语言智能测评服务有了较大的进展，不仅可以对英语作文和口语进行批改，也可以对汉语作文进行批改，应用范围逐步扩大。

---

① 参见周建设、吕学强、史金生、张凯《语言智能研究渐成热点》,《中国社会科学报》2017年2月7日；周建设、张文彦《智能时代的语言学研究》,《中国社会科学报》2018年9月14日。

② E-rater所纠正的错误主要有：语法错误（主谓一致）、用法（介词选择）、技术（如大写）、风格（如反复用法）、会话结构（主题句和主要观点）、词汇用法（词汇的熟练程度）和句子的多样性等。如果被判定为跑题，则会给零分。参见梁茂成、文秋芳《国外作文自动评分系统评述及启示》,《外语电化教学》2007年第5期；毛世花、陈晓丽《E-rater和句酷的对比研究及对提高大学生英语作文水平的启示》,《高等函授学报》（哲学社会科学版）2012第5期。

一 国内语言智能测评系统

（一）英语智能测评系统

我国英语智能测试平台的主要成果集中产生于近十年间，王金铨、文秋芳（2007）和梁茂成（2011）[①] 等都做了有意义的尝试，英语智能测试系统已取得突破性的进展。目前应用范围较广的主要有：

1. 英语作文批改系统

国家语委语言智能服务研究中心“英语作文批改系统”由首都师范大学周建设团队研发，依托批改网（http://www.pigai.org）运营。目前包括清华大学、南京大学、复旦大学、中山大学在内的约 2000 所高校以及约 4000 所中小学使用该系统，服务教师 15 万人、学生 1700 万人。而且中国港澳台地区以及日本、韩国、新加坡等国家已有部分学生开始付费使用批改网，有向国际市场拓展的趋势。[②]

2. 大学生英语纸笔考试智能阅卷与分析系统

科大讯飞“大学生英语纸笔考试智能阅卷与分析系统”在科大讯飞手写识别、自然语言理解、智能测评等人工智能核心技术基础上，实现作文、翻译、问答类主观智能题的智能阅卷及评分。具体包括答卷数据采集、图像质量监控、阅卷管理及过程监控、英文学科主客观题智能评分和考试结果统计分析等。多省市的中考、高考以及高校使用该系统智能阅卷。2017 年由科大讯飞公司与教育部成立的联合实验室在某省教育考试网评卷过程中展开评卷应用实验，不仅能够检测出 2.4 万份空白卷和 1400 余份试卷的高相似度异常作答情况，而且作文机评分与最终报道分的评分一致率达到 92% 以上，略高于现场人工两评的一致率。[③] 该系统进一步和语文阅卷技术相整合，成为讯飞启明智能评卷系统。

---

① 梁茂成《中国学生英语作文自动评分模型的构建》，外语教学与研究出版社，2011 年；王金铨、文秋芳《中国学生大规模汉译英测试机助评分模型的研究与构建》，《现代外语》2009 第 4 期。

② 参见周建设《语言智能评测理论研究与技术应用》，《语言战略研究》2017 第 5 期。

③ 参见汪张龙、徐俊、李晓臻、朱玮琳《纸笔考试智能网上评卷系统的设计和应用——智能教育应用之考试评价篇》，《现代教育技术》2018 年第 3 期。

3. 英语听说智能考试与教学系统

科大讯飞“英语听说智能考试与教学系统”依托口考网（http://www.koukao.cn），按照中高考英语听说大纲的要求，全面支持听力、口语考试题型。该系统已经在包括上海、江苏、湖北、广东等在内的超过30个省市的大中小学和社会化考试中得到应用。目前该系统进一步整合为英语听说教考平台，可以形成考情分析和学情分析报告，辅助教师进行教学研究和教学决策，更好地服务于师生。

4. 冰果英语智能作文评阅系统

“冰果英语智能作文评阅系统”（http://writing.bingoenglish.com）由杭州增慧网络科技有限公司与浙江大学外语学院合作开发，目前有不少于20家高校使用该系统进行作文批改。

（二）汉语智能测评系统

汉语智能测评系统主要包括普通话测试、中国少数民族汉语水平考试和语文作文智能测评。其中普通话测试已在全国31个省市使用，全国测试站数量1788个，机测累计测试考生2600万人。语文作文智能测评的技术在多个维度上已经较为成熟，且使用人数和使用范围都在逐渐扩大。

1. 普通话智能测评系统

科大讯飞在完成国家语委“十五”重点科研项目的基础上，研发了“国家普通话水平智能测试系统”。2006年1月该项目通过了国家语委的鉴定，2006年教育部语用司批准13个省市开展计算机辅助测试普通话试点工作，截至2015年，全国开展普通话智能测试的省份已达31个，总测试量超过2200万人次。在此基础上，科大讯飞还开放了普通话模拟测试与学习平台——畅言网（http://www.isay365.com），学生可以在平台上完成基础语音学习、综合学习、听辨音学习和对比语言学习，经过模拟测试后，系统将会安排有针对性的课程。

2. 汉语作文智能评测系统

“汉语作文智能评测系统”由国家语委语言智能服务研究中心周建设团队于2016年12月发布。现运营平台为“IN课堂”（https://www.inketang.com）。该系统基于“打分、评级、纠错、范例”四大功能，坚持“规则+

统计”，坚持从语料库中挖掘打分细则、评级参数、偏误规则、常用范式，使作文批改更客观、更科学、更具理据性。该系统可以对汉语母语者的作文进行批改，也可以针对留学生的 HSK 作文进行批改。系统免费开放部分功能，可供使用者测试，开通收费功能后，教师可以通过系统布置、批改作业并且形成相关报告。该系统已覆盖河南、河北、云南、湖南、北京等多个省市，不仅在大学、中学使用，还多次服务于作文竞赛，在大数据基础上形成分析报告，在业界形成影响。

3. 讯飞启明智能阅卷系统

“讯飞启明智能阅卷系统”由科大讯飞启明公司开发，不仅可以实现英语智能阅卷，也可以实现汉语作文阅卷，可对空白题、内容疑似雷同等异常答卷进行自动筛选，大幅提升阅卷效率及质量。在 2017 年 6 月的应用实验中，共检出语文作文 1.7 万余份非缺考空白卷、200 余份试卷的高相似度异常作答情况。此次实验手写识别率达 97%，语文作文机评分与最终报道分的评分一致率达到 95% 以上，与现场人工两评的一致率几乎相等。

4. 阿里巴巴作文批改系统

“阿里巴巴作文批改系统”由阿里巴巴司罗领军的团队开发，这一团队在中文的在线批改方面取得了突出的成绩。他们在 2017 年中文语法错误自动诊断大赛（Chinese Grammatical Error Diagnosis，以下简称 CGED）三个 level 中全面夺得冠军。这三个 level 分别是：（1）detectionlevel 识别句子有没有错误；（2）identification 识别错误句子的具体类型；（3）positionlevel 识别错误的位置和对应类型。在核心指标 F1（综合考虑准确率与召回率）达到了 0.2693，比其他参赛机构高出一倍。[1]

图 1 阿里巴巴 AI 机器人批改作文[2]

① 《阿里人工智能技术重大突破：连破语言处理两项世界纪录》，凤凰科技，2017-11-24，http://tech.ifeng.com/a/20171124/44776810_0.shtml。

② 图片来自《浙外引进阿里 AI 批改中文试卷，全球第一份机器人批改的作文长这样》，凤凰科技，2017-12-06，http://tech.ifeng.com/a/20171206/44793260_0.shtml。

此外，可以进行汉语作文批改的网站还有“测文网”（http://www.cewenwang.com）和“易优悦读作文批改网”（http://pg.euzw.net）等。

二 语言智能测评服务优势

（一）提高效率

人工批改，教师一人包揽批改工作，需要批注、写评语，还要根据全班同学作文的综合测评结果给每一篇文章打分，耗时耗力。如果使用智能评测系统来批改作文，会大大减轻教师的重复劳动。比如阿里巴巴作文批改系统可以做到40秒批改一篇作文[①]，这对广大教师群体而言无疑是工作量的大减负。

为检测语言智能测评系统的效率，我们随机选取了50篇初中作文，在IN课堂作文批改系统和测文网作文批改系统进行测试，前者平均每篇耗时0.4分钟，后者平均每篇耗时0.6—0.7分钟，而人工批改平均每篇耗时6—7.2分钟。按每篇节省6分钟计，每位教师每年至少可以减少5760分钟的工作量（按每位教师教两个班，每班40人，每个学期每个学生6篇作文计算）。

表1 三种批改方式的用时及结果显示

测评方式	批改用时（50篇作文）	测评结果
IN课堂	20分钟左右	评分，文章精彩处，段落评语，总评
测文网	30—35分钟	作文CT检查，评价语料，语病、错别字及错误标点
人工批改	5—6小时[②]	评分，文章精彩处，语病、错别字及错误标点

（二）及时回馈

目前学生的作业多而繁重，教师批改作业有一定的滞后性。如果没有及时反馈，学生在作文中存在的问题便不能得到有效的解决，学生的知识结构也无法得到有效的完善。不同于传统的人工批改作文的方式，智能批改系统大大缩短了反馈的时间，有助于学生及时获知批改信息，及时改进和提高，

① 《浙外引进阿里AI批改中文试卷，全球第一份机器人批改的作文长这样》，凤凰科技，2017-12-06，http://tech.ifeng.com/a/20171206/44793260_0.shtml。

② 见曾丽珠《探寻作文批改的捷径》，《当代教研论丛》2017年第6期。

有效提高写作能力。教师也可以借此减省重复性的工作，将精力更多地投放到优化组织教学过程中去。

（三）效度比较可信

语言智能测评的可靠性即评测并建议修改的内容正确且符合汉语表达规范。[①] 我们以初中学生的作文为测试对象，对 IN 课堂作文批改系统和测文网作文批改系统展开对比测试。

用户在 IN 课堂作文批改系统注册账号时，需选择所在年级（小学、初中、高中），帮助系统快速定位所对应学习阶段的整体作文水平。将被测语段键入测评系统的文本框内，可以快速得出测评结果。测评结果分为两部分。一是综合评级，根据受试者所处的学习阶段以及被测作文的汉字复杂度、词语复杂度、篇章难易度、结构流利度和文题符合度得出条状图，大致表示各项指标的达成情况（见图 2）。二是总体评语和修改建议，系统会根据参测文章的结构、修辞以及描写给出简短评价（见图 3）。

图 2 IN 课堂作文批改系统批改结果（1）

① 《义务教育语文课程标准（2011 版）》，北京：人民教育出版社，2011 年。

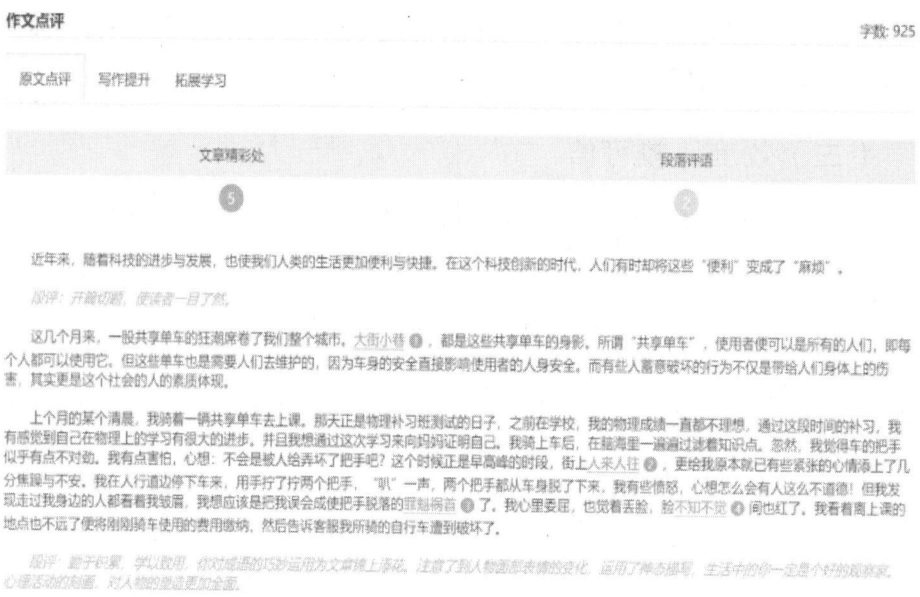

图 3 IN 课堂作文批改系统批改结果（2）

使用测文网进行作文测评时首先需要注册，同样需要选择所处学习阶段（小学、初中、高中），此外还要选择被测文章的文体（记叙文、应用文、议论文、说明文、散文、读后感、小小说等）、话题要求、作文标题和中心思想，目的是为了帮助系统快速定位，辅助评分。用户将被测语段键入测评系统的文本框内，可快速得到测评结果。测评结果分为三个部分：第一，测评基本数据，包括评测年级、作文文体、测评时间、实得原始分、百分制得分、分数排名①和评价标准几个方面的内容；第二，作文考试要求，包括字数、题目和问题几个方面的内容；第三，作文数据，包括 CT 检查、评价语料、语病、错别字及错误标点几个方面的内容。系统还会自动生成当前作文字数、段落数以及句数（见图 4）。

对比两个作文批改系统后发现，针对同一篇文章，不同的测评软件的评价标准类似，给出的评分相近，这表明这两款测评软件在作文评测方面是有效的、可信的。但是也出现了个别文章在两个系统中评测结果差距较大的情况，例如，在测评一篇标题为《爱》的中学作文时，IN 课堂作文批改系统给出的评分 57 分，而测文网作文批改系统给出的评分是 91.76 分，因此还需要具体情况具体分析。

① 指在“近期 1000 篇全国同年级同水平作文人数中的排名”。

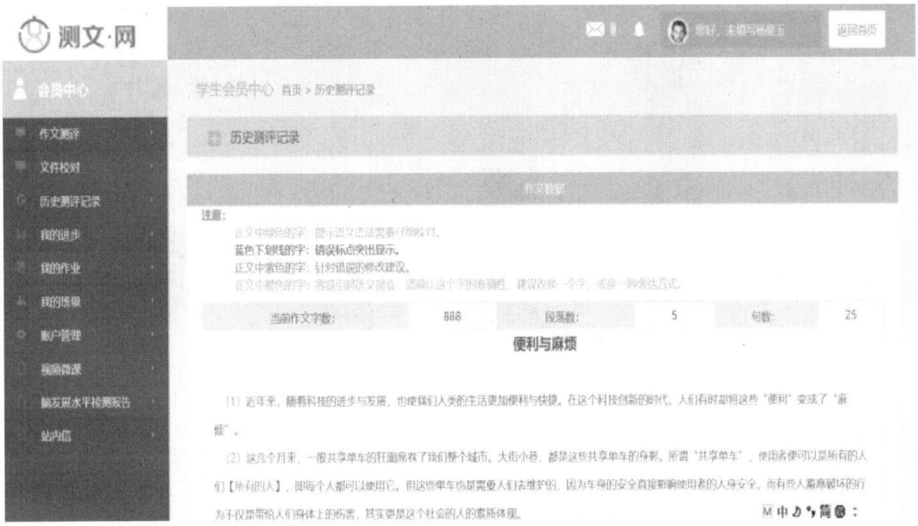

图 4 测文网作文批改

三 语言智能测评的知晓与使用

我们通过在线问卷调查网站问卷星进行了“作文智能批改系统使用情况”的问卷调查，收集到来自江苏、安徽、四川、广东、湖南、福建、甘肃、新疆、湖北、北京、河北、江西、浙江、河南、上海、山西等 16 个省市区的 172 位语文、英语老师的问卷。此外，我们还通过微信平台对个别老师进行了访谈。

（一）知晓度

172 名教师被试中，仅听说过英语智能批改的占 26.2%，仅听说过语文智能批改的只有 8.7%，两种均听说过的占 17.4%。听说过英语智能批改的比听说过语文智能批改的多 17.4 个百分点。从使用情况来看，仅使用过英语智能批改的占 41.1%，仅使用过语文智能批改的占 14.4%，两种都使用过的只有 1.1%。详见图 5。

具体到各语言智能的在线批改系统，英语作文批改网站中排名靠前的是批改网（37.8%）和科大讯飞（28.9%），汉语作文批改系统中排名最靠前的是阿里巴巴作文批改系统（21.1%）和易优悦读作文批改系统（20.0%）。详见图6。相比之下，英语智能测评系统的知晓度远远大于汉语智能测评系统。

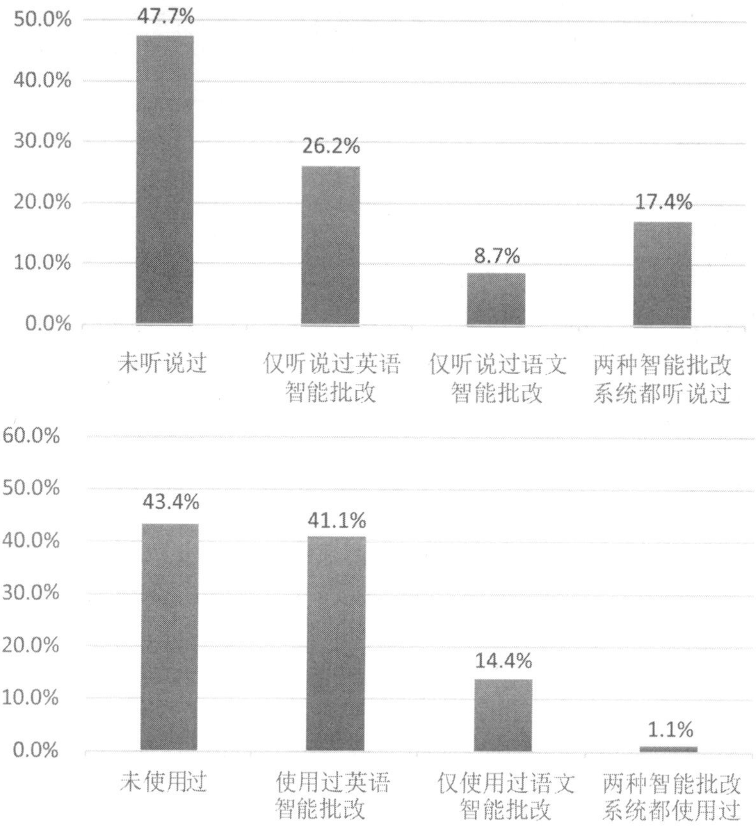

图 5　在线作文智能批改系统在教师群体中的知晓度

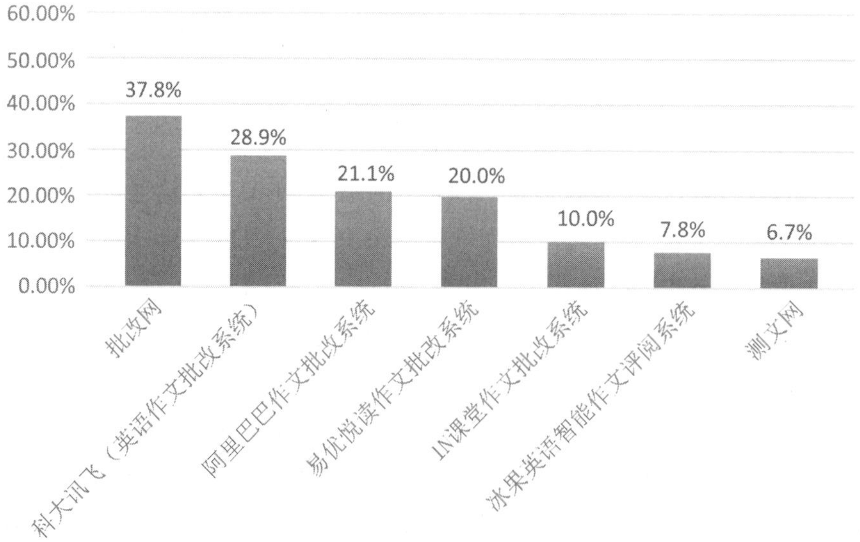

图 6　七个在线批改网站教师知晓度对比图

我们还专门向来自广东、甘肃、河北、安徽、陕西、山西、江西等省的268位在校大中学生进行调查，听说过智能批改的占59.4%，其中知晓度位于前两位的批改系统分别是批改网、大学生英语纸笔考试智能阅卷与分析系统。使用过智能批改系统的占74.7%，其中有84.0%是在大学期间使用了智能批改网站，远远高于其他学段。有77.4%的学生是应任课教师要求使用智能批改，有33.0%的学生表示在自主学习时使用过智能批改。可见，在智能批改的使用中，教师仍占主导地位。但在知晓度上，学生群体略高于教师群体。

（二）认可度

调查结果显示，语言智能测评系统的突出优势为：提高效率、节省时间（84.3%），反馈及时（53.0%），批改结果详细（31.4%）。同时也存在如下缺点：机械死板、批改结果不全面、语义解读差、缺乏逻辑性、缺少观点的提炼、不能为学生做一些特别标记、无法直接反馈在答题卡或卷面、系统反应慢、收费等。受访谈的一位教师表示愿意使用在线批改，但手写作文录入系统的工作量较大，在实际工作中操作性不强。

在本次调查中，32位被试回答了"您认为人工作文批改工作是否会被智能批改系统取代？为什么？"的问题，87.5%认为人工作文批改工作不会被智能批改系统取代。原因主要是智能批改的局限和人工批改的优势：

（1）智能作文批改的重点是语言文字规范与否，着眼于文字工具性。句法词法的错误可以用系统批改，文章立意与意境等还是需要教师评判。

（2）人工批改，仔细一些，更注重逻辑、情感上的表达，使文章独具一格。因此，语义、语用和情感认知方面，智能系统无法取代。

（3）会替代的只能是初级作文，高级的文章还是得人工来。

（4）智能批改不是万能的，电脑批阅有无法克服的缺陷，参考托福考试。

调查显示，语言智能测评具有一定的知晓度，英语智能测评的知晓度更高，使用者也更多。被试认识到智能测评的优势，但同时也认为智能测评和人工批改仍有一定的距离。语言智能测评的进一步发展还需要对智能测评加强宣传推广，智能测评也确实存在着技术上的改进空间。

四 发展语言智能测评的相关建议

（一）进一步提高“语言智能测评”的知晓度

语言智能测评已经取得了一定的成绩，且已有较为成熟的在线运作模式，但目前语言智能测评的知晓度还很不够，两种智能批改网站均未听说过的占 47.7%。这表明语言智能测评必须加大宣传力度，提高知晓度。有了知晓度，才可能有更高的认可度和更大的应用范围。宣传的对象首先包括作文批改量较大的教师队伍，同时也应涵盖家长及其他撰写者。

（二）进一步提高认可度

调查表明，被试对语言智能测评系统还是感兴趣的，但目前认可度还需进一步提高。语言智能测评系统是新兴事物，教师已习惯传统的人工批改作文方式，在这样的情况下，应该采用认识先行、技术跟上、宣传推广的策略。认识先行是指让教师和学生充分认识到在线作文批改的优势，在保证批改质量的前提下使，教师缩短批改时间，减少重复劳动，提高工作效率，使学生及时获得反馈信息，及时纠正存在的问题，逐步提高写作能力。技术跟上是指重点解决技术瓶颈，具体包括：（1）输入和输出的问题。我们发现，智能批改在中小学的使用频率远远低于大学，其中的瓶颈就是输入和输出问题。中小学教师如何能够低成本地便捷地将手写作文扫描到系统中，系统的评分意见如何能够合理输出，不需教师做二次加工，这是在中小学推广智能批改的关键。（2）如何提高作文批改的准确性，如何兼顾 a. 正确书写汉字、b. 正确使用词汇、c. 语义的合理性、d. 语用的适合性。宣传推广是指尽可能地免费开放，让更多使用者有机会深入了解这类系统。通过定期访谈，了解系统运营中存在的问题，不断发展和进步。当然，作文批改的最终目的是为了提高写作水平，因此语言智能测评必须和语言智能学习紧密结合在一起。

（三）实现智能测评与人工批改互补

智能系统不是万能的，人工批改有其不可替代性，若将两者有机结合，各自扬长避短，就可以取得一个最佳的效果。中小学作文可以通过语言智能测评解决语言规范等可以进行数据处理的问题，然后针对一些语义和语用，以及主题和立意问题，由教师进行人工批改。此外，目前汉语作文的人工批改仅限于学校教师对学生习作的批改，事实上，社会上对语言服务的需求是比较大的，比如策划案、标书等语言产品的校对与润色，也需要专业人士的指导。语言智能测评网站也可以建立相应的人工批改的渠道，邀请专业人士参与到在线批改中，拓宽语言服务的路径。比如一些批改平台虽然以在线的形式，但更强调由优质写作专家进行人工批改，如批改网（http://www.51pigai.com）和智课网（https://www.smartpigai.com）等。

（四）汉语智能测评仍需加强

调查显示汉语作文批改网站知晓度明显低于英语作文测评网站，且英语测评网站的应用范围目前远远大于汉语智能测评网站，英语作文批改网站已经覆盖大中小学，英语口考测评系统已经广泛应用于中考和高考。汉语智能测评建设虽已取得突破性发展，但下一步要更注重用户体验，进一步缩短智能测评和人工批改的差距，让智能测评在更大范围内服务于语言教学，服务于学校外的其他语言使用者。人工智能的科学家应和语言学者联手，将语言学的最新研究成果应用到人工智能领域，同时语言学者也要开展人工智能引领下的语言学研究，促进汉语书面语和口语智能测评的进一步发展。

（马喆、杨曼玉）

机器翻译服务

机器翻译是指利用计算机全自动或部分自动地将一种语言翻译为另一种语言的处理技术。世界语言多种多样，机器翻译能够克服语言障碍，让世界无障碍交流。

本报告拟从语言服务的角度，考察机器翻译为社会服务的现状，分析服务中存在的问题，并尝试给出相应的建议。

一　机器翻译的应用

（一）在线翻译服务

目前机器翻译的第一大应用是在线自动翻译，自采用统计方法开始，谷歌、百度等国内外重要翻译公司就着力部署在线自动翻译系统。目前，各种主流的在线翻译系统多采用了基于神经网络模型的机器翻译方法，使得译文的质量有了显著改善，为用户提供了最佳的翻译体验。专业领域的文本机器翻译在训练语料较为充分时，译文准确率可达 80% 以上。而对于资源匮乏的语言之间的翻译（如波斯语与汉语之间的翻译），译文质量还有较大提高空间。

随着翻译技术的成熟发展，在线翻译的功能也在逐步丰富和多样化，从最初的单句翻译发展到即时的语种识别、文本翻译、文档翻译等功能。有的在线翻译还支持人机交互式翻译，即机器翻译系统根据用户输入的内容，提供翻译的建议，可以由用户选择是否采用翻译结果。

（二）离线翻译服务

国际交流的日益频繁和深入，出境旅游等商业市场的不断扩大，使得人们对语言自动翻译有了更高的要求，在成熟机器翻译技术的支撑下，很多翻译产业公司开始尝试将翻译技术产品化，建立机器翻译的离线模式，方便人们使用。其中离线翻译机就是翻译产业公司推出的一种典型的离线翻译服务产品。这种翻译产品集成了语音识别系统和自动翻译系统，可以最大限度地压缩复杂的机器翻译模型，使机器翻译系统的体积能够符合移动端小型化的需求，并可以离线使用。近几年来，国内很多公司纷纷推出了定位不同、各具特色的翻译机产品。如科大讯飞公司推出的晓译翻译机，百度公司的旅行翻译机，网易公司的有道翻译官，搜狗公司的旅行翻译宝等。这些产品通常支持多语种语言之间的离线翻译，有的还具有拍照翻译功能。可以预测，未来几年翻译机等产品仍然具有广阔的市场。

（三）计算机辅助翻译（机助人译）

不同于自动翻译，计算机辅助翻译是在人的参与下完成整个翻译过程。与人工翻译相比，翻译质量相同甚至更好，翻译效率也可以得到较大的提高。计算机辅助翻译使得繁重的手工翻译流程自动化，大幅度地提高了翻译效率和翻译质量。

常用的计算机辅助翻译软件有国外的 SDL Trados、Passolo、Déjà V 等，以及国内的 ICAT、Transmate 等。其中 SDL Trados 是世界上最流行的计算机辅助翻译软件，能够克服不同国家地区的文化、语言障碍。SDL Trados 的用户通常能够将完成工作的速度提高 50% 左右，更准确地评估时间和成本，使翻译错误明显减少，编写与原文更加一致的翻译。这对于法律以及医学等特定重要领域的翻译来说，显得尤为重要。

（四）机器词典

词典类翻译软件相当于一种电子词典，它可以迅速查询源语言词语所对应的目标语言词语，提供相应的候选翻译词语，并且提供词语的应用实例，来帮助用户理解词义。目前，使用比较广泛的机器词典有网易公司推出的有道词典。该词典系统可以应用于多种操作系统平台，融入了百科全书知识。另外常用的机器词典系统还包括金山词霸等。

（五）其他应用

除了以上应用方式，机器翻译公司还提供了其他一些商业化的应用模式和产品形态，如网页翻译、机器翻译云服务和拍照翻译等。网页翻译能够采集网页页面信息，实现即时网页文本翻译和网站翻译功能；机器翻译云服务可根据客户的需求，定制化研发特定语种、特定领域的机器翻译服务，并且可以离线部署到客户工作环境中，实现机器翻译私有云服务；拍照翻译能将OCR光学字符识别和机器翻译技术有效结合，对照片进行文字提取和翻译，方便用户的使用。

二　国内机器翻译产品现状

（一）百度

2010年年初，百度组建了机器翻译核心研发团队。2011年6月30日，百度机器翻译服务正式上线，目前支持28种语言的互译。百度翻译在海量翻译知识获取、翻译模型、多语种翻译技术等方面取得了重大突破。百度翻译所研发的深度学习与多种主流翻译模型相融合的在线翻译系统以及基于"枢轴语言"的技术，处于业内领先水平，在国际上获得了广泛认可，使我国掌握了互联网机器翻译的核心技术。此外，百度翻译还开放了API接口，目前已有超过两万个第三方应用接入。华为、OPPO、中兴、三星等手机厂商，金山词霸、灵格斯词霸、敦煌网等众多产品均接入了百度翻译API。

在2013年，百度就布局神经网络翻译，突破了神经网络翻译的核心技术瓶颈。2015年，百度发布了世界上首个神经网络赋能的机器翻译服务，并在同年实现了基于神经网络的离线翻译，带领机器翻译进入新的历史阶段。同年，百度翻译获得了国家科技进步二等奖，成为首个获此殊荣的中国互联网企业。2017年年底，百度翻译被MITTechReview评选为2018年世界十大突破技术，被列为即时语音翻译领域关键系统，是当年度唯一入选的中国公司。

（二）阿里巴巴

阿里机器翻译是基于阿里巴巴海量电商数据，结合机器学习、自然语言处理技术，实现了多语言语种识别与自动翻译功能，为跨境电商信息本地化与跨语言沟通提供精准、快捷、可靠的在线翻译服务，其宗旨是"让商业没有语言障碍"。

阿里巴巴 2015 年收购了国内最大的众包翻译平台——365 翻译，开始涉足机器翻译领域。2016 年 10 月起正式开始自主研发 NMT 模型，2016 年 11 月首次将 NMT 系统的输出结果应用在中英消息通信场景下的外部测评中，取得了不错的成绩。2017 年年初阿里巴巴正式上线了自主开发的神经网络翻译系统，为阿里经济体复杂多样的国际化需求提供可靠的技术支撑。

2017 年 7 月 12 日，阿里巴巴披露的一份技术资料中显示，阿里翻译团队通过使用阿里云机器学习平台 PAI 实现了模型训练效率 5 倍的飞跃，并已应用在英俄电商翻译质量优化项目中。在阿里巴巴内部，阿里翻译负责为 1688 国际站、全球速卖通等提供多语言服务，中国卖家填写的一些中文信息会被机器自动翻译成多国语言。该团队同时还为钉钉、东南亚电商 Lazada 等提供服务。

（三）腾讯

腾讯机器翻译系统基于自主研发的神经网络翻译引擎，能够从海量语料库中自主学习，在翻译的全过程中整体建模，从而达到翻译结果的高准确率与流畅度。

2016 年年初，腾讯开始研发 AI 翻译产品，并正式推出机器人翻译腾讯翻译君。腾讯机器翻译目前支持汉、英、日、韩 / 朝、法、德、意、土等 15 种语言，83 种语言对的翻译能力。其中中英互译引擎已经在新闻、教育和部分科技领域达到业界领先水平。

2017 年宣布腾讯翻译君上线“同声传译”新功能，用户边说边翻的需求得到满足，语音识别 +NMT 等技术的应用保证了边说边翻的速度与精准性。腾讯机器翻译系统基于腾讯领先的底层算法、丰富的中文知识图谱和先进的 NLP 引擎能力，结合了神经网络机器翻译和统计机器翻译的优点，对源语言文本进行深入理解，使翻译效果更为准确，同时支持语音翻译、图片翻译、语种识别等多种场景，大大减轻传统文本翻译的读写成本。

（四）科大讯飞

科大讯飞成立之时就开始在语言和翻译领域布局项目。基于 NMT 翻译框架，讯飞翻译服务采用了国际上领先的翻译技术，通过整合注意力网络机制和循环神经网络，完美模拟人脑翻译的机制，生成流畅的译文，支持中英、中日、中韩 / 朝等多种语言互译。基于深度神经网络算法上的创新和突破，科大讯飞在 2014 年国际口语翻译大赛 IWSLT 上获得中英和英中两个翻译方向的全球第一名。2015 年又在由美国国家标准技术研究院组织的机器翻译大赛中取得全球第一的成绩。2017 年科大讯飞还推出了多款硬件翻译产品，其中晓译翻译机 1.0 plus 将世界上最先进的神经网络翻译系统从在线系统优化成离线系统，可以在没有网络的情况下提供基本翻译功能。科大讯飞的多语种实时翻译技术也处于全球领先行列。

（五）网易

10 年前，网易有道翻译产品上线，接班传统电子翻译机“文曲星”，是国内最早涉足翻译领域的互联网公司。

网易 2011 年创立网易感知与智能中心，拥有自建分布式深度学习平台，其自主研发的图像处理、语音识别、智能问答等 AI 技术，已经在有道翻译中得到了应用和推广。

网易有道开始关注神经网络翻译技术是在 2014 年。这个举动源自行业中一项节点性事件——在国际赛事 ACLWMT2014 中，神经网络翻译技术的准确率首次超过传统的统计机器翻译技术，这意味着神经网络翻译初步具备了商业化的可能性。

2017 年 5 月网易有道在 GMIC 未来创新峰会上公布：由网易公司自主研发的神经网络翻译技术正式上线。此次在有道上线的 YNMT 技术，由网易有道与网易杭州研究院历时两年合力研发，让以中文为中心的、根据中文用户使用习惯定制的神经翻译系统服务于 6 亿有道用户，服务于有道词典、有道翻译官、有道翻译网页版、有道 e 读等产品。

三　机器翻译服务中存在的问题

机器翻译服务行业在给大众带来便利体验的同时，在发展过程中依然存在一些比较突出的问题和挑战。

（1）机器翻译技术和机器翻译产业引发了一些公众的误解。机器翻译技术的飞速发展使得机器翻译质量有了很大的提升和改进。机器翻译公司和新闻媒体在宣传机器翻译产品的过程中对机器翻译做了一些夸张的新闻报道，使得人们误以为机器翻译可以无所不能。这一方面引起了很多人（特别是人工翻译工作者）对于传统翻译职业前景的担忧；另一方面，也使很多人盲目追逐机器翻译技术和开拓机器翻译产业市场，试图通过这一行业获得资本积累。这些误解给机器翻译服务行业带来了不利影响。

（2）翻译市场需求不断增加，但高素质翻译人才严重匮乏，导致语言服务市场供需脱节。例如，语言服务人才培养方案与社会发展需求不匹配。

（3）机器翻译产业之间尚未形成开放合作的布局体系。在我国产业界，由于研发可实用的机器翻译系统需要投入极高的科研成本，因此，目前大多数可以商业应用的机器翻译系统仍然掌握在以互联网服务为核心的公司和少数技术开发型团队手中。机器翻译产业各自为政的现象比较明显，存有明显的行业壁垒，创新生态布局相对滞后，数据资源开放共享不够。

（4）机器翻译产业有待继续深耕于更多的垂直领域。目前日趋成熟的机器翻译技术尽管尝试与更多的垂直领域相结合，实现技术落地，探索个性化定制等翻译服务，但与很多领域的结合仍然停留在比较浅层的层面，仍有很多应用领域值得探索。另外在一些数据稀缺的特定领域中，机器翻译行业普遍存在着共同的技术难题，成为制约机器翻译进一步发展的瓶颈因素。

（5）与其他自然语言处理应用一样，机器翻译产业也面临着人工智能伦理问题。与国外相比，国内缺乏数据安全保护方面的法律法规。同时，知识产权的保护意识也比较薄弱。基于神经网络的机器翻译系统高度依赖于海量多元异构数据，因此不可避免地存在着数据获取和用户隐私保护等一系列问题。同时，机器翻译应用产生的大量用户语料数据在很多时候也得不到很好的保护。

四　建议

当前，我国正在大力实施“一带一路”的国家战略，努力打造人类命运共同体，“一带一路”覆盖了半个地球，涉及65个国家，54种语言。积极参与“一带一路”倡议，加强与沿线国家实现政策沟通、道路联通、贸易畅通、货币流通和民心相通等领域的互联互通，必须首先实现语言的互联互通。毋庸置疑，机器翻译在实现语言互联互通的过程中可以发挥重大作用。

机器翻译技术和产业也已经进入了爆发式增长的红利期。针对目前机器翻译服务中存在和面临的问题，如何在人工智能蓬勃发展的浪潮中让机器翻译更好地赋能新时代，助力国家加强人工智能布局、引领智能时代，需要我们深入认真地思考。

（一）加快创新人才的教育培养

多层次培养机器翻译及相关领域的创新人才对于推动我国机器翻译的发展具有重要的驱动作用。党的十九大以来，新时代对翻译人才的培养也提出了更高的要求。应该坚持以国家、社会、企业发展需求为导向推动学科建设，培养多元化、多学科的生源，既要培养计算机背景的理工科人才，也要培养人文社科人才，文理交叉，文理兼顾，从而更好地将人文学科的文化涵养融入机器翻译科学中。另一方面，创新产学研协同培养机制，进一步加强校企合作，引导产业联盟。充分提高企业和高校科研院所的积极性，形成政府提供政策和环境、高校和企业深度持续合作的新机制。

（二）树立理性务实、人机协同的发展理念

我们应该以一种冷静的态度来看待机器翻译的发展。在对机器翻译的新技术表示肯定和欢迎的同时，也应该看到和接受机器翻译的局限性，认识到机器翻译不是万能的。无论是口语翻译还是文本翻译，尤其是篇章翻译，机器翻译的译文质量还没有达到令人满意的水平，而人工翻译在表达情感、文化以及语言深层含义方面的作用仍然不可替代。机器翻译和人工翻译具有各自的优势和不足，需要不断地合作进步，实现真正意义上的人机协同。应该理性分析机器翻译的发展需求，着力解决机器翻译当前面临的困难和挑战，正确处理人机关系，促进机器翻译沿着正确的道路和方向实现可持续发展。

虽然机器翻译技术发展迅速，但并不会如人们所担心的那样，机器抢了人的饭碗，最终取代人类；恰恰相反，对人来说，机器除了可以处理人无法应对的大数据快速翻译任务之外，还可以帮助人工翻译改进质量，提高工作效率。结合机器翻译未来需求的发展趋势，中国电子信息产业发展研究所的肖健研究员指出，一个金字塔形状的翻译市场正在形成，即受成本限制，只有 10% 的任务需要人工翻译，70% 的文档需要机器翻译，而中间 20% 的信息则会采用后编辑方式进行翻译。由此，可以预测未来将会形成一个很大的机器翻译市场，并创造出译后编辑的工作岗位，从而大大提高翻译人员的工作效率。而对于那些粗略翻译就足够的任务，机器翻译就能够产生高质量译

文，如天气预报领域，该领域只有有限个词汇和一些基本短语类型，歧义很少。其他类似领域包括设备维修手册、航空旅行服务、约会安排以及酒店推荐等。

（三）构建开放合作的创新生态模式体系

未来我国应对比美国等发达国家构建的人工智能行业开放体系，构建包含国家创新生态系统、区域创新生态系统、产业创新生态系统和企业创新生态系统在内的创新生态体系，打破行业壁垒和行政障碍，有效整合行业资源，汇集各种力量，突破机器翻译的技术瓶颈，从而更好地推动机器翻译技术与应用走向世界前列，加速人工智能驱动经济社会转型升级的进程。

虽然不少机器翻译研究企业有了自己的研究实验室，但是我们认为产学研问题依然存在。我们认为研究单位和公司之间应该是一种互相促进和推动的关系，产学研合作是一个适用的手段，可以做到研究与应用的良性发展。但由于目标和定位不同，如产业和应用的目标是产品化、利益化、快速化，对于基础性的和方法性的理论研究关心较少，而数据是企业的优势，研究单位更多关心方法、理论层面的研究与创新，所以在机器翻译发展的道路上，双方需要不断磨合与合作，才能推动中国机器翻译的研究与应用。科研成果能否产品化，对客户而言是否有使用价值以及成本问题，将会是市场主要考虑的问题，但其应用前景是不可估量的。在实际应用方面，更应开拓辅助翻译市场和本地化翻译市场，将翻译资源引入到翻译流程管理，使用户与机器翻译更好地结合与互动，针对特定行业，加大机器翻译的推广与应用。

（四）制定科学合理的法律和法规

重视语言智能的伦理规范，为了保证机器翻译能够正常稳定地发展，有必要制定出台相关法律法规，创造良好的法律环境。同时，也要更加关注语言智能技术背后的伦理规范以及隐私保护等问题，确保机器翻译的正面效应，打造科技与伦理的高效对话机制和沟通平台，促进和谐共生的技术进步，消除社会大众对机器翻译的误解与恐慌，为机器翻译和语言智能的发展营造理性务实、积极健康的社会氛围。

（侯仁魁）

第六部分

语言翻译服务

导语

语言翻译与人类文明进程相生相伴，如影随形。语言翻译使得操持不同语言的人们进行顺畅的交流和沟通成为可能。人类生活的各个领域，如政治、经济、文化、军事等，都离不开语言翻译。国内外专家、学者对于语言翻译的定义、标准等所做的相关研究可谓汗牛充栋，不计其数。语言翻译通常被视为将一种语言信息转变成另一种语言信息的行为。随着信息化和全球化时代的到来，语言翻译的内涵和外延都在不断丰富和充实。科学技术的迅猛发展对语言翻译起到了颠覆性的推动作用，从而使翻译从传统的纯人工翻译发展为计算机辅助翻译、机器翻译、译后编辑等多种形态翻译；国内外大量在线和离线翻译系统的不断涌现，不仅给普通民众带来了极大的便利，而且也给语言翻译界带来了巨变。

语言翻译是语言服务的传统内容，随着我国从业人数和相关企业的不断增加和扩大，语言翻译服务已逐渐形成了一个不可小觑的行业或产业。广义的语言翻译服务行业不仅包括语言翻译产业，还包括与其相关的配套政策、规划、法规、标准和规范，以及为该产业提供人力资源支持的语言翻译教育与培训。中国的语言翻译服务业伴随着改革开放而生，随着 20 世纪 90 年代信息技术的不断发展而初步形成规模；进入 21 世纪，中国国际化步伐的加快、与国际社会的深度融合，特别是“一带一路”建设的稳步推进，有力推动了语言翻译服务业的发展，使之切入快车道，成为发展势头强劲的朝阳产业。改革开放 40 年来，中国的语言翻译服务行业发展迅猛，呈现出一些鲜明的特点：

第一，语言翻译服务行业的企业数量呈现爆炸式增长势头。

根据《2018 中国语言服务行业发展报告》所提供的数据，截至 2018 年 6 月，我国语言翻译服务企业已达到 320 874 家，其中主营翻译服务的企业为 9652 家。国家的“走出去”战略，特别是“一带一路”倡议，为语言翻译服务产业的爆发式增长提供了源动力。

第二，我国翻译教育的快速发展为翻译产业的做大做强提供了大量优质人力资源。

我国的翻译教育为翻译产业提供了大量优质人力资源，推动了翻译产业的快速发展。全国翻译本科（BTI）学位授予点从 2006 年的 3 所大学增加至 2018 年的 272 所；翻译专业硕士（MTI）学位授予点由 2007 年的 15 所大学增加至 2018 年的 249 所。翻译专业博士学位（DTI）也在积极筹备之中。[①] 翻译产业从业人员的素质与水平都在不断提升。

第三，语言技术颠覆了传统的语言翻译，带来了语言翻译形态的根本性变化。

科技的迅猛发展促进了语言技术的日新月异，催生了各种翻译软件，如“SDL Trados”“雅信 CAT”“SDLX”“Wordfast”“memoQ”“Catalyst”“Passolo”“StarTransit”“DejaVu”和“雪人”等。语言翻译已从传统的纯人工翻译发展为计算机助翻译、机器翻译、译后编辑等多种形态翻译。我国研发的在线及离线翻译系统如“百度翻译”“网易有道翻译”“腾讯云机器翻译”“一铭翻译云”“我爱翻译”等提供了多语种、多形式的翻译服务，方便了普通民众的生活和出行，也为翻译从业者提供了便利。

第四，语言翻译服务积极服务于国家社会经济发展，服务于国家战略。

语言翻译服务作为一个朝阳产业，发展势头向好。2017 年全年，中国翻译服务企业创造了 359.3 亿元的产值，同比增长 10%[②]，有力地促进了国家社会和经济的发展。语言翻译服务业以服务国家战略为导向，积极响应“一带一路”倡议。在中国承办的许多重要国际盛会和活动中，如 2018 年举办的 G20 杭州峰会、“中国国际进出口博览会”“博鳌亚洲论坛”“中非合作论坛北京峰会”等，语言翻译大显身手，翻译的质量、内涵和水平都在不断提升。语言翻译不仅为外宾提供了便捷的服务，而且为国际社会树立了良好的中国形象。

第五，语言翻译服务助力于中国优秀传统文化和中国政治话语的对外传播，为世界了解中国发挥了重要的桥梁作用。

随着“中国文化走出去”以及“一带一路”建设的稳步推进，我国翻译

---

① 王刚毅《“一带一路”建设亟需语言服务和翻译人才》，中国网，2019-04-21，http://www.china.com.cn/fangtan/2017-12/08/content_41975912.htm。

② 数据来源：《2018 中国语言服务行业发展报告》，第 6 页。

服务企业的汉译外比重不断增加，呈现逐年稳步增长的趋势。一些重量级的译作如《习近平谈治国理政》第一卷和第二卷多语版、《中国关键词》多语种系列图书的出版和海内外发行，在对外传播中国政治话语，特别是中国道路、中国治国理念和执政方略，为国际社会了解当代中国和中国共产党发挥了重要的纽带和桥梁作用。“中华优秀传统文化走出去”的外译工作以及“中国图书对外推广计划”“经典中国国际出版工程”和“国家社科基金中华学术外译项目”等项目产出的译作，向海外和国际社会传播了中国优秀文化，扩大了中国在世界上的文化影响力。

语言翻译服务所涉及的内容很丰富，相关研究甚多。由于篇幅所限，本年度报告语言翻译服务板块收录了三篇文章，集中展现2018年中国语言翻译服务行业的总体发展趋势，同时突出该行业的一些显著特点和已取得的成绩。《中国翻译服务行业发展报告》着重介绍2018年翻译服务行业的发展状况，展示了该行业的总体发展态势。《语言翻译服务于“一带一路”（2013—2018）》从中国高校外语人才的培养、语言技术的应用、国际会展盛事的举办和中国政治话语的对外传播等方面阐述语言翻译在“一带一路”倡议推进过程中所发挥的重要作用。《语言翻译服务于“中华优秀传统文化走出去”》详尽梳理2018年“中华优秀传统文化走出去”的典籍、著作外译工作，集中反映相关人员及部门为推动中华优秀传统文化走出国门、向国际社会讲好中国故事、传播好中国声音所做出的努力。三篇文章都对目前翻译服务行业所存在的问题和未来的发展方向提出了一些建议和思考。

（王晋军）

中国翻译服务行业发展报告

当今社会，语言战略已上升为国家战略，语言能力已成为国家软实力的重要组成部分。语言服务已成为中国走向世界以及中国文化走向世界的重要支撑手段，而翻译服务作为语言服务的一个分支，在国民经济发展、“一带一路”建设以及“中国文化走出去”战略中发挥着重要作用。本报告拟在扫描改革开放40年中国翻译服务行业发展概况的基础上梳理近几年特别是2018年的发展状况，以期发现我国翻译服务行业存在的问题，提出相应的建议。

一 中国翻译服务行业简要回顾

在回顾翻译服务行业之前，首先需要对“翻译服务行业”这一术语做一简要界定。从广义上讲，翻译服务行业不仅包括翻译产业，还包括为产业提供支撑或支持的配套政策、法规、规划、标准、规范以及为产业提供人力资源支持的翻译教育与培训，前者具有营利性，后者部分具有营利性，部分不具有营利性。[①]从狭义上讲，翻译服务行业主要指翻译产业，具有营利性。本报告取广义。

改革开放40年，中国翻译服务行业大致经历了四个发展阶段：（1）萌芽期（1978—1991），（2）初始期（1992—2002），（3）发展期（2003—2011），（4）繁荣期（2011—2018）。[②]

萌芽期，翻译服务企业数量较少[③]，翻译机构多为政府内部机构，具有

① 我国高等教育机构兴办的翻译教育如翻译本科和翻译硕士不具有营利性，而社会性质的培训机构举办的翻译技能培训具有营利性。

② 数据来自中国翻译协会2018年11月19日发布的《2018中国语言服务行业发展报告》，第4—7页。需要说明的是，此处“语言服务”实指“翻译服务”。

③ 据《2018中国语言服务行业发展报告》，截至1991年，我国翻译服务企业共有767家。

政府性质。但这一阶段已开始出现社会化、市场化转向，为下一阶段市场化的形成与发展奠定了基础。

初始期，我国的翻译服务行业初具规模，翻译服务企业数量增长十余倍，前一阶段的许多政府内部机构通过改制转为社会企业，为社会提供翻译服务。

发展期，我国翻译服务行业获得长足发展，不仅翻译企业数量迅速增长，服务领域也极大拓宽，几乎涵盖国民经济、社会生活各大领域，服务能力显著提高，对社会的贡献度更加凸显。翻译教育异军突起，高校开始设置翻译本科专业（BTI[①]）和翻译硕士专业学位（MTI[②]），培养翻译专门人才。翻译教育为社会和企业输送了大量专门人才，翻译服务社会的能力显著增强，服务质量显著提高。

繁荣期，我国翻译服务行业呈爆炸式增长，涉及翻译服务的企业和主营翻译业务的企业数量空前增长。特别是随着“中国文化走出去”和“一带一路”倡议的提出与实施，我国翻译行业迎来前所未有的发展机遇。2011 年，党的十七届六中全会提出“文化走出去战略”，翻译上升到国家软实力的高度；2013 年，习近平主席提出“一带一路”倡议，为翻译事业的发展开辟了更加广阔的空间。我国的翻译服务企业开始从国内走向国际，在世界舞台上展现风采。翻译产业自身的收益以及对经济的贡献均达到前所未有的水平。不仅如此，翻译技术突飞猛进，翻译模式根本变革：从传统的纯人工翻译到机助翻译，从纯人工翻译到局部领域的纯机器翻译，从人机互动翻译到（机器）译后（人工）编辑，实现了翻译领域的一次次飞跃。

二　中国翻译服务行业发展现状

2018 年 11 月，上海成功举办首届中国国际进口博览会，来自全球 130 多个国家和地区的 3000 多家企业参展。这不仅是 2018 年我国经济领域的一件大事，也是翻译行业的一大盛事。此次博览会给翻译服务行业带来巨大的机遇，多家翻译服务企业参与语言服务工作。

① BTI 为 Bachelor of Translation and Interpreting 的简写。

② MTI 为 Master of Translation and Interpreting 的简写。

随着我国改革开放的深入和“中国文化走出去”以及“一带一路”倡议的实施，我国翻译行业获得了空前的发展。到目前为止，我国翻译行业已实现“五化”，即职业化、专业化、行业化、商业化、产业化。[①]2017年，中国翻译服务企业总产值为359.3亿元，同比增长10%。我国翻译服务营业额总量可观，企业数量庞大。截至2018年6月，我国翻译服务企业已达到320 874家，其中主营翻译服务的企业为9652家。[②]就地域而言，主要分布在北京、广东、上海、江苏、山东等省市，如表1所示。

表1 翻译服务企业地域分布[③]

序号	区域	数量	比例/%
1	北京	2847	29.5
2	广东	1290	13.4
3	上海	897	9.3
4	江苏	750	7.8
5	山东	566	5.9
6	其他省市	3302	34.1

从表1可以看出，我国翻译服务企业主要分布在一线城市和经济发达省份，其中北京、上海、广东三地占据全国52.2%的份额。[④]这也从另一个侧面反映出我国翻译行业地区发展不平衡，企业地域分布不均，主要集中在东部发达地区和一线城市，而西部和欠发达地区则相对较少。分布的不均反映了地区需求的不平衡。

企业性质以内资企业为主，内资企业包括国有企业、合资企业和独资企业，占企业总数的98.1%，而港澳台商投资企业和外商投资企业仅占1.9%。可见，我国翻译服务企业的建立与运营主要依靠内资，吸引外资的能力不强。如表2所示。

① 袁军《语言服务的概念界定》,《中国翻译》2014年第1期。
② 数据来源:《2018中国语言服务行业发展报告》，第6页。
③ 数据来源:《2018中国语言服务行业发展报告》，第57页。
④ 数据来源:《2018中国语言服务行业发展报告》，第57页。

表 2 翻译服务企业性质状况分布 ①

序号	企业性质	数量	比例 /%
1	内资企业	9465	98.1
2	港澳台商投资企业	111	1.1
3	外商投资企业	76	0.8

经过几个阶段的发展，企业的经营方式也发生了显著变化，从作坊式向集约式转变。企业规模不断扩大，注册资金 10 万—5000 万元之间的企业激增。企业营业收入稳步增长，年营业收入超过千万的企业数量已过 600 家。同时，注册资本 10 万元以下的小微企业和年营业收入在 200 万元以下的企业也不在少数。详见表 3。

表 3 翻译服务企业经营状况 ②

序号	注册资本 / 万元	企业数量	比例 /%	平均年营业收入 / 万元
1	(0—10] ③	3617	37.5	236
2	(10—50]	1729	20.0	239
3	(50—100]	1996	20.7	249
4	(100—500]	1456	15.1	501
5	(500—1000]	454	4.7	1200
6	(1000—5000]	173	1.8	1143
7	(5000—10 000]	18	0.2	5000
8	(10 000—)	11	0.1	20 000

除了注册资本，企业员工数量也反映企业规模。我国翻译服务企业人员规模大多较小。据《2018 中国语言服务行业发展报告》，我国翻译服务企业人数多在 100 人以下，约占 80%。其中，6—15 人的小微企业最多，占比 26%；200 人以上的中型企业数量较少，占比 20%。详见图 1。

① 数据来源：《2018 中国语言服务行业发展报告》，第 57 页。

② 数据来源：《2018 中国语言服务行业发展报告》，第 60 页。

③ 此栏采用数学表示方法：( ) 表示不含首位两值，[ ] 表示包含首尾两值。

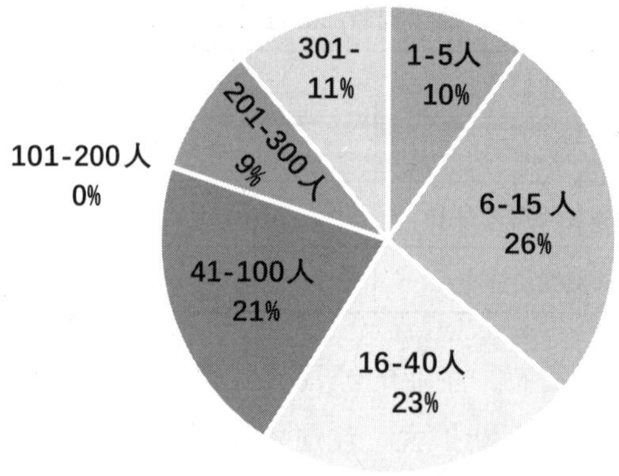

图1 我国翻译服务企业人员规模分布图

此外，我国翻译服务企业资质认证状况明显改善。2012年，仅有极少数有一定规模的企业通过ISO认证，但具体数目不详①；2014年，已有31家企业通过ISO认证；2018年的相关数据尚未发布。目前，有一批条件好的企业正在申请ISO认证。

我国翻译服务企业人力资源状况不断优化，员工规模、员工性质、年龄结构、薪酬状况、就职年限、学历结构、岗位分布等方面都有明显变化。总体而言，我国翻译行业现有从业人员约50万，其中专职译员约6万；全职译员约占70%，兼职译员约占30%。全职译员平均月薪约为5500元，而兼职译员平均月薪为3000元。年龄方面，全职译员平均年龄31.0岁，而兼职译员平均年龄26.8岁。翻译服务行业从业人员流动性大，就职年限在1—3年的约占从业人员总数的47.0%，3—5年的约占36.0%，5年以上的约占13.0%，1年以下的约占47.0%。员工学历方面，翻译服务企业员工以本科为主，占55.6%，其次为硕士（20.3%）和大专（14.6%），博士占比较低（6.1%）。② 从岗位分布来看，管理人员占比78.0%，全职译员占比12.0%，技术人员10.0%，管理人员明显多于全职译员。③ 试对比2012、2014、2018三个年度的相关数据（见表4）：

① 史丹、夏杰长《中国语言服务业发展报告2012》，北京：社会科学文献出版社，2012年。

② 数据来源:《2018中国语言服务行业发展报告》，第92页。

③ 此处只统计全职译员，兼职译员不纳入企业人事管理，故无法统计。

表 4 2012、2014、2018 年我国翻译服务企业人力资源情况对比

内容	年份		
	2012	2014	2018
员工规模（总数 / 全职）	不详	不详	50 万 /6 万
员工性质（全职 / 兼职）	不详	不详	70.0%/30.0%
平均年龄（全职 / 兼职）	34.9 岁 / 不详	33.2 岁 / 不详	31.0 岁/ 26.8 岁
薪酬状况（全职 / 兼职）	不详	7200 元 / 不详	5500 元 / 3000 元
就职年限（全职 / 兼职）	不详	1—3 年：47.0% 3—5 年：36.0% 5 年以上：13.0% 1 年以下，47.0%	不详
学历结构	本科：58.8% 硕士：23.9% 大专：11.6% 博士：0.0%	本科：64.0% 硕士：23.0% 大专：4.0% 博士：9.0%	本科：55.6% 硕士：20.3% 大专：14.6% 博士：6.1%
岗位分布	管理人员：13.9% 全职译员：53.8% 技术人员：15.5%	管理人员：77.0% 全职译员：15.0% 技术人员：8.0%	管理人员：78.0% 全职译员：12.0% 技术人员：10.0%

正是由于准入机制缺乏，入行门槛过低，导致我国翻译行业总体质量不高、鱼龙混杂。我国翻译市场尚不稳定，发展尚未步入健康轨道。翻译服务行业本身属微利行业，为了在激烈的市场竞争中求生存，许多翻译服务企业被迫降低服务价格，以低价竞争取胜。低价竞争无形中降低了译员的劳动报酬。不仅企业与企业之间依靠低价竞争获取订单，兼职译员之间也依靠低价竞争获取工作。据中国翻译协会统计，有 79.2% 的兼职译员获得的翻译报酬是每千汉字原文 100 元[①]，这一价格远低于国家版权局规定的每千汉字原文 190 元的水平[②]。低价直接导致翻译产品的低质，直接引发粗制滥译、低价竞争、抄袭他译等行为，导致市场混乱。再加上企业由于全职译员数量不足，不得不将大量的业务外包，导致质量监控不力，使这一趋势雪上加霜。

目前，虽然翻译服务业务类型朝着多样化的方向发展，但是占主导地位的仍然是传统的笔译与口译，其次是翻译培训、咨询服务、翻译软件开发、机器翻译、译后编辑、本地化。翻译服务涉及的外语语种主要为英语，

① 数据来源：《2018 中国语言服务行业发展报告》，第 123 页。

② 2013 年 9 月，国家版权局发布了《使用文字作品支付报酬办法（修订征求意见稿）》，规定翻译劳动的报酬为每千字原文 80 元到 300 元，平均每千字原文 190 元。

占 97.8%[①]。就译出语而言，使用语种按照频率依次为英、日、法、德、俄、西、葡、阿、韩 / 朝、其他语种；就译入语而言，使用语种按照频率依次为英、日、法、德、俄、西、葡、韩 / 朝、阿、其他语种。译入与译出所涉及的语种及其使用频率大致相似，呈现平衡状态。然而，汉译外与外译汉在整个翻译服务业务量中所占的比重并不平衡。以 2018 年为例，汉译外约占 45.5%，外译汉约占 38.9%[②]，前者显著高于后者。此外，外译外约占 15.6%。

据中国翻译协会《中国语言服务业发展报告 2012》，我国翻译服务企业的汉译外比重首次超过外译汉，占比 54.4%[③]，并且呈现逐年稳步增长的趋势。这与我国对外开放的进一步深入以及“中国文化走出去”“一带一路”倡议等国家战略的开启与推进密切相关。翻译行业的发展见证了国家的发展，与国家的对外交往政策密不可分。2011 年之前，我国的翻译以外译汉即译入为主；自 2011 年开始，逐渐过渡到以汉译外即译出为主。到目前为止，我国已完成了从对内译介西方文化和科技到对外译介中国文化和科技的过渡。这一过渡体现了我国综合国力的增强以及我国翻译事业和产业重心的转移。

我国翻译服务业务涉及领域众多，包括科技、商务、教育、旅游、文化、体育、娱乐等。涉及的科技产业主要有信息技术、生物医药、能源，商务主要为跨境电商，教育主要包括教育培训和留学事务，旅游主要为境外旅游，文化主要有政府外宣、影视文化、新闻出版。[④]可以看出，我国翻译服务需求主要集中在科技、商务、教育、旅游、文化等几大领域和行业，涉及的主要为科技翻译、商务翻译、旅游翻译等，其他文本类型的翻译，如文学翻译、医学翻译、影视翻译等业务量较小，需求相对较低。

当今翻译领域最为明显的发展莫过于软件的开发与利用。翻译已从传统的纯人工翻译发展为计算机辅助翻译、机器翻译、译后编辑。翻译的形态发生根本性变化，这显然归功于翻译软件的开发和利用。目前比较常用的翻译软件有“SDL Trados”“雅信 CAT”“SDLX”“Wordfast”“memoQ”“Catalyst”

① 数据来源:《2018 中国语言服务行业发展报告》，第 88 页。

② 数据来源:《2018 中国语言服务行业发展报告》，第 88 页。

③ 史丹、夏杰长《中国语言服务业发展报告 2012》，北京：社会科学文献出版社，2012 年。

④ 数据来源:《2018 中国语言服务行业发展报告》，第 88 页。

“Passolo”“StarTransit”“DejaVu”和“雪人”。其中大部分为国外研发的产品，国内自主研发的软件数量不多。中国翻译协会调查显示，我国具有自主技术研发经历的翻译服务企业仅占四成。[①]

我国翻译教育迅猛发展，翻译本科专业和翻译硕士专业学位均获得长足发展。就翻译本科专业而言，开设的高校从2006年的3所[②]到2018年的272所，增长约90倍；就翻译硕士而言，开设的高校从2007年的15所到2018年的249所，增长约16倍。翻译教育为我国的翻译产业提供了大量的人力资源，为我国翻译产业发展提供了不竭动力。截至2018年6月，全国翻译硕士累计招生约53 000人，毕业生约30 000人。即便如此，毕业生数量仍无法满足日益增长的翻译行业发展的需要，人才缺口依然很大。除了翻译专业毕业生，其他外语类毕业生甚至非外语类毕业生也走向翻译岗位，为翻译产业的发展贡献力量。我国翻译产业从业人员的素质不断提高，从业人数（含专职和兼职）显著增加，从业人员的学历、资质等都显著提高和改善，从业年限也不断增长。

高校与企业的合作日益频繁，翻译教育的校企合作和融合已走向深水区。多数翻译企业均与高校翻译专业建立合作关系，为高校学生提供实习岗位，为高校教师提供研究平台和研究资金。同时，翻译企业的最新研究成果也反哺翻译教学，为翻译教学提供行业前沿动态。此外，高校经常聘请翻译企业人员来校任教。中国翻译协会调查结果显示[③]，有84%的举办翻译教育的高校聘请企业人员担任教师或导师，此举进一步拉近了学校和企业之间的距离。近年来，国家不仅为接受翻译实习生的企业提供财政补贴，而且为翻译类技能型人才提供财政补贴。

近年来，我国标准化体系建设快马加鞭，已发布一系列行业标准和规范。2003年，国家质检总局发布《翻译服务规范（第一部分）：笔译》；2005年，国家质检总局发布《翻译服务译文质量要求》；2014年，中国翻译协会发布《笔译服务报价规范》及《口译服务报价规范》；2016年中国翻译协会发布《本地化翻译质量和排版质量评估规范》及《翻译服务笔译服

① 数据来源：《2018中国语言服务行业发展报告》，第162页。

② 第一批批准开设翻译本科专业的三所高校为：复旦大学、广东外语外贸大学以及河北师范大学。

③ 资料来源：《2018中国语言服务行业发展报告》，第133页。

务要求》；2017 年中国翻译协会发布《翻译服务采购指南（第 1 部分）：笔译》；2018 年中国翻译协会发布《翻译服务口译服务要求》。尽管如此，目前我国翻译行业准入标准、从业人员认证及分级标准、翻译产业标准等尚未建立，这些因素阻碍了我国翻译产业的国际化发展。

三　中国翻译服务行业发展建议

随着新时代的到来，翻译服务行业迎来了发展的春天。然而，如上所述，我国翻译服务行业仍然存在一些不容忽视的问题。下文将针对这些问题提出几点建议，目的在于使我国翻译行业更快、更好、更健康地发展。

（一）增加企业数量，提高企业质量

虽然我国翻译服务企业数量不断增加，经营规模不断扩大，营业收入不断增长，但总的来看，我国翻译企业总体体量不够，在第三产业中所占的比重较小，特别是相对我国的经济总量和人口总量而言，总体规模较小，还存在较大的发展空间。目前我国翻译服务企业仍以小微企业为主，大型企业较少，且营业收入相对有限。鉴于此，应鼓励开办翻译企业，不断提高翻译企业的总体量级。然而，鼓励开办企业并不等于降低入行门槛，相反，应适当提高企业注册标准，保证企业质量。不断提高企业的人员素质和技术标准，改善翻译环境。

我国的翻译环境，特别是“技术友好型”环境亟待改善。我国翻译行业创新投入不够，信息化建设缺乏后劲，技术对翻译行业的作用尚不明显。虽然翻译技术得到广泛应用，翻译软件不断创新，但是，我国翻译行业自身的技术创新明显不足，创新能力亟待提高，多数企业完全使用国外技术和软件，鲜有自己的技术创新和技术品牌。随着机器翻译和译后编辑逐步成为日常翻译模式，翻译技术在翻译活动中发挥的作用将越来越大，技术创新将越来越成为企业的竞争力。翻译技术不仅改变翻译模式，也大大提高翻译速度。各翻译企业应加大技术创新力度，逐渐改善翻译环境，提高翻译质量。

（二）加大政府扶持力度，吸引高端翻译人才

我国翻译服务企业数量相对较少，投入资金有限。这就需要从政策层面

给予资金扶持，给专兼职翻译人才减免税费，吸引更多优秀外语人才参与翻译工作。翻译服务产业属于微利行业，如果没有相关政策扶持，很难做大做强。由于翻译服务行业起步较晚，发展相对较慢，投入的发展资金有限。与其他行业相比，我国翻译行业从业人员薪资普遍较低，人员流动性较大。翻译服务行业从业人员就职年限在 1—3 年的约占从业人员总数的一半，其中 1 年以下的约占一半，人才队伍呈现不稳定态势。薪资状况导致人才总体缺乏，而高素质人才更是严重匮乏，严重制约翻译质量的提高。所以，今后应加大政府扶持力度，通过薪资等激励机制吸引人才（尤其是高级翻译人才及技术人员）、稳定翻译队伍。

此外，应不断优化我国翻译行业从业人员学历结构，培养、吸纳小语种翻译人才和细分领域翻译人才。从现有情况来看，大多数从业人员为本科学历，拥有硕士学历者比例偏低，拥有博士学历者更是凤毛麟角。人才是制约翻译质量的关键因素，翻译质量从根本上讲还是人的因素，离开高素质的译员队伍，翻译技术再发达也无济于事。值得注意的是，目前我国英语翻译人才相对饱和，其他外语尤其是非通用语（小语种）翻译人才奇缺。这在一定程度上导致我国翻译语种“一边倒”，行业发展总体受限。一般翻译人才饱和，专业翻译人才缺乏，工程、医疗、高新技术等专业领域翻译人才奇缺。下一阶段应积极培育和吸纳细分领域翻译人才，如机械、石油、化工、矿业、医疗、法律、金融等领域翻译人才，为经济发展做出更大贡献。

（三）加强顶层设计，健全国家标准

我国翻译服务行业的定位尚不明确，相关政策尚不明朗、发展环境相对欠缺，顶层设计相对缺乏，行业战略性地位尚不明确，有利于翻译行业发展的良好政策环境尚未形成。近年来，翻译界对国家出台翻译行业法规、规划、标准和规范的呼声日益高涨，业界普遍希望通过政策法规和行业规范进一步提升翻译行业的效力和效率，提高翻译质量，促进行业健康、快速发展。鉴于此，国家层面应加强顶层设计，出台翻译法规，制定翻译政策和翻译行业发展规划，制定翻译行业发展规范，推动翻译行业内涵式发展。国家应加大对翻译服务行业的支持和投入，通过各种途径为翻译服务行业提供政策、资金支持；进一步创新产学研机制，强化翻译行业产学研协同发展，深化政企、校企合作，将研究成果应用于翻译人才培养和翻译实践。总而言

之，国家顶层设计应通过各种举措将翻译上升到国家战略高度，充分发挥翻译为国家政治、经济、外事等服务的功能。

此外，政府应加强翻译行业从业人员诚信体系建设，将翻译行业诚信体系纳入学术规范体系、价格体系、征信体系以及知识产权体系，在规范译者行为的同时保障译者的知识产权，进一步杜绝粗翻滥译、低价竞争、抄袭他译等行为，规范翻译市场，从总体上提高翻译质量。还应该建立译者署名制度和译文责任制，译者对译文负责，译者对译文具有相应的知识产权。[①] 同时，加快翻译企业认证。此外，政府还承担监管责任，相关职能部门如工商、劳动、人事、质监等负责对翻译行业的各种行为和翻译质量进行监管，确保各种行为符合国家法律、翻译质量符合译文质量标准。

随着对外开放的不断深入和"一带一路"建设的纵深发展，我国翻译服务行业将面临更大的机遇，获得更多的机会和红利。随着新中国 70 华诞的到来，我国的翻译事业也将迎来又一个发展的春天。然而，我们也面临各种挑战。翻译服务行业应当不断改革、不断创新，提升自己的实力，提高翻译质量，增强自身的竞争力，为国家对外事业、经济发展和文化软实力的提升做出更大贡献。

（陈顺意）

① 译者对译文的知识产权有别于作者对原文的知识产权，须由相关法规明确。

语言翻译服务于“一带一路”（2013—2018）*

语言翻译作为传统的语言服务内容，是“一带一路”建设实现互联互通的重要手段和支撑。本报告拟从高校外语人才培养、语言翻译技术应用、国际会展盛事的举办和中国政治话语的对外传播等方面来阐述近年来“一带一路”中的语言翻译服务。

一　外语人才培养服务于“一带一路”

“一带一路”沿线国家有 65 个，官方语言有 54 种（包含华语在内），大部分属非通用语种。表 1 呈现了“一带一路”沿线的国家及其官方语言。

表 1 “一带一路”沿线国家及其官方语言

区域	国家数量	国家名称	官方语言	官方语言数量
东南亚	11	东帝汶、菲律宾、马来西亚、印度尼西亚、新加坡、文莱、越南、柬埔寨、老挝、缅甸、泰国	德顿语、葡萄牙语、菲律宾语、英语、马来语、印度尼西亚语、华语、泰米尔语、越南语、高棉语、老挝语、泰语、缅甸语	13
东亚	1	蒙古	蒙古语	1
南亚	7	巴基斯坦、印度、不丹、孟加拉国、尼泊尔、斯里兰卡、马尔代夫	乌尔都语、印地语、英语、宗卡语、孟加拉语、尼泊尔语、僧伽罗语、泰米尔语、迪维希语	9
中亚	5	哈萨克斯坦、吉尔吉斯坦、塔吉克斯坦、土库曼斯坦、乌兹别克斯坦	哈萨克语、俄语、塔吉克语、土库曼语、乌兹别克语	5
西亚	20	阿富汗、阿拉伯联合酋长国、阿曼、阿塞拜疆、巴勒斯坦、巴林、格鲁吉亚、卡塔尔、科威特、黎巴嫩、塞浦路斯、沙特阿拉伯、土耳其、叙利亚、亚美尼亚、也门、伊拉克、伊朗、以色列、约旦	普什图语、阿拉伯语、阿塞拜疆语、格鲁吉亚语、希腊语、土耳其语、亚美尼亚语、波斯语、希伯来语	9

* 本报告为国家社科基金项目“中国和东盟国家的国家语言能力对比研究”（15XYY008）的阶段性成果。

（续表）

区域	国家数量	国家名称	官方语言	官方语言数量
中东欧	16	阿尔巴尼亚、爱沙尼亚、保加利亚、波兰、波斯尼亚和黑塞哥维那、黑山、捷克、斯洛伐克、克罗地亚、拉脱维亚、立陶宛、罗马尼亚、马其顿、塞尔维亚、斯洛文尼亚、匈牙利	阿尔巴尼亚语、爱沙尼亚语、保加利亚语、波兰语、波斯尼亚语、克罗地亚语、塞尔维亚语、黑山语、捷克语、拉脱维亚语、立陶宛语、罗马尼亚语、马其顿语、斯洛伐克语、斯洛文尼亚语、匈牙利语	16
东欧	4	白俄罗斯、俄罗斯、摩尔多瓦、乌克兰	白俄罗斯语、俄语、摩尔多瓦语、乌克兰语	4
北非	1	埃及	阿拉伯语	1
总计	65			58，除去重复的英语、阿拉伯语、泰米尔语和俄语，共计 54；不计华语则 53

随着“一带一路”建设的推进，我国开设“一带一路”沿线国家官方语言的高校不断增加。为此，笔者对我国主要外语类及综合类院校所开设的“一带一路”沿线国家官方语言进行了调查，数据截至 2018 年，具体如表 2 所示：

表 2 中国开设“一带一路”沿线国家官方语言（10 种以上）的高校

排序	高校名称	语种 / 专业	数量	备注
1	北京外国语大学	柬埔寨语、老挝语、马来语、缅甸语、印度尼西亚语、越南语、泰语、菲律宾语、印地语、泰米尔语、僧伽罗语、孟加拉语、尼泊尔语、普什图语、土库曼语、蒙古语、阿拉伯语、迪维希语、希伯来语、乌尔都语、波斯语、哈萨克语、乌兹别克语、亚美尼亚语、格鲁吉亚语、阿塞拜疆语、塔吉克语、吉尔吉斯语、德顿语、俄语、英语、波兰语、捷克语、罗马尼亚语、葡萄牙语、匈牙利语、阿尔巴尼亚语、保加利亚语、白俄罗斯语、塞尔维亚 - 克罗地亚语、斯洛伐克语、乌克兰语、希腊语、斯洛文尼亚语、爱沙尼亚语、拉脱维亚语、立陶宛语、爱尔兰语、马其顿语、土耳其语	50（未能开设 3 种语言为宗卡语、黑山语和摩尔多瓦语）	具有外国语言文学一级学科博士学位授权点
2	中国人民解放军战略支援部队信息工程大学外国语学院	印度尼西亚语、马来语、菲律宾语、泰语、柬埔寨语、越南语、老挝语、缅甸语、印地语、尼泊尔语、普什图语、印地语、乌尔都语、蒙古语、俄语、乌克兰语、吉尔吉斯语、乌兹别克语、英语、葡萄牙语、阿拉伯语、波斯语、希伯来语、土耳其语、希腊语	25	具有外国语言文学一级学科博士学位授权点
3	天津外国语大学	英语、印度尼西亚语、缅甸语、马来语、泰语、柬埔寨语、印地语、乌尔都语、希伯来语、土耳其语、波斯语、阿拉伯语、俄语、葡萄牙语、匈牙利语、波兰语、捷克语、乌克兰语、白俄罗斯语、保加利亚语、罗马尼亚语、希腊语、塞尔维亚语	23	招收英、日、俄、朝 / 韩语种的翻译研究博士生

（续表）

排序	高校名称	语种 / 专业	数量	备注
4	北京第二外国语学院	英语、印地语、俄语、葡萄牙语、意大利语、波兰语、捷克语、拉脱维亚语、匈牙利语、爱沙尼亚语、立陶宛语、塞尔维亚语、罗马尼亚语、阿尔巴尼亚语、保加利亚语、斯洛伐克语、斯洛文尼亚语、阿拉伯语、波斯语、土耳其语、希伯来语	21	
5	上海外国语大学	英语、俄语、阿拉伯语、波斯语、印度尼西亚语、泰语、希伯来语、越南语、葡萄牙语、土耳其语、希腊语、乌克兰语、印地语、匈牙利语、乌兹别克语、哈萨克语、波兰语、捷克语	18	具有外国语言文学一级学科博士学位授权点
6	广东外语外贸大学	英语、俄语、葡萄牙语、波兰语、希腊语、塞尔维亚-克罗地亚语、捷克-斯洛伐克语、印度尼西亚语、越南语、泰语、马来语、老挝语、柬埔寨语、缅甸语	16	具有外国语言文学一级学科博士学位授权点
7	云南民族大学	柬埔寨语、老挝语、马来语、缅甸语、泰语、菲律宾语、印度尼西亚语、越南语、孟加拉语、乌尔都语、泰米尔语、僧伽罗语、尼泊尔语、普什图语、英语	15	
8	北京大学	英语、俄语、葡萄牙语、阿拉伯语、蒙古语、越南语、泰语、缅甸语、印度尼西亚语、菲律宾语、印地语、乌尔都语、波斯语、希伯来语	14	具有外国语言文学一级学科博士学位授权点
9	西安外国语大学	英语、俄语、阿拉伯语、印地语、泰语、波斯语、土耳其语、乌尔都语、印度尼西亚语、马来语、葡萄牙语、波兰语	12	具有外国语言文学一级学科博士学位授权点
10	中国传媒大学	英语、土耳其语、普什图语、孟加拉语、尼泊尔语、印地语、泰米尔语、马来语、俄语、葡萄牙语、匈牙利语	11	
11	四川外国语大学	英语、俄语、葡萄牙语、阿拉伯语、越南语、泰语、匈牙利语、波兰语、希伯来语、捷克语	10	具有外国语言文学一级学科博士学位授权点

表 2 显示，北京外国语大学除了 3 种官方语言即宗卡语、黑山语和摩尔多瓦语未能开设外，已经覆盖了“一带一路”沿线国家的其他所有官方语言，位列榜首。该校于 2018 年获得教育部批准，新增“一带一路”沿线国家官方语言如迪维希语和德顿语，同时增设一些非洲国家的语言。截至 2018 年，北京外国语大学已经开齐 175 个与中国建交国家的官方语言，开设 98 种外语，高居全国高校之首。该校计划在 2020 年使开设语种数量达到 100 个①，从而涵盖世界主要地区的语言。目前该校开设的外语专业已经囊括东盟十国的官方语言和欧盟国家的 24 种官方语言；同时该校具有英语、俄语、阿拉伯语等“一带一路”沿线国家官方语言博士学位授权点。中国人民解放军战略支援部队信息工程大学外国语学院（原解放军外国语学院）位列第二，能够开设 25 种“一带一路”沿线国家官方语言，而且 7 个语种（即

① 《北京外国语大学开设语种达到 98 个》，2019-01-10，http://www.fltrp.com/c/2018-03-22/514718.shtml。

越南语、缅甸语、柬埔寨语、老挝语、泰语、马来语和印度尼西亚语言）具有博士学位授予权。天津外国语大学位列第三，开设23种沿线国家官方语言，且招收英、俄两个沿线国家官方语言的翻译研究博士生。北京第二外国语学院以开设21种沿线国家官方语言位列第四。上海外国语大学居第五位，能够开设18种沿线国家官方语言，具有英语、俄语、阿拉伯语等三种沿线国家官方语言博士学位授权点。广东外语外贸大学以开设16种[①]沿线国家官方语言位居第六，具有英语、俄语、波兰语、泰语及越南语五个语种的博士学位授权点。云南民族大学在全国综合类院校中已率先开全了南亚、东南亚国家及地区15个语种专业[②]，位列第七。北京大学居第八位，开设14种沿线国家官方语言，能够授予博士学位的语种覆盖面较广，涉及东南亚、西亚、中亚等地区，包含英语、俄语、阿拉伯语、波斯语、蒙古语、泰语、越南语、印地语等沿线国家官方语言。西安外国语大学以开设12种沿线国家官方语言而位居第九，同时具有英语和俄语的博士学位授权点。中国传媒大学位居第十，已开设11种沿线国家官方语言。四川外国语大学排名第十一，开设10种沿线国家官方语言，其中英语具有博士学位授权点。

由表2可以看出，我国能够开设"一带一路"沿线国家官方语言10种及以上的高校仅有11所，除了北京外国语大学以开设50种沿线国家官方语言而遥遥领先外，只有3所开设了20余种沿线国家官方语言，其余7所只开设了10余种。笔者调查发现，我国大部分高校仅能够开设3—5种沿线国家官方语言。除了英语外，具有沿线国家官方语言博士学位授权点的高校非常有限。此外，沿线国家的某些官方语言如迪维希语、德顿语等只有北京外国语大学一所高校能够开设。

2014年，我国1145所大学中开设外国语言文学的本科专业已经达到64个语种（包含通用语和非通用语）[③]，其中英语涉及三个专业方向，即英语专业、翻译专业和商务英语。到2018年，全国高等院校开设的外语专业已经

---

① 由于塞尔维亚语和克罗地亚语、捷克语和斯洛伐克语非常相近，有的文献中把它们作为两种语言，有的作为四种，在此，为了与表1统一，把它们作为四种语言来计算。

② 陈静《云南民族大学开齐南亚东南亚15个语种类专业》，中新社，2019-04-20，http://news.cnwest.com/ content/ 2017-04/12/content_14709634.htm。

③ 钟美荪、孙有中《以人才培养为中心，全面推进外语类专业教学改革与发展——第五届高等学校外国语言文学类专业教学指导委员会工作思路》，《外语界》2014年第1期。

达到 102 个，涉及“一带一路”沿线国家官方语言的专业达到 65 个。[①] 全国翻译本科（BTI）学位授予点已由 2006 年的 3 所大学增至 2017 年的 253 所，翻译专业硕士（MTI）学位授予点也由 2007 年的 15 所增至 2016 年的 215 所，同时，翻译专业博士学位（DTI）的筹备工作也在积极推进。[②]

然而，我国外语人才培养的短板依然很明显，即一些沿线国家官方语言只在少数院校开设，如迪维希语、德顿语等近 20 种语言只有北京外国语大学开设；一些语言只有 1—5 所少数院校开设，如阿尔巴尼亚语、爱沙尼亚语、保加利亚语、波斯尼亚语、捷克语、克罗地亚语、立陶宛语、罗马尼亚语、塞尔维亚语、拉脱维亚语、孟加拉语、僧伽罗语、泰米尔语、土库曼语、乌克兰语、波斯语、普什图语、波兰语、菲律宾语、尼泊尔语、斯洛伐克语、乌兹别克语、乌尔都语、匈牙利语、亚美尼亚语、格鲁吉亚语、塔吉克语、马其顿语等。目前还未能开设的“一带一路”沿线国家的语言是宗卡语、黑山语和摩尔多瓦语。[③] 此外，已开设的一些语种也存在师资和人才储备不足的情况。

二　语言翻译技术服务于“一带一路”

“一带一路”倡议提出以来，中国与“一带一路”沿线国家的经济、政治、文化的交流与合作不断密切。近 5 年来，中国与“一带一路”国家的双边贸易往来和旅游经济不断增长。中国与“一带一路”沿线国家贸易总额累计超过 5 万亿美元，成为 25 个沿线国家最大的贸易伙伴。[④]“一带一路”沿线国家赴中国旅游游客保持稳定增长，由 2013 年的 903 万人次，发展为 2017 年的 1064 万人次。中国出境到“一带一路”沿线国家的游客人次也逐年攀升，由 2013 年的 1549 万人次，增长到 2017 年的 2741 万人次，五年

① 李世江《国家语言能力亟待提升》，环球网，2018-01-17，http://opinion.huanqiu.com/hqpl/2018-01/11528698. html?ag t=15438。

② 王刚毅《“一带一路”建设亟需语言服务和翻译人才》，中国网，2019-04-21，http://www.china.com.cn/ fangtan/ 2017-12/08/content_41975912.htm。

③《7 个要点！一文读懂国内首份“一带一路”语言服务全景式报告》，译世界，2019-04-21，http://www.yeeworld.com/ article/info/aid/10824.html。

④《“一带一路”沿线国家贸易总额累计超过 5 万亿美元》，2019-10-11，https://baijiahao.baidu.com/ s?id= 1619617748216685894。

间增长了 77%，年均增速达 15.34%。[①] 中国和“一带一路”沿线国家经贸和旅游业的不断增长，语言翻译技术尤其是机器翻译有其不可或缺的贡献。机器翻译作为语言技术的一部分，因其能够提供实时便捷的翻译服务，为民众的出行、经贸往来、文化交流等提供了极大的便利，助力中国与“一带一路”沿线各国的互联互通。

中国的机器翻译软件产品分为四大类：全文翻译、在线翻译、汉化软件和电子词典。全文翻译软件以中软“译星”以及“雅信 CAT2.5”为代表；电子词典类软件包括如“金山词霸”“网易有道词典”等；汉化翻译软件主要以“东方快车 3000”为代表[②]；知名的互联网在线翻译系统有“百度翻译”“网易有道翻译”“腾讯云机器翻译”“一铭翻译云”“我爱翻译”等。目前，百度翻译可支持全球 28 种语言互译，涉及 15 种“一带一路”沿线国家官方语言及其他地区语言，如阿拉伯语、爱沙尼亚语、保加利亚语、波兰语、丹麦语、德语、俄语、法语、芬兰语、韩 / 朝语、荷兰语、捷克语、罗马尼亚语、葡萄牙语、日语、瑞典语、斯洛文尼亚语、泰语、西班牙语、希腊语、匈牙利语、英语、意大利语、越南语等语言翻译服务，覆盖 756 个翻译方向，超过 15 万家第三方应用接入“百度翻译 API”（即 Application Program Interface，应用程序接口），每日翻译字符数超过千亿。[③] 基于百度翻译的突出贡献，百度团队还获得了 2015 年国家科学技术奖。在 2018 年的百度世界大会上，百度发布了世界上首个集成预测和可控延迟的语音实时翻译系统，实现了自然语言处理的重大技术突破[④]；“网易有道翻译”能够支持包括“一带一路”沿线国家语言在内的 27 种语言的即时翻译；“腾讯云机器翻译”目前可支持 10 余种包括“一带一路”沿线国家语言在内的多语种互译。此外，许多便携式翻译机、翻译 APP 及离线翻译软件等也不断涌现，如“讯飞翻译机 2.0”支持 51 种语言的翻译，其中涵盖“一带一路”沿线国家官方语言 21 种，还能进行汉语方言和外语口音识别，进行方言识别翻译

① 《“一带一路”旅游大数据专题报告》，2019-10-01，http://www.lvjie.com.cn/destination/2018/ 0928/9214.html1。

② 《机器翻译》，2019-10-11，https://baike.so.com/doc/6004715-6217698.html。

③ 《百度翻译》，2019-03-15，https://baike.so.com/doc/5345304-5580749.html。

④ 《百度大脑获中国电子学会年度科技奖，王海峰详解语言与智能》，2019-04-22，https://www.sohu.com/a/309600442 _129720。

和智能语音翻译等[①]；还有支持离线翻译、可在 7 种语言间进行互译的翻译 APP“有道翻译官”，可通过语音输入实现自动翻译并朗读翻译结果的会话翻译软件“蜗牛翻译”，适合安卓系统、支持 40 余种包括沿线国家官方语言在内的语言互译手机翻译应用服务平台“翻译全能王 APP”，以及专注于东南亚国家语言与汉语之间的文字翻译软件“一铭翻译云”，等等。

包括各种机器翻译产品在内的语言翻译服务，有利地支持了中国与沿线国家的经贸合作和人文交流，同时在中国举办的国际会展盛事、中国文化、中国声音的对外传播上起到了重要的桥梁作用。

三　语言翻译服务于国际会展盛事

习近平主席在 2013 年秋天提出共建“一带一路”倡议以来，中国承办了许多高规格的国际会议来推进“一带一路”建设，促进国际合作，实现合作共赢，为拉动世界经济增长、深化地区合作打造更坚实的发展基础。中国承办的高水平国际盛会和活动，都离不开语言翻译服务，近年来语言翻译的质量、内涵和水平都在不断提升。

2016 年 9 月 4—5 日在杭州举办的“二十国集团”（G20）领导人第十一次峰会上，G20 杭州峰会新闻中心采用 8 台双语电话服务来自约 70 个国家和地区的近 5000 名中外媒体记者。峰会的一个突出亮点就是开通了多语应急服务平台“96020”，平台设置译员坐席 60 席，有译员 248 名，许多译员具有丰富的翻译实践经验；同时提供包含“一带一路”沿线国家 8 种官方语言等共计 14 个语种的即时口译服务，拨打“96020”，8 台双语电话可以提供“一带一路”沿线国家 8 种官方语言即英语、俄语、印度尼西亚语、葡萄牙语、阿拉伯语、土耳其语、泰语和老挝语以及其他语种如日语、韩 / 朝语、德语、法语、意大利语、西班牙语等 14 个语种的 24 小时在线翻译。这个多语服务平台已实现与“110”“114”“119”“120”等公共服务热线的对接，对服务沟通过程进行实时翻译，从订餐、订高铁票、查询航班，到遭遇紧急险情，外国客人都可拨打“96020”电话，寻求帮助。此外，该平台提供峰会会务专项服务，可以由“96020”转接到峰会相关职能部门，以三方

① 《讯飞翻译机 2.0》，2019-03-15，https://baike.baidu.com/item/%E8%AE%AF%E9%A3%9E%E7%BF%BB%E8% AF% 91%E6%9C%BA2.0/ 22754994。

通话形式进行沟通解答。该平台还提供了双手柄翻译电话，作为三方通话翻译服务的媒介。峰会期间，各场馆、酒店、机场、火车站等地均放置了双手柄翻译电话，便于外籍参会人员寻求即时翻译。[①] 峰会结束后，"96020"将视情况形成常态化运行机制，继续服务来杭外籍人士，助推杭州市的国际化进程。

2018 年 11 月 5—10 日上海召开了世界上第一个以进口为主题的国家级展会即"中国国际进出口博览会"，有 170 多个国家和地区及国际组织参会，3600 多家企业参展，40 多万名境内外采购商对接洽谈。上海联通提供了"一带一路"沿线国家官方语言如英语、俄语、马来语、阿拉伯语和其他语种如日语、韩 / 朝语、法语、德语、西班牙语、世界语等 10 种常用外国语的"10010"热线呼入及呼出服务，提供一周 7 天、每天 14 小时的服务[②]，此外，"商传神语联网"提供了同传、交传、陪同等多种形式的现场翻译服务；同时也提供了"在线实时翻译机"（TransnBox）的服务，支持"一带一路"沿线国家官方语言如英语、葡萄牙语、阿拉伯语、泰语、俄语及其他语种如西班牙语、德语、意大利语、日语、韩 / 朝语、法语等 12 个语种的实时译员在线口译。能支持包括"一带一路"沿线国家官方语言在内的 39 种语言的"传神 T1 翻译机"[③] 也亮相"进博会"，并大受欢迎。

"博鳌亚洲论坛"2017 年首次启用"人工智能翻译机"（讯飞翻译机），为现场嘉宾提供服务。2018 年的"博鳌亚洲论坛"上，500 台讯飞翻译机用汉语、英语、日语、韩/朝语、法语、西班牙语等语言进行多语实时互译，既提高了与会嘉宾们的工作效率，又有效地服务外国来宾，减少了志愿者的工作压力。[④]

2018 年 6 月 9—10 日在青岛召开的上海合作组织成员国元首理事会第 18 次会议上，中译语通科技（青岛）公司与曲阜师范大学翻译学院进行了

---

① 《G20 杭州峰会为外宾提供 14 种语言应急服务》，2019- 05-10，http://tongchuan.kouyijia.com/lyqy/gllssyy.html.

② 李淑平《上海联通进博会系列报道之四：通十国语言的智慧客服集结完毕》，澎湃新闻，2019-05-10，https:// www.thepaper.cn/newsDetail_forward_2566665。

③ 《进博会指定传神提供智能翻译硬件多举措保障语言服务全覆盖科技媒体》，科技媒体 DoNews，2019-05-10，http:// www.donews.com/news/detail/4/3026049.html。

④ 《重磅消息！讯飞翻译机连续两年成为博鳌亚洲论坛官方指定翻译机！》，2019-05-10，http://news.163.com/19/0321/ 17/EAQC8CRF000189DG.html。

校企合作，提供多语种远程呼叫服务，服务语种涉及5种“一带一路”沿线国家官方语言即俄语、英语、印地语、波斯语、蒙古语，并在会务、酒店、海关、医疗、机场等方面提供咨询及电话口译。外宾通过放置在会议各大场所的“Yeebox”或者通过拨打“12345”热线连线呼叫中心对应语种的译员进行咨询或要求翻译服务。[①]

2018年“中非合作论坛北京峰会”上，主办方在8300平方米的新闻中心准备了200余台“百度共享WiFi翻译机”，支持汉语、英语、日语、韩/朝语、泰语、俄语、法语、西班牙语、德语、阿拉伯语等包括5种“一带一路”沿线国家官方语言的10种语言，不仅为各国记者筑起了沟通的桥梁，而且提供了科技感十足的智能服务。[②]

四　语言翻译助力中国政治话语对外传播

语言翻译在对外传播中国政治话语，特别是中国道路、中国治国理念和执政方略等方面，为国际社会了解当代中国和中国共产党发挥了重要的桥梁作用。

其中最值得一提的是，《习近平谈治国理政》第一卷、第二卷多语版的出版和海内外的发行。第一卷收录了习总书记在2012年11月15日—2014年6月13日的讲话、谈话、演讲、答问、批示、贺信等79篇，共计18个专题，还收集了习总书记各个时期的照片45幅。2014年9月外文出版社以5种“一带一路”沿线国家官方语言如汉语、英语、俄语、阿拉伯语、葡萄牙语及其他语言如西班牙语、法语、德语、日语等多语种出版发行了《习近平谈治国理政》，共10个品种、20个版本。2017年11月《习近平谈治国理政》第二卷出版发行。同时，应广大读者的需要，对第一卷进行再版。到2017年年底，在三年多的时间里，《习近平谈治国理政》第一卷、第二卷以汉语、英语、法语、俄语、阿拉伯语、西班牙语、葡萄牙语、德语、日语、缅甸语、老挝语、泰语、越南语、韩/朝语、尼泊尔语、柬埔寨语、乌尔都

① 《翻译学院学生参加上合组织青岛峰会多语种远程呼叫服务》，2019-05-10，http://sti.qfnu.edu.cn/info/ 1068/ 2948.htm。

② 《中非合作论坛中外记者怎么交流？百度共享WiFi翻译机助攻》，科技媒体DoNews，2019-05-10，http:// news.cntgol.com/dyzd/20180904/200590.html。

语、土耳其语、匈牙利语、哈萨克语、印度尼西亚语、意大利语、荷兰语、蒙古语等 24 个语种（包含 17 种“一带一路”沿线国家官方语言）、27 个版本面向海内外 160 多个国家和地区出版发行，发行量达 650 万册。[①]

继《习近平谈治国理政》多语版在海内外发行之后，习总书记 1992 年出版的《摆脱贫困》一书，2017 年由中国外文局翻译出版了英文版和法文版。该书围绕着闽东地区脱贫致富这一主题，涉及 1988—1990 年习总书记在福建宁德工作期间的部分讲话和文章。该书的英文和法文版在非洲多个“减贫发展”高端论坛和智库交流活动中亮相，受到了非洲各国政要、学者和新闻媒体的高度关注和称赞。

《中国关键词》多语种系列图书由中国外文局及中国翻译研究院联合编撰，2016 年已出版了《中国关键词：第一辑》《中国关键词：“一带一路”篇》，涵盖英语、法语、俄语、西班牙语、阿拉伯语、德语、葡萄牙语、日语和韩/朝语等9个语种[②]；最近出版的《中国关键词：十九大篇》涵盖汉语、英语、法语、俄语、西班牙语、阿拉伯语、德语、葡萄牙语、意大利语、日语、韩/朝语、越南语、印度尼西亚语、土耳其语、哈萨克语等 15 个语种（包含 9 种“一带一路”沿线国家官方语言）。即将出版的系列图书包括《中国关键词：改革开放篇》《中国关键词：治国理政篇》等，届时出版语种将达到 15 个[③]，内容涉及中国政治、经济、文化、外交、社会、民族、宗教、时事等多个领域，以综合、党建、政治、经济、外交等专题，简明、清晰、准确地阐释中国理念、解读中国思想、中国政策和中国发展道路。中国外文局出版的相关多语图书还包括 12 个语种的著作《一带一路：中国崛起给世界带来什么？》，中英对照版的《习近平“一带一路”国际合作高峰论坛重要讲话》，多语版的《推动共建丝绸之路经济带和 21 世纪海上丝绸之路的愿景与行动》等。

翻译架起了中国与国际社会的一座座桥梁，使中国政治话语在海外能够

① 《〈习近平谈治国理政〉第一卷再版发行》，人民网，2019-05-10，http://politics.people.com.cn/n1/2018/ 0128/c1001-29791172. html。

② 辛闻《多语种版〈中国关键词〉全球首发在法兰克福书展举行》，2019-05-10，中国网，http://www.china.com.cn/ news/ 2016-10/19/content_39524129.htm。

③ 赵阳《〈中国关键词：十九大篇〉多语种图书发布 15 个语种全面客观阐述十九大精神》，今日中国，2019-05-10，http://www.chinatoday.com.cn/zw2018/sh_4980/201901/t20190110_ 800153966.html。

有效地传播，使海外媒体及读者能够更加清晰、准确、便捷地理解中国道路、中国方案、中国智慧和中国文化，极大地推进了“一带一路”倡议的顺利实施。

五 思考与建议

中国的语言翻译服务业随着中国改革开放的步伐加快而日益壮大，“一带一路”倡议更加助推了语言翻译服务业，使之切入快车道，成为生机勃勃、发展势头强劲的新兴产业。可以说，“一带一路”建设的推进离不开语言翻译服务，但它也对语言翻译服务提出了更高的要求。

在“一带一路”倡议不断推进过程中，语言翻译服务还有很多提升和改进的空间，为此，我们提出几点建议：（1）补齐语种短板，集中力量开设齐全“一带一路”沿线国家的所有官方语言；（2）加大高校师资人才储备，使沿线国家的语种专业设置和人才培养更为均衡，从而更好地服务于国家战略；（3）高校外语人才的培养切实与“一带一路”语言服务相对接，实施人才培养供给侧改革；（4）机器翻译技术还需不断升级，以提高语言翻译服务的效率和品质，应加强企业和科研院所及相关学科的密切合作，提高机器翻译的质量，使得机译瓶颈问题有一定的突破。

通过一系列的举措，多方共同努力，才能不断提升语言翻译服务的品质和效率，语言翻译服务行业才能不断做大做强，也才能更好地服务于“一带一路”这一重要国家战略的需求。

（王晋军、黄兴亚）

语言翻译服务于“中华优秀传统文化走出去”

习近平总书记指出：“在每一个历史时期，中华民族都留下了无数不朽作品。从诗经、楚辞、汉赋到唐诗、宋词、元曲、明清小说等，共同铸就了灿烂的中国文艺历史星河”。[①] 而且，随着我国国力增强，中华优秀传统文化逐渐实现创造性的转化和发展，各学科领域不断涌现出优秀的现当代作品，展示中华民族的人文精神、道德规范、治国之道、科技探索等文化精髓。让这些国学经典著作和现当代优秀作品走出国门，扩大中国在世界上的文化影响力，翻译工作的重要性不言而喻，中译外已经成为我国语言服务的一项重点。

一　基本状况

中华经典著作外译发端于明清两朝，译者多是西方的传教士和汉学家。例如，意大利神父利玛窦在 1594 年前后用拉丁文翻译“四书”，法国神父马若瑟在 1735 年用法文翻译元杂剧《赵氏孤儿》，英国汉学家理雅各在 1861—1886 年间将“四书五经”等中国主要典籍全部译成英文。当然，这些外国译者是在中国助手的协助下完成上述译著的。直到清末民初，中国学者才开始独立承担中国经典著作的外译，例如辜鸿铭从 1861 年起陆续英译了《论语》《大学》《中庸》等 10 部典籍。新中国成立以来，西方的汉学家和中国学者继续从事中译外工作，其中具有代表性的外译项目有 1951 年由叶君健等人创刊的英文版《中国文学》，这是当时唯一的对外译介中国当代文学的官方刊物。另外，还有 1981 年由杨宪益开创的“熊猫丛书”，主要用英、法两种文字翻译出版中国当代、现代和古代的优秀作品，也有少量的

① 中共中央文献研究室《习近平关于社会主义文化建设论述摘编》，北京：中央文献出版社，2017 年，第 17 页。

德语和日语等语种的译文。

改革开放以来，中华典籍外译的第一个里程碑，是 1995 年中国政府启动的“大中华文库”（汉英对照）工程。这是我国历史上首次系统全面地向世界推出外文版中国文化典籍的国家重大出版工程，从我国先秦至近代文化、历史、哲学、经济、军事、科技等领域最具代表性的经典著作中选出 100 种，由专家对选题和版本详细校勘、整理，由文言文译成白话文，再从白话文译成英文。[①]我国领导人对该外译工程给予大力支持和高度评价，多次在重要场合把这套译著作为国礼馈赠外国贵宾。除了英译以外，2007 年 12 月开始的第二期“大中华文库”外译工程陆续出版了汉法、汉西、汉阿、汉俄、汉德、汉日、汉韩 / 朝对照版本，努力实现中华经典著作的多语种出版。

除此以外，在过去的十多年间，还有多项由国家层面大力推动的对外出版翻译工程。例如，起源于 2004 年中法文化年的“中国图书对外推广计划”，在 2006 年被纳入《国家“十一五”时期文化发展规划纲要》重大文化工程。该计划还有一个加强版，即 2009 年正式实施的“中国文化著作翻译出版工程”，也是中国出版“走出去”的引擎工程。截至 2016 年年底，“中国图书对外推广计划”已同美国、英国、法国、德国、荷兰、俄罗斯、澳大利亚、日本、韩国、越南、巴西、南非、阿联酋等 71 个国家的 603 家出版机构签订资助协议 2676 项，涉及图书 2973 种，文版 47 个；而“中国文化著作翻译出版工程”已和 25 个国家的 61 家出版机构签订资助协议 101 项，涉及图书 1062 种，文版 16 个。[②]

2009 年 10 月，新闻出版总署创立“经典中国国际出版工程”，采用项目管理方式资助外向型优秀图书选题的翻译和出版，重点资助“中国学术名著系列”和“名家名译系列”图书。据学者统计，该工程在 2017 年年底之前累计资助国内外出版机构出版的 1323 个项目，涉及 44 个语种，共输出 55 个国家和地区，其中英文图书占总资助品种数的近四成。[③]该工程出版的

① “大中华文库”，百度百科，https://baike.baidu.com/item/%E5%A4%A7%E4%B8%AD%E5%8D%8E%E6%96%87%E5%BA%93/1118641?fr=aladdin。

② 姜珊、胡婕《不忘初心，连通中国与世界——“中国图书对外推广计划”项目十年进展情况介绍》，《出版参考》2017 年第 8 期。

③ 房毅、吕健泳《“经典中国国际出版工程”情况综述（2013—2017 年）》，《出版参考》2017 年第 8 期。

译著不仅限于传统经典著作，更重要的是当代精品图书的外译，例如已经完成结项的《平易近人——习近平的语言力量》（英文、韩/朝文版）、《中国梦：谁的梦？》（日文版）、《解密》（德文版）等，拓宽了外国了解中国的渠道。

又如，国家社科基金从2010年起增设的“中华学术外译项目”，从中外学术交流层面进一步促进中国文化“走出去”，掀起学界新一轮“中学西渐”的浪潮。据学者统计，截至2017年年底，该项目共批准著作立项651项（学术期刊除外），涵盖26个一级学科和15种语言。在著作数量和学科门类上，立项数目呈逐年上升的趋势，由2013年的13项上升到2017年的165项；外译对象覆盖的学科门类也不断增加，由2010年的5类增加到2017年的22类，包括马列社科、党建党史、哲学、经济学、宗教学、历史学、社会学、语言学、文学、艺术等学科。外译的语言种类也呈逐年增加的趋势，由2010年的一种语言（英语）增加为2017年的15种，包括英语、俄语、法语、韩/朝语、德语等。①

以上国家层面的外译工程增强了中国人的文化自信，提高了中国文化的软实力。这不仅归功于国家对传统文化和翻译工作的重视支持，也归功于广大翻译和出版工作者的辛勤付出。例如，中国人民大学出版社多年来致力于搭建国际文化交流平台，极大推动了中外学术文化交流。截至目前，人大社图书在国际上出版已累计近3000种，涉及40多个语种，人大社已与全球40多个国家和地区的百余家出版机构建立合作伙伴关系，并在以色列、罗马尼亚、蒙古设立海外分支机构。②又如，中国社会科学出版社先后与Springer Nature（施普林格）、Routledge（罗德里奇）、CUP（剑桥大学出版社）、WSP（世界科技）等国际知名学术出版社建立合作关系，共同策划或合作出版外文图书100多种，其“走出去”图书获得国家级项目资助300多项，近50种图书获得版权引进输出优秀奖。③

① 张艳、何丽云《中国学术著作外译与传播能力提升策略——以国家社科基金“中华学术外译项目”为例》,《科技与出版》2018年第7期。

② 中国人民大学出版社《我社荣获2018年度“中国图书对外推广计划”单体出版社综合排名第一》，2019-05-07，http://www.crup.com.cn/News/Detail?doi=69b39f07-af6d-4c28-afa7-2679dc759964。

③ 中国社会科学出版社《国际合作与出版中心》，2018-09-26，http://www.csspw.com.cn/cpdigitaldetail_15994_2074802.jhtml。

二 2018 年外译状况

2018 年"中华优秀传统文化走出去"的外译工作保持良好的发展势头，"中国图书对外推广计划""经典中国国际出版工程"和"国家社科基金中华学术外译项目"的立项工作开展顺利。本节先介绍这三项国家层面的外译项目立项情况，重点分析立项项目的外译语种和内容，然后通过五个突出的外译案例，展现出版社、翻译家和市级部门为推动中华文化走出国门的贡献。

（一）2018 年国家层面的外译项目立项情况分析

1."中国图书对外推广计划"

该计划在 2018 年共有 259 个外译项目获得资助，涉及外译语种 38 个，图书内容聚焦 11 个重点领域，是该年度资助立项最多、外译语种最多、外译内容最丰富的国家工程。

表 1 2018 年"中国图书对外推广计划"获得外译立项的 38 个语种

外译语种	立项数目	外译语种	立项数目	外译语种	立项数目
英语	56	罗马尼亚语	4	波斯语	1
阿拉伯语	33	哈萨克语	4	丹麦语	1
日语	31	印度尼西亚语	3	匈牙利语	1
俄语	17	意大利语	3	葡萄牙语	1
越南语	15	乌兹别克语	2	高棉语	1
韩 / 朝语	12	保加利亚语	2	希腊语	1
尼泊尔语	10	蒙古语	2	老挝语	1
印地语	10	西班牙语	2	吉尔吉斯语	1
泰语	8	僧伽罗语	2	阿尔巴尼亚语	1
法语	7	乌尔都语	2	希伯来语	1
德语	6	塞尔维亚语	2	马其顿语	1
波兰语	6	土耳其语	2	亚美尼亚语	1
马来语	5	缅甸语	1		

在外译语种方面，有以下三点值得注意。首先，该年度英语和"一带一

路”沿线国家的小语种占主导地位，而且与以往相比，前者的占比明显下降而后者明显上升。具体而言，2018 年立项语种最多的前八位是英语、阿拉伯语、日语、俄语、越南语、韩 / 朝语、尼泊尔语和印地语，分别占比约 21.6%、12.7%、12%、6.6%、5.8%、4.6%、3.9% 和 3.9%。而 2006—2016 年间，立项语种最多的前八位是英语、韩 / 朝语、法语、日语、俄语、西班牙语、土耳其语和德语，分别占比约 49.4%、9.8%、7.4%、7.4%、4.9%、4.3%、2.9% 和 2.6%。[①] 可见，2018 年的英语外译项目大幅减少，不到以往立项占比的一半，而以阿拉伯语、越南语、尼泊尔语和印地语为首的“一带一路”沿线国家的小语种则异军突起，立项占比代替了以往法语、西班牙语、土耳其语和德语这些欧洲主流语言的领先地位。

其次，本年度英国和日本的出版机构获得立项较多，使得英语和日语的外译项目占比也多。2018 年有英国、日本、俄罗斯和越南的出版社获得立项：英国查思出版（亚洲）有限公司和英国设计媒体出版（英国）有限公司共有 5 个立项，日本株式会社树立社和日本科学出版社东京株式会社共有 16 个立项，俄罗斯东方图书出版社和越南金童出版社各有 1 个立项。这也侧面印证了这四个语种成为本年度立项外译语种的前五位的原因，以及其在海外提升中国话语影响力的重要性。

再次，优秀图书的多语种外译立项的情况比较突出，而且大部分为“一带一路”沿线国家的小语种。例如，《中国文化根本精神》有哈萨克文、吉尔吉斯文、乌兹别克文、阿拉伯文和泰文 5 个译本立项，《习近平讲故事（少年版）》有阿尔巴尼亚文、罗马尼亚文、尼泊尔文和意大利文 4 个译本立项，《习近平讲故事》有印度尼西亚文、哈萨克文和乌兹别克文 3 个译本立项，《中国古典文学名著名家绘本丛书——清•孙温绘全本红楼梦（特别珍藏版）》有英文、法文和意大利文 3 个译本立项。

在外译内容的选择方面，立项外译的图书要求是“反映中国当代社会政治、经济、文化等各个方面发展变化，有助于国外读者了解中国、传播中华文化的作品；反映国家自然科学、社会科学重大研究成果的著作，介绍中国

① 姜珊、胡婕《不忘初心，连通中国与世界——“中国图书对外推广计划”项目十年进展情况介绍》,《出版参考》2017 年第 8 期。

传统文化、文学、艺术等具有文化积累的作品等”[①]。本年度该工程继续发扬这种图书内容丰富多样的原则，立项的图书既有《超算之路》（阿拉伯文版）和《文化经济学》（英文版）等展示中国当代自然科学和人文社会科学等领域研究成果，又有《论语诠解》（尼泊尔文版）、《雷雨》（保加利亚文版）和《三体》（日文版）等古代和现当代的文学作品，还有《中国时刻：40年400个难忘的瞬间》（匈牙利文和英文版）、《全面深化改革二十论》（日文版）等介绍我国各领域改革发展宝贵经验的作品。

本年度的外译内容还有以下四个亮点。第一，精品少儿读物外译项目多达60项，占比约23%。这些少儿读物形式多样，既有《别让太阳掉下来》（法文版）等儿童文学绘本，又有《我是小小中国通——十万零一个为什么》（英文版）等科普中华文化知识读物，以及《我是花木兰》（日文版）等具有中国元素和童真童趣的故事书。第二，面对复杂多变的国际贸易情况，关于“中国主张贸易自由化、便利化，始终积极支持和参与经济全球化进程，尽己所能推动世界和平发展”的作品外译立项颇多，例如有《人民币国际化报告2017》（马来文版）、《中国金融改革》（印尼文版）、《中流击水：经济全球化大潮与中国之命运》（德文版）等。第三，在对外宣介中华优秀传统文化时，遴选外译内容时具体落实到“人类命运共同体”理念以及“天下大同”“天下为公”“协和万邦”等传统理念的图书，例如《天下为公：中国社会主义与漫长的21世纪》（阿拉伯文版）、《大道之行：中国共产党与中国社会主义》（法文版）、《中华文明的核心价值——国学流变与传统价值观》（罗马尼亚文版）等。第四，在对外宣传共建“一带一路”的进展及成果时，外译内容体现较强的地域性和时代性，例如《当代中国农村》（越南文版）、《新发展的示范：中国援非农业技术示范中心的微观叙事》（英文版）、《中国援非医疗队》（英文版）、《新兴大国的增长与转型——“金砖国家”经济研究》（英文版）等。

2.“经典中国国际出版工程”

2018年该工程一共有63家出版机构的101个品种的图书获得立项，外译语种共16个。

---

① 《关于做好2018年“中国图书对外推广计划”和“中国文化著作翻译出版工程”项目申报工作的通知》，2018-09-19，http://www.chinabookinternational.org/2018/0919/186847.shtml。

从外译语种来看，本年度该项目以英语为主，立项占比高达接近六成，比往年有所提高。2018年，立项语种最多的前十位是英语、日语、韩/朝语、法语、葡萄牙语、德语、尼日利亚语、阿拉伯语、俄语和意大利语。除了英语有57个立项，其他语种只有2—8个立项。与2013—2017年对比，前十位的语种变化不大，而且英语一直是主要外译语种，只是2018年的占比从过去五年平均的38.3%上升到56.4%。

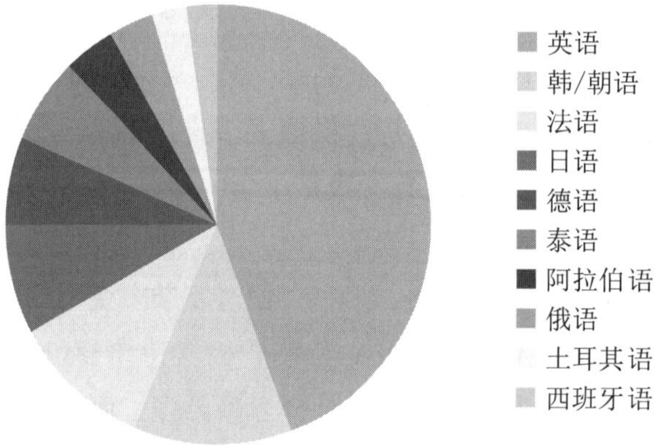

图1 2013—2017年“经典中国国际出版工程”立项外译语种前十位（按数量多少排序）

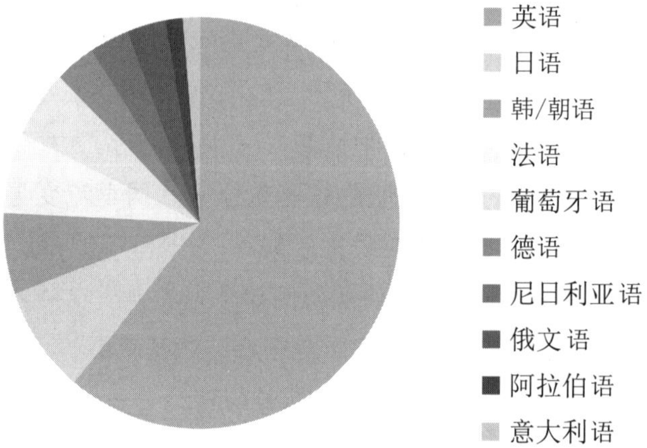

图2 2018年“经典中国国际出版工程”立项外译语种前十位（按数量多少排序）

项目统筹方除了组织该外译工程，还同时组织“丝路书香工程”和“中国当代作品翻译工程”的立项工作。在2018年的申报通知中，已经明确该工程立项语种侧重英语等大语种，而“丝路书香工程”则侧重周边国家语种、“一带一路”沿线国家通用语种。[①] 这也解释了为何英语在该工程多年来的占比如此之高，但2018年的立项中还是不乏“一带一路”沿线国家通用语种，例如哈萨克语、白俄罗斯语、马来语、僧伽罗语、印地语和西班牙语这六个小语种分别有1个立项，表明中华优秀文化“走出去”的外译工作对“一带一路”沿线国家的重视。

在外译内容的选择方面，该工程立项的图书品种可分为五类：哲学社科类、传统文化类、主题类、文艺类和科技类。2018年，“哲学社科类”立项的外译图书有37本，占总数的36.7%，例如《中国市场经济发展研究》（英文版）和《中国农村留守人口》（英文版）等展示中国特色的图书；“传统文化类”立项的外译图书有21本，占20.8%，例如《汉字的智慧》（俄文版）和《老子与孔子》（英文版）等介绍中华优秀传统文化经典著作、通俗读物的图书；“主题类”立项的外译图书有19本，占18.8%，例如《中国梦与中国道路》（阿拉伯文版）等以深入阐释习近平总书记系列讲话精神、“中国梦”、“四个全面”战略布局、当代中国发展道路和当代中国价值观念的图书；“文艺类”立项的外译图书有18本，占17.8%，例如《中国当代文学名家系列·迟子建小说选》（葡萄牙文版）和《人民的名义》（西班牙文版）等体现中华文化精神的当代文艺作品；“科技类”立项的外译图书有6本，占5.9%，例如《问天之路：中国航天发展纪实》（英文版）和《临床骨折分型》（英文版）等代表我国科技最高研究水平和最新研究成果的图书。

相比之下，2013—2017年的“哲学社科类”“传统文化类”“主题类”“文艺类”和“科技类”立项图书的占比分别为46.6%、8.9%、8.0%、33.4%和3.1%，可见2018年各学科著作外译获资助的比例更为均衡，除了“哲学社科类”继续占据最大份额，“传统文化类”“主题类”和“文艺类”的著作外译立项占比逐渐趋向一致，而“科技类”的占比有轻微提升。

① 《关于申报2018年经典中国国际出版工程、丝路书香工程重点翻译资助项目、中国当代作品翻译工程项目的通知》，2018-01-18，http://www.sapprft.gov.cn/sapprft/contents/6588/357646.shtml。

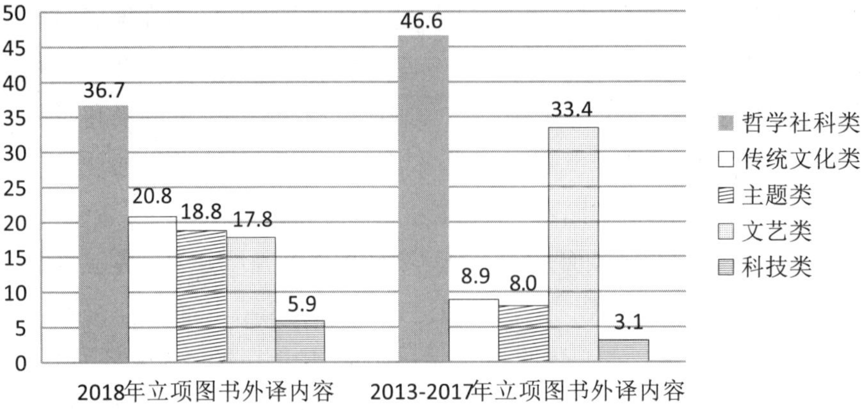

图 3 2013—2018 年“经典中国国际出版工程”立项图书外译内容

3.“国家社科基金中华学术外译项目”

如上文所述，该项目自 2010 年成立以来，立项数目呈逐年上升的趋势，而 2018 年共批准立项 185 项，比去年上升 12.1%，涉及 23 个学科和 12 个语种，可见国家对代表中国学术水准、体现中华文化精髓、反映中国学术前沿的学术精品的外译资助不断加大。

从外译语种来看，尽管该项目本年度的申报公告列明“资助文版以英文、法文、俄文、阿拉伯文、西班牙文等 5 种为主，其他文版也可资助”①，但立项的前五位语种是英文（92 项）、韩 / 朝文（29 项）、俄文（27 项）、日文（16 项）、阿拉伯文（7 项），占比分别为 49.7%、15.7%、14.6%、8.6% 和 3.8%，其中英语占比接近一半，其他语种具体立项情况见图 4。

在外译内容的选择方面，根据该工程 2018 年的申报公告，获资助的学术著作聚焦四个重点领域，即“研究马克思主义特别是习近平新时代中国特色社会主义思想和党的十九大精神，研究阐释中国道路、中国模式、中国经验，有助于国际社会全面客观认识当代中国的优秀成果；研究当代中国经济、政治、文化、法律、社会等各领域，有助于国外了解中国社会科学研究前沿的优秀成果；研究中华优秀传统文化，具有文化积累和传播价值，有助于国外了解中国文化和民族精神的优秀成果；研究人类共同关注话题、重大国际和地区问题，有助于参与世界学术对话、反映我国为世界做出重大贡献

① 《2018 年国家社科基金中华学术外译项目申报公告》，2018-07-30，http://www.npopss-cn.gov.cn/n1/2018/0730/c219469-30179058.html。

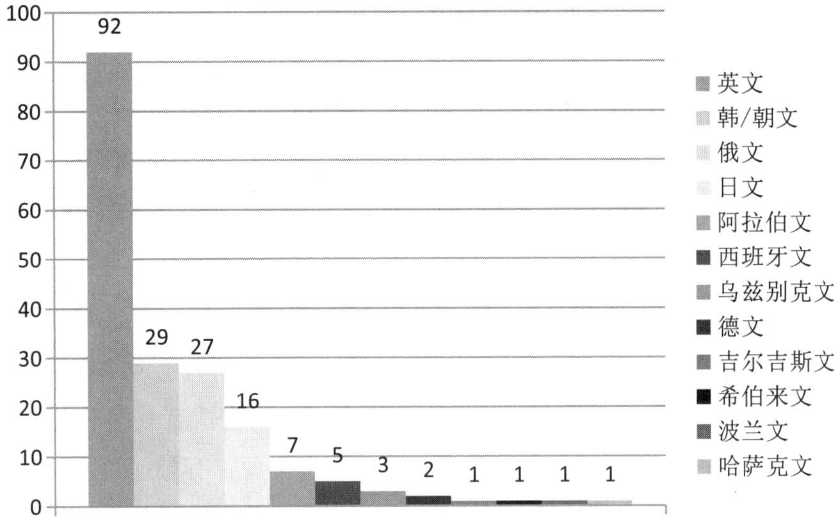

图4 2018年国家社科基金中华学术外译项目立项语种及数目（按数量多少排序）

的优秀成果"①。

按学科门类区分，2018年立项排名前五位的分别为哲学（27项，占比14.8%），中国历史（26项，占比14.2%），经济学（包括"理论经济"15项和"应用经济"10项，占比13.7%），法学（17项，占比9.3%），中国文学、语言学（各13项，占比7.1%）。相比2010—2017年的651个立项中的前五位，即经济学（占比15.2%）、中国历史（占比12.4%）、哲学（占比10%）、中国文学（占比7.8%）和社会学（占比7.7%），2018年的立项学科内容有以下特色。第一，哲学的学术著作占比稍微提升，既有《东方的崛起：关于中国式现代化的哲学反思》（阿拉伯文版）等现代哲学著作，也有《禅宗十五讲》（日文版）等中国古典哲学的著作。第二，法学和语言学的立项比例则提升更为明显，而且同一著作多语种外译的情况比较突出，例如《人格权法（第二版）》有英文、俄文、阿拉伯文和韩/朝文四个立项，《翻译与中国现代性》有英文、韩/朝文和俄文三个立项。第三，经济学内容则分科更细，有《产权与中国变革》（韩/朝文版）等15个经济理论的立项，还有《共享经济学》（英文版）等10个应用经济的立项。第四，中国历史的立项数目保持在第二位，立项图书有《北魏平城时代》（日文版）、《简明清史》（俄文版）等；而中国文学则从第四位下滑到并列第五位，立项图

① 《2018年国家社科基金中华学术外译项目申报公告》，2018-07-30，http://www.npopss-cn.gov.cn/n1/2018/0730/c219469-30179058.html。

书有《中国俗文学史》（英文版）等。

表2　2010—2017年及2018年国家社科基金中华学术外译项目立项学科前五位

年份	第一位	第二位	第三位	第四位	第五位
2018	哲学（14.8%）	中国历史（14.2%）	经济学（13.7%）	法学（9.3%）	中国文学、语言学（7.1%）
2010-2017	经济学（15.2%）	中国历史（12.4%）	哲学（10%）	中国文学（7.8%）	社会学（7.7%）

除此以外，该项目有一个特色，即国内学术出版机构、科研机构、社科类外文学术期刊社和个人均可申请立项，而上文提及的另外两个国家外译项目的申请者都只限于国内外的出版社。其中，个人申请者是著作的主要译者，要求是具备副高级以上专业技术职务或博士学位、有翻译著作所属研究领域学术背景且在官方语言为翻译对象语种国家1年以上学习工作经历的科研人员。个人单独立项有36项，个人与机构共同立项有30项，体现对译者地位的重视，也展现了学术外译工作必须具有专家精神和协作意识的特征。

（二）2018年中华优秀文化走出去外译的突出案例

1. 外教社出版“中国经典文化走向世界丛书”和“汉英对照近世经典与传统文化系列”

2018年，上海外语教育出版社推出英文版“中国经典文化走向世界丛书”，包括散文卷、小说卷、学术卷、诗歌卷。其中，“散文卷”共三卷，收录中国现当代著名散文家如鲁迅、朱自清、巴金、冰心等的代表性散文；“学术卷”共四卷，精选我国宋明两代以来的经典文化书籍；“诗歌卷”共六卷，收录我国各朝代几百首脍炙人口的诗词作品；“小说卷”目前仅出版了第一卷，收录多篇20世纪中国经典短篇小说。该丛书由庄智象总策划、潘文国总主编，译者包括潘文国、龚海燕、张春柏、张德勋、黄彭年、汪榕培、潘智丹、孙大雨、卓振英、王宏印、李洁等，都是我国顶尖的翻译家。

同年，该出版社还推出了全套六本书的“汉英对照近世经典与传统文化系列”，向世界介绍宋代以后的中国文化典籍。这六本书是《〈朱子全书〉及其传承》（傅惠生著、潘文国译）、《走向良知——〈传习录〉与阳明心学》（杨国荣著、龚海燕译）、《〈资治通鉴〉与中国史学》（庄辉明著、张春柏译）、《〈文苑英华〉与近世诗文思潮》（陈引驰著、张德劭和黄彭年译）、《〈太平广记〉与通俗文学》（陈大康著、傅惠生译）、《汉语佛藏及其文化关怀》(李向平著、傅惠生译)。该系列同样由潘文国主编，著者和译者都是享誉国内外学界的名家，他们的研究和译作进一步满足海外读者了解中国优秀传统文化的需求。

图 5 “中国经典文化走向世界丛书”散文卷第一卷书封面(左)

图 6 “汉英对照近世经典与传统文化系列”《〈朱子全书〉及其传承》书封面(右)

2. 外文出版社推出中英文版的“读懂中国”丛书

外文出版社与国家创新与发展战略研究会合作，在 2018 年推出“读懂中国”丛书第一辑 22 种中英文版图书，并于同年 4 月、6 月和 10 月分别亮相伦敦国际书展、美国纽约国际书展和德国法兰克福书展，受到国内外出版界的广泛关注。其中，在德国法兰克福国际书展上，外文出版社和德国欧洲大学出版社签订了翻译出版协议，丛书中的部分作品将被翻译成德文出版。

这套丛书聚焦习近平新时代中国特色社会主义思想，聚焦中共十八大以来以习近平同志为核心的党中央治国理政的伟大实践，多维度解读处在深刻历史变革和伟大复兴进程中的中国，向国际社会解答好“我们从哪里来？我们向何处去？”这个根本性历史命题，讲述中国的发展与奥秘，分享中国智慧与经验。[①]

① 《“读懂中国”丛书》，http://www.ciids.cn/content/2018-05/17/content_17197851.htm?from=singlemessage&isappinstalled=0。

图 8 中英文版的“读懂中国”丛书

3. 高教社推出“赵彦春国学经典英译系列”

高等教育出版社成功策划并推出的“赵彦春国学经典英译系列”，是由中国先秦史学会及国学双语研究会的权威专家领衔，选定最能体现中华优秀传统文化的 100 部国学经典，由天津外国语大学赵彦春教授翻译。在 2018 年首批出版的译作共 9 本，包括《英韵三字经》《英韵弟子规》《英韵千字文》《英韵诗经（上、下卷）》《英韵唐诗百首》《英韵宋词百首》《论语英译》《庄子英译》《道德经英译》，每一本都保有原典语言的形意张力和意义潜势，高度再现了国学经典的文学性。其中的《英韵三字经》2014 年即由光明日报出版社出版，美国总统特朗普在 2017 年访华期间，特意向习近平夫妇展示了其外孙女背诵《三字经》的视频，小女孩学习所用的正是这本赵译《英韵三字经》，足见赵译不同于其他译本的独特风采与魅力，彰显语言翻译服务对中国文化走出去的重要贡献。

2018 年重推的这套译作还有一个特别之处，就是每一本书不仅设计精美，还配备了独立设计的 APP，提供中英注释和双语朗读，给读者以沉浸式的阅读体验，交互性强，能于多媒体时代实现更有效的传播。[①]

① 《海外合作：赵彦春国学经典英译系列》，https://new.qq.com/omn/20171213/20171213B11ETV.html。

图 7《英韵三字经》APP 界面截图

4. 李照国等人主编首部中医文化关键词英译本

中医是中华传统文化不可分割的一部分，为了给中医文化走出去奠定坚实的语言基础，中国于 2013 年启动了“中华思想文化术语传播工程”，世界中医药学会联合会翻译专委会也随即加大推进研究中医典籍翻译的原则、标准和方法的工作力度，最终汇集成文，2018 年由外语教学与研究出版社出版《中医文化关键词》，主编是李照国、吴青、邢玉瑞。其中，李照国深耕中医经典外译工作二十年，译作建树颇丰，他翻译的《黄帝内经》和《难经》英译本已由世界图书出版公司出版，《伤寒论》《金匮要略》《神农本草经》和《黄帝外经》则由上海三联书店出版，有效推动中医精髓部分的对外传播和交流。

该书收录中医文化中的 111 个核心词汇，如“肺主肃降”“脾主运化”“肝主藏血”等中医术语，都有了精准的英文译文。而且，作为中医文化的首部普及型读本，该书引起了海外汉学界的注意，其法语、马来语和阿尔巴尼亚语的版权输出已经在洽谈中。[①]

① 《〈黄帝内经〉等中医四大经典的英译本，终于全部翻译完成并出版》，2018-08-05，http://m.sohu.com/a/245305579_318740.

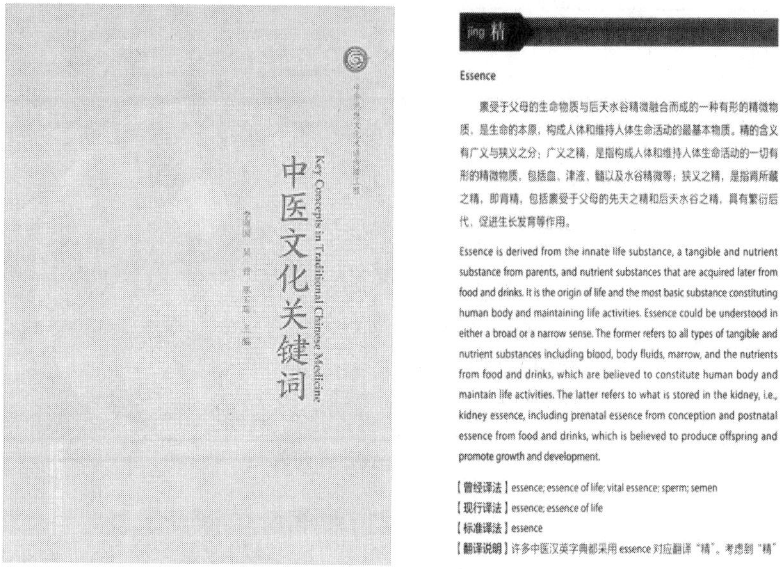

图 8《中医文化关键词》（英文版）封面及内页书影（图片来源：网络）

5. 六种外文版图书获得 2018 年"上海翻译出版促进计划"翻译资助

"上海翻译出版促进计划"是上海市新闻出版局于 2015 年创设的翻译出版资助项目，重点支持外籍或者长期在国外学习、工作的译者译介中国作品，旨在以发现和协助有能力、有热情的国外人士翻译优秀中文作品为突破口，提高翻译出版的质量，推动出版"走出去"。2018 年获得翻译资助的六种图书是《来华犹太难民研究（1933—1945）：史述、理论与模式》（英文版）、《瓶花谱 · 瓶史》（英文版）、《中国近代中医药期刊汇编总目提要》（英文版）、《话题的结构与功能》（日文版）、《巧虎的开心创意小屋（中国故事系列 5 种）》（日文版）和《中国古典文学名著（袖珍绘本版）》（越南文版）。①

其中，2018 年入选的这六种图书有四种的外文版已经在海外市场出版发行。例如，中国古典插花艺术的经典之作《瓶花谱 · 瓶史》（英文版）由美国贝特林阁出版社（Better Link Press）出版，已经进入欧美主流图书市场，其译者是出生在美国的新加坡自由撰稿人、诗人白雪丽（Shelly Bryant）。

① 《六种外文版图书入选 2018 年"上海翻译出版促进计划"》，2018-11-27，https://baijiahao.baidu.com/s?id=1618251780675262677&wfr=spider&for=pc。

图 10《瓶花谱·瓶史》及其英文版封面

三　思考与建议

我国要通过翻译服务促进中华优秀传统文化走出去，既要研究文本选择、翻译方法、译者能力等翻译本身的问题，也要考虑对译著的资助管理、出版发行、宣传推广等翻译之外的因素。针对此项意义深远、涉及面广、工作量大的外译工程，笔者愿结合本年度的情况提出以下三点建议，旨在让中华优秀传统文化走出去的语言服务在实践中不断地得到检验、调整和改善。

（一）统筹外译立项管理，优化外译选题和内容

自从“中华优秀传统文化走出”成为国策以来，我国投入了巨大的财力资助多个外译工程，仅 2018 年的三个重大外译工程就资助了 545 个项目，这需要国家外宣部门、文化部门等相关组织方做好统筹规划与管理工作。组织方必须对申请方的对外出版水平、译者能力、预算的合理性和可行性等方面严格把关，杜绝重复多头申报，更要体现出各工程资助图书外译内容的侧重点。因为中华优秀传统文化是一个外延宽泛、内涵丰富、层次复杂的概念与文化综合体，外译作品的内容和种类不仅要丰富多样，还要服务于国家

战略。例如，在典籍外译方面，我国的传统典籍浩如烟海，目前只有很小一部分有外译本，有些重要典籍的外译甚至无人问津，但有些典籍却有多个同一语种的外译本，可见外译选题必须从战略层面上进行规划。而且，典籍外译还要选择最佳的底本，对汉语原文进行整理校对和全文注释，并积极吸收学界对典籍的最新研究成果，才能通过翻译全面展示我国古典传统文化的精粹。又如，在现当代作品的外译方面，要优化和丰富外译的内容和学科门类，让外译选题满足国际读者的阅读需求和国内社会经济的发展。简而言之，立项部门在选择外译内容的时候，“必须打破传统、旧有观念，开阔眼界、打开思路，将多体量、多层次、多地域、多种类、多样态、丰富多彩、辉煌璀璨的各类中国文化资源都纳入推介范围”①，才能让翻译这个实现中华优秀传统文化走出去的途径发挥最大的作用。

（二）重视翻译人才培养，鼓励中外合作外译

早在 2014 年，人民网就发文提倡重视“中译外”高端人才培养，指出既要“从学位教育入手，加强学科体系建设和师资队伍建设，加强翻译人才培养系统性、实用性教育的特色”，又要“与国际一流翻译学院和专业翻译机构合作，创办具有中国特色的高端翻译研修学院，加大对包括海外汉学家、翻译家在内的‘中译外’高端翻译人才的研修培训和继续教育”。②这是因为我国中译外工作起步较晚，专业翻译人才力量不足，语种覆盖面也过于狭窄，过去和目前主要以英语为主。相比之下，自从 2013 年习总书记提出“一带一路”倡议以来，“一带一路”沿线国家涉及的语种在外译工作中的地位却不断提高。例如，2018 年的三个重大外译工程资助项目虽然约有半数是英译，但越南语、尼泊尔语和印地语等“一带一路”沿线国家的语种外译项目获得资助的比例不断提高。其实，“一带一路”沿线国家的语种多达 53 个，除英、法、俄、西、阿等联合国工作语言外，其他的都是非通用语种，而国内精通这些非通用语种的翻译人才十分匮乏。因此，我国必须加强各语种的翻译人才队伍建设，培养既熟知中国传统优秀文化，又对外译语

① 曾洪军、曾洪伟《当下“中国文化走出去”面临的问题及其对策》，《西华师范大学学报》（哲学社会科学版）2018 年第 5 期。

② 《人民日报文艺观察：重视“中译外”高端人才培养》，人民网，2014-08-01，http://opinion.people.com.cn/n/2014/0801/c1003-25382858.html。

种国家有深入了解的复合型翻译人才。同时，也要加强与外国专家和译者的合作，鼓励中外合作完成翻译项目，提高译文的流畅性和可读性，更好地契合海外读者的阅读习惯。

（三）加强全球营销与推广，提高外译作品的阅读体验

曾有学者指出，“译作本身的质量无疑是中国文学走出去的重要因素，而政治因素和市场因素也同样不容忽视。随着文化商品化程度的不断加深，市场因素对于文学作品的传播影响也越来越大”[①]，而且这一点并不局限于中国文学走出去，对整体的中华优秀传统走出去同样有指导作用。因此，我国的出版部门和机构必须开展形式多样的市场营销活动，通过国际书展、外译图书发布仪式、外国读者见面会、专业研讨会等形式开展海外宣传，拓展图书销售发行的全球网络，例如英文版的“读懂中国”丛书通过2018年在伦敦、纽约和法兰克福书展的国际平台上取得了良好的宣传效果。除此以外，为了提高读者的阅读体验，出版社还应该使用多种发行手段，通过数字阅读主流平台发布外译著作的电子版，并改善传统纸质书的装帧设计。例如2018年出版的《英韵三字经》，配有手机阅读应用程序，值得出版界学习和推广。但大部分突出外译案例中的图书封面还是过于单调乏味，还需进一步通过装帧设计提高读者对外译著作的阅读兴趣和购书欲望，实现中国优秀传统文化从“走出去”变为“走进去”。

（叶霭云）

① 朱振武《中国学者文学英译的困顿与出路》,《广东社会科学》2019年第1期。

图书在版编目(CIP)数据

中国语言服务发展报告.2020 / 屈哨兵主编. —北京：商务印书馆,2020
ISBN 978-7-100-18072-6

Ⅰ.①中… Ⅱ.①屈… Ⅲ.①翻译事业—服务业—发展—研究报告—中国—2020 Ⅳ.①H059

中国版本图书馆CIP数据核字(2020)第022239号

中国语言服务发展报告(2020)
屈哨兵 主编

商 务 印 书 馆 出 版
(北京王府井大街36号 邮政编码100710)
商 务 印 书 馆 发 行
北京新华印刷有限公司印刷
ISBN 978-7-100-18072-6

2020年5月第1版 开本 787×1092 1/16
2020年5月北京第1次印刷 印张 21½

定价：69.00元